国债期货
理论与实务

齐安甜　马小莉 ◎ 著

中国金融出版社

责任编辑：王　君　刘　慧
责任校对：张志文
责任印制：陈晓川

图书在版编目（CIP）数据

国债期货理论与实务（Guozhai Qihuo Lilun yu Shiwu）/齐安甜，马小莉
著 . —北京：中国金融出版社，2014. 10
ISBN 978 - 7 - 5049 - 7656 - 7

Ⅰ. ①国…　Ⅱ. ①齐…②马…　Ⅲ. ①国债市场—期货交易—中国
Ⅳ. ①F832. 5

中国版本图书馆 CIP 数据核字（2014）第 217475 号

出版
发行　　中国金融出版社
社址　北京市丰台区益泽路 2 号
市场开发部　（010）63266347，63805472，63439533（传真）
网上书店　http：//www. chinafph. com
　　　　　（010）63286832，63365686（传真）
读者服务部　（010）66070833，62568380
邮编　100071
经销　新华书店
印刷　利兴印刷有限公司
尺寸　169 毫米×239 毫米
印张　15
字数　232 千
版次　2014 年 10 月第 1 版
印次　2014 年 10 月第 1 次印刷
定价　36. 00 元
ISBN 978 - 7 - 5049 - 7656 - 7/F. 7216
如出现印装错误本社负责调换　联系电话（010）63263947
编辑部邮箱：jiaocaiyibu@ 126. com

国债期货并不是我国期货市场的新品种。早在 1992 年 12 月，上海期货交易所就开放了国债期货交易。由于当时的合约标的锚定的是某只特定的国债，当期货合约的交易量越来越大，并显著超过可交割国债的市场存量时，就很容易导致逼仓事件的发生。因此，市场上的投机气氛越来越浓厚，风险也越来越大，在 1995 年 2 月 23 日引爆了著名的"327"事件。接下来一系列的清理整顿措施并未能够有效抑制市场投机气氛，透支、超仓、内幕交易、恶意操纵等现象仍然十分严重，国债期货价格仍继续狂涨，1995 年 5 月 11 日再次发生恶性违规事件——"319"事件。1995 年 5 月 17 日，中国证监会发出通知，决定暂停国债期货交易。这一暂停，就是 18 年。

在这 18 年中，无论是我国的债券市场还是期货市场，都取得了长足的进步。债券市场上，国债存量从 1000 多亿元扩大到 2013 年 11 月的 8.6 万亿元，其中，4～7 年期国债在 2.5 万亿左右；期货市场上，上市的品种越来越多，保证金制度、限仓制度等监管措施通过十几年的实践也日趋成熟，特别是 2010 年上市的股指期货，为进一步推出的金融期货积累了丰富的经验。目前，我国人民币国际化和利率市场化正在稳步推进的过程中，未来利率波动及利率风险将越来越大，仅靠 IRS 无法规避债券市场的风险，因此国债期货的重启也就水到渠成了。

上市以来，国债期货运行平稳，期现结合度高，没有发生风险事件。美中不足的是，国债期货市场交易略显清淡，上市两个月平均每天仅有一两千手。国债期货重启以来的市场表现，可以用"惊艳开场，逐渐低迷"来总结。18 年后重启的国债期货并没有如市场期待一般成为焦点，低迷的成交量和持仓量以及不断下跌的合约价格都预示了国债期货市场在试点成功以后仍然需要进一步放开、搞活。《中共中央关于全面深化改革若干重大问题的决定》中提出"完善人民币汇率市场化形成机制，加快推进利率市场化，健全反映市场供求关系的国债收益率曲线"，因此，目前探讨如何增强国债期货市场的活跃度、推进国债期货市场规范发展十分必要。本书研究的目的，即是希望通过借鉴国外成熟市场经验，找出目前国债期货市场低迷的制度性因素，为活跃国债期货市场和现货市场、促进市场整体风险管理水平、助推人民币国际化进程提供政策建议。

美国国债市场是目前世界上规模最大、交易最为活跃的国债市场，也是最具创新活力的市场。美国国债市场的发展演变引领着全球债券市场的发展，国债期货、国债期权、本息分离交易等众多交易品种和交易方式的创新都源自美国。国债期货产品自 1975 年由芝加哥期货交易所（CBOT）首先推出以来，一直呈现强势成长的局面。运用国债期货等工具，分散和规避利率风险，构成了国债期货产品得以生存、发展的市场基础。同时，美国国债、国债期货以及由此衍生的金融创新体系，也成为了布雷顿森林体系解体后，维持美元国际货币霸权地位的重要支撑。分析国债期货在美元国际货币体系中的作用与地位，为促进和规范我国国债期货的健康、快速发展提供了经验与借鉴。

本书从国债期货的基本运作原理入手，在对比分析国外成熟市场的经验教训及我国国债期货市场交易现状的基础上，设计我国金融机构应用国债期货管理（对冲）利率风险的基本方案。通过对国债期货在利率风险管理中的关键环节及存在障碍的分析，梳理出目前影响我国国债期货市场低迷的制度性因素，并最终提出注重国债现货市场的培育完善、大力发展机构投资者、做大交易所债券市场、丰富国债期货产品结构、建立统一监管平台等促进国债期货市场发展的政策建议，以期对推动我国国债期货市场的发展起到抛砖引玉的作用。

本书得到北京环球银证投资有限公司尹太阳总裁的大力支持，中国金融出版社教材一部王效端主任和王君编辑付出了艰辛工作，特此感谢。

作者
2014 年 9 月

绪　　论

万众瞩目的国债期货于 2013 年 9 月 6 日重新上市交易。上市以来，国债期货运行平稳，期现结合度高，没有发生风险事件。美中不足的是，国债期货市场交易略显清淡，平均每天仅有一两千手。那么，国债期货后续会如何发展，机构投资者又如何运用这一工具获取投资收益、管控利率风险，本书将对此作出一些有益的探讨。

一、海外国债期货的发展简述

国债期货最早产生于 20 世纪 70 年代的美国，后来逐渐扩展到世界其他国家。英国、日本、法国、德国四国的国债期货分别在 1982、1985、1986、1992 年上市交易。目前国债期货已经成为世界金融衍生品系列中较为重要的一种期货品种。

随着各国金融机构持有的国债资产数量不断上升，其面临的利率风险也逐渐增加。更重要的是，在布雷顿森林体系解体及石油危机的影响下，20 世纪 70 年代经济滞胀现象开始困扰西方各国，高通胀低产出客观上加剧了利率风险的凸性，金融市场上利率波动频繁、幅度加大，市场必然要求新的风险规避工具，国债期货应运而生。

美国国债期货的推出对其他国家具有较强的示范作用。但因国债期货市场的推出对国债现货市场的发达程度要求较高，一般要具有一定规模、流动性的现货市场。因此，世界上推出国债期货交易的交易所并不多，主要的国债期货品种也基本集中在美、英、德、法、日、韩等国，新兴市场国家推出的较少。据 Bloomberg 资料统计，交易品种最多的是芝加哥期货交易所、欧洲期货交易所和伦敦国际证券期货交易所。各大交易所除推出本国的国债期货外，如伦敦和新加坡证券交易所还推出了以其他国家国债为标的债券的国债期货。

二、我国国债期货试点的推出与退市

（一）我国国债期货的试点推出

我国在 1992 年 12 月—1995 年 5 月期间，进行过两年半短暂的国债期货试点。

1992 年 12 月，上海证券交易所（以下简称上交所）最先开放了国债期货交易。上交所共推出 12 个品种的国债期货合约，只对机构投资者开放，但交易并不活跃。从 1992 年 12 月至 1993 年 10 月，成交金额仅 5000 万元。1993 年 10 月 25 日，上交所对国债期货合约进行了修订，并向个人投资者开放国债期货交易。

1993 年 12 月，原北京商品交易所推出国债期货交易，成为我国第一家开展国债期货交易的商品期货交易所。随后，原广东联合期货交易所和武汉证券交易中心等地方证交中心也推出了国债期货交易。

1994 年第二季度开始，国债期货交易逐渐活跃，交易金额逐月递增。1995 年以后国债期货交易经常出现日交易量达到 400 亿元的市况，而同期市场上流通的国债现券不到 1050 亿元。由于可供交割的国债现券数量远小于国债期货的交易规模，因此，市场上的投机气氛越来越浓厚，风险也越来越大。

（二）我国国债期货的退市

1995 年 2 月，国债期货市场上发生了著名的"327"事件，对市场造成了沉重的打击。为规范整顿国债期货市场，中国证监会和财政部联合颁发了《国债

期货交易管理暂行办法》；2 月 26 日，中国证监会又发出了《关于加强国债期货交易风险控制的紧急通知》，一系列的清理整顿措施并未有效抑制市场投机气氛，透支、超仓、内幕交易、恶意操纵等现象仍十分严重，国债期货价格仍继续狂涨，1995 年 5 月再次发生恶性违规事件——"319"事件。

1995 年 5 月 17 日，中国证监会发出通知，决定暂停国债期货交易，我国首次国债期货交易试点以失败而告终。

（三）对国债期货退市的反思

试点期间，国债期货暴露出来的问题主要集中在以下方面：

第一，国债期货产生的市场基础不成熟。我国当时国债期货的产生不是源于金融机构规避利率风险的需求，而是为了解决国债发行困难的局面，且在金融改革未深化、利率受管制的条件下，国债期货也难以发挥利率期货的作用。在通胀居高不下的背景下，政府参照央行公布的"保值贴补率"给予一些国债品种保值补贴，使得保值贴补率成为实际上的国债期货标的，国债利率期货变成了通货膨胀期货，增大了市场炒作空间。试点期间的国债流通规模较小，导致现货市场相对狭小。当时有 14 家国债期货交易所，仅上交所最高日成交额就达 8000 亿元，钱比货多，容易出现逼仓现象，增大了市场风险。

第二，配套设施不完善。一方面是硬件设施不完善，当时没有全国统一的登记清算与存管网络，导致了国内几个市场的严重分割，现券的地区流动也存在严重的进入障碍，使投资者的跨市操作战略无法得到有效保障；另一方面则是配套的法律法规不健全，《国债法》《期货法》《证券法》等相关法律均未推出，甚至在"327"事件后，中国证监会、财政部才颁布了第一部具有法律效力的《国债期货交易管理暂行办法》（以下简称《办法》）。法律法规不健全导致了当时的国债期货市场既缺乏约束，又缺乏公平有效的处理手段和程序。

第三，制度设计存在缺陷。一是保证金水平偏低。"327"事件前，上交所规定客户保证金比例是 2.5%，深交所规定为 1.5%，武汉交易中心规定是 1%。保证金水平的设置是期货风险控制的核心，用 500 元的保证金就能买卖 2 万元的国债，这无疑是把操纵者潜在的盈利与风险放大了 40 倍。

二是缺乏适当预警监控体系和涨跌停板制度。国债期货某一品种的可持仓量应与现货市场流通量之间保持合理的比例关系并在电脑撮合系统中设置。

但从"327"合约在2月23日尾市出现大笔抛单的情况看，交易所显然对每笔下单缺少实时监控，导致上千万手空单在几分钟内通过计算机撮合系统成交。

三是"逐日盯市"而非"逐笔盯市"的清算制度。交易所无法用静态的保证金和前一日的结算价格控制当日动态的价格波动，不能杜绝透支交易，使得空方主力违规抛出千万手合约的疯狂行为得以实现。

第四，监管职责不明造成市场监管缺位。在《办法》颁布前，一直没有明确国债期货的主要监管机构。当时，财政部负责国债的发行并参与制定保值贴补率，中国人民银行负责包括证券公司在内的金融机构的审批和例行管理，并制定和公布保值贴补率，证监会负责交易的监管，而各个交易组织者主要由地方政府直接监管。多头监管导致政出多门，政策缺乏稳定性和可信度，且多以行政手段为主并侧重事后监管，造成了监管效率低下和监管真空。正是由于监管的不到位，酿成了"327"事件、"319"事件，最终导致国债期货的关停。

三、我国国债期货的重启

（一）国债期货的重启过程

2011年12月初，中国金融期货交易所（以下简称中金所）总经理朱玉辰透露，正在积极筹备国债期货。2012年1月召开的全国证券期货监管工作会议上，郭树清主席表示将稳妥推出国债、白银等期货及期权等金融工具；随后，证监会副主席姜洋证实正在推进国债期货。2012年2月13日，国债期货仿真交易联网测试启动。2013年8月30日，证监会宣布，国债期货获得国务院批准，于9月6日上市交易。

（二）国债期货的重启背景

我国利率市场化进程自1996年取消银行间拆借利率上限开始，至2013年7月央行全面放开金融机构贷款利率，进程已明显加速。按"十二五"规划要求，未来5年要"稳步推进利率市场化改革，加强金融市场基准利率体系建设"。目前，我国的货币市场、债券市场利率、协议存款利率、外币存贷款利率、本币贷款利率都已由市场确定，仅对本币的存款利率上限仍有限制。而利率市场化推进的关键即是要寻找到能够作为存贷款定价依据的基准，从金融体系成熟的国家经验看，就是要形成公认的基准利率曲线。

作为利率期货的一种，从国际经验来看，国债期货既是利率市场化过程中的衍生品，也是利率市场化进程中的重要中间环节。它的重启，不仅能更好地完善市场化利率体系，通过价格发现功能将市场预期传导至基准利率体系；同时，在利率市场化完成并重新确认基准利率体系前，也有助于规避和管理期间出现的利率大幅度波动风险。

（三）国债期货重启后的市场表现及原因

国债期货重启以来的市场表现，可以用"惊艳开场，逐渐低迷"来总结。现以国债期货上市两个月以后的市场表现进行统计。

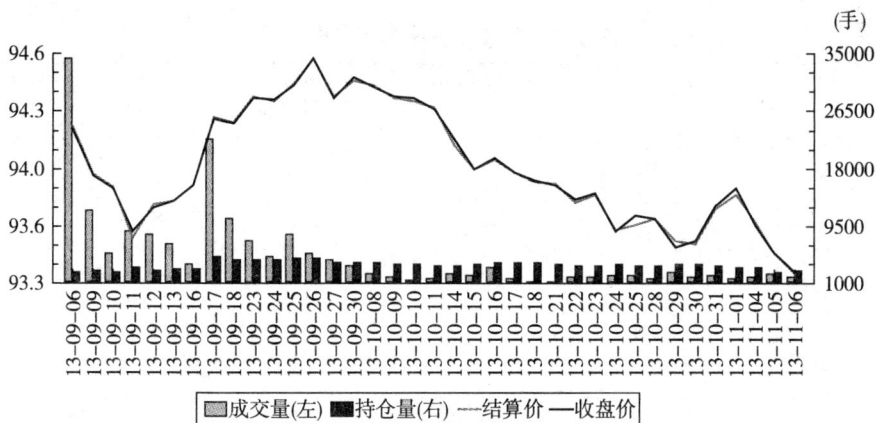

数据来源：WIND 资讯。

图 1 - 1 国债期货市场表现

从交易量和交易金额看，2013 年 9 月 6 日国债期货上市交易首日，三个合约总成交 36635 手，总持仓量 2959 手，总成交额 346 亿元。其中，主力合约 TF1312 成交 34248 手，持仓量 2625 手，成交额 323 亿元，各项指标均占到总合约的 90% 以上，成为市场关注焦点。

但之后交易量逐渐低迷起来。以主力合约 TF1312 为例，除 6 日、7 日、17日和 18 日成交量超过 1 万手外，其他交易日均在 1 万手以下。进入 2013 年 10月份之后，交易量更加惨淡，最高是 16 日的 3253 手，最低是 18 日的 1002 手。

2013 年 9 月 6 日至 11 月 6 日，国债期货市场共成交 198544 手，成交金额

1868.30 亿元，日均成交量 5366 手，日均持仓量 4070 手。其中 TF1312 合约共成交 190136 手，占比 95.77%；TF1403 成交 6384 手，占比 3.22%；TF1406 成交 2024 手，占比 1.02%。

从交易价格来看，TF1312 合约从 2013 年 9 月 6 日的 94.192 元跌至 9 月 11 日的 93.556 元，随后价格开始上行，9 月 26 日达到高点 94.572 元，随后又开始漫长的震荡下行之旅，11 月 7 日重挫 0.56%，创上市以来最大单日跌幅，11 月 8 日，延续暴跌态势，跌 0.61%，报 92.292 元。

从交易主体来看，国内最大的国债现券持有方银行、保险仍未能进入市场，造成国债期货交易主体的"主角"缺位。

表 1-1　　　　　　　国债期货 TF1312 成交参与机构

成交排名	机构	成交量（手）	多头持仓（手）	空头持仓（手）
1	国泰君安	505.00	336.00	837.00
2	中粮期货	373.00		798.00
3	广发期货	246.00		22.00
4	上海东证	236.00	350.00	13.00
5	中信建投	221.00		30.00
6	海通期货	207.00	253.00	332.00
7	信达期货	197.00	149.00	
8	永安期货	169.00	72.00	
9	中证期货	164.00	174.00	15.00
10	华泰长城	138.00	170.00	108.00
11	银河期货	135.00	84.00	
12	东海期货	130.00	83.00	18.00
13	申银万国	116.00	60.00	
14	光大期货	82.00	42.00	
15	招商期货	66.00	45.00	105.00
16	南华期货	65.00	96.00	15.00
17	宝城期货	60.00		25.00
18	长江期货	57.00		280.00
19	中国国际	49.00	63.00	
20	鲁证期货	40.00	114.00	26.00

注：本表根据国债期货上市交易后两月的时间点 2013 年 11 月 6 日的相关数据统计，主力合约 TF1312 成交量最高的机构全是期货公司。

资料来源：WIND 资讯。

总体来看，国债期货刚刚上市，市场的培育需要过程。而同期市场低迷、流动性下降又有一定客观原因：一是银行、保险等机构投资暂时没有进入市场，基金公司等也主要以套保为主，使得国债期货的交易与股指期货相比不够活跃；二是国债期货专业性较强，个人投资者参与有限；三是国债期货市场运行平稳，波动性较小，投资收益率较其他品种低，对国内交易者吸引力较小。

四、发展国债期货的重要意义

我国发展国债期货意义重大，它有助于：完善债券市场体系；推动建立完善的基准利率体系，促进利率市场化进程；提高债券市场流动性；提供规避利率风险的有效工具，优化资产配置；促进金融机构创新；促进我国国债发行，进而助推人民币国际化进程。

（一）完善债券市场体系

一个完整意义上的债券市场应包括债券发行一级市场、债券交易二级市场和管理债券市场风险的国债期货市场。国债期货市场对债券市场定价和规避利率风险起到关键作用，可以满足市场风险管理的迫切需要，使债券发行、交易和风险管理形成良性互动，夯实整个债券市场发展的基础，促进债券市场长远发展。

（二）推动建立完善的基准利率体系，促进利率市场化进程

如前所述，从金融体系成熟的国家经验看，利率市场化推进的关键即是要形成公认的基准利率曲线。目前我国国债现货交易市场存在诸多问题，一方面银行间市场和交易所市场相互分割，导致债券市场定价效率低下；另一方面国债现货交易形成的收益率仅反映现在时点上不同期限的利率水平，无法形成一个完整的市场利率体系。而国债期货市场因标准化程度高、透明度高、信用风险低等特点，有助于提高价格发现效率，反映未来市场利率水平的大致走势，进而有助于构造和完善我国基准利率曲线，为各类金融资产定价提供依据。

（三）提高债券市场流动性

流动性是债券市场功能发挥的保证。国外经验表明，国债期货主要通过以下三个方面促进现货市场流动性的提高：一是国债期货的套期保值与价格发现功能，增强了现货市场对信息的灵敏度，为投资者提供更多交易机会；二是国

债期货交易为投资提供了期现套利的机会，吸引更多的投资者进入债券市场，使债券市场投资者结构进一步优化，增强债券市场的流动性；三是国债期货采用一篮子债券作为交割债券，国债期货的卖方可能会选择一些流动性欠佳的旧券进行实物交割，增加旧券流动性。

（四）提供规避利率风险的主要工具，优化资产配置

通过国债期货交易，投资者能够以较低的成本对利率风险头寸进行调整，将利率风险分散和转移给有承担能力和承担意愿的投资者。当前我国债券存量已突破29万亿，随着利率市场化进程的推进，利率波动将更为频繁和剧烈。国债期货交易可以为投资者提供规避利率风险的有效工具。此外，国债期货的高杠杆性和高流动性也有助于投资者通过国债期货来优化其资产配置。

（五）促进金融机构创新

国债期货作为基础性的固定收益衍生品，可以丰富金融机构的交易策略，完善产品体系，促进金融机构的机制创新和产品创新。一是各类金融机构可充分利用国债期货的做空机制、保证金机制丰富其产品线，开发满足市场各类需求的财富管理创新产品；二是作为标准化的衍生品，国债期货因市场透明度高、流动性较好、杠杆交易模式所致成本低等特点，可帮助金融机构提高资产管理的效率；三是通过开展国债期货等衍生品业务，金融机构可扩大中间业务和交易业务收入来源，转变盈利和增长方式。

（六）促进我国国债发行，进而助推人民币国际化进程

国债期货交易所带来的发行效率的改善，对降低国债发行成本、促进国债发行具有重要作用。而国债市场的完善发展又与人民币国际化之间相互促进。作为一个系统工程，一方面，随着人民币跨境贸易结算的推广，境外对人民币储备需求必然增加，一般表现为对流动性和安全性皆高的国债需求增加。因此，人民币国际化会促使国债发行规模的扩大、品种的丰富及频率的提高，并形成统一的国债市场。另一方面，金融衍生品市场日益成为决定资金和大宗商品价格的主要场所，而对金融定价权的争夺本身就是货币国际化的重要内容。建设和完善我国利率衍生品市场，尤其是国债期货市场，对满足境外投资者对人民币资产的保值、增值的需求，提高境外机构和政府持有我国债券的积极性，牢牢把握人民币利率衍生品的定价权有重要作用，更有助于提升人民币在国际市

场中的地位。

五、研究的意义及思路

（一）研究意义

本书研究的目的，是希望通过借鉴国外成熟市场经验，找出目前国债期货市场低迷的制度性因素，为活跃国债期货和现货市场、促进市场整体风险管理水平的提高和助推人民币国际化进程提供政策建议。

（二）研究的基本思路

本书从研究国债期货的基本运作原理入手，在对比分析国外成熟市场的经验教训及我国国债期货市场交易现状的基础上，设计我国金融机构应用国债期货管理（对冲）利率风险的基本方案，通过对国债期货在利率风险管理中的关键环节及存在障碍的分析，梳理出目前导致我国国债期货市场低迷的制度性因素，提出促进国债期货市场发展的政策建议。

国债期货的运作机理

一、我国国债市场及其发展

（一）我国国债市场的作用

我国自 1981 年恢复发行国债以来，国债市场得到了迅猛的发展，国债规模不断扩大。特别是 1993 年下半年，为了解决当时经济过热问题，国家加强宏观调控措施。为从根本上斩断财政赤字与通货膨胀之间的直接联系，政府推出了彻底取消财政向银行借款、财政预算赤字以发行国债的办法来弥补的这一重大举措。到 1994 年，国债发行额一度达到了 1175 亿元。1994 年以来，年度发行规模平均增长 28% 左右。在国债规模迅速增长的同时，财政依存度也在不断增加。在经济迅速发展的今天，国债的作用除了偿还到期债务，平衡国际收支，调剂季节性资金余缺外，还突出表现为以下几点：

1. 筹集建设资金。鉴于我国中央财政收支占国民收入比重逐年下降以及财政支出增长速度快于财政收入增长速度的现实，财政赤字越来越大，财政支出中可用于建设的资金越来越匮乏。因此发行国债可以使中央财政在不增加货币供应量的前提下，直接筹集到巨额资金，集中用于关系国民经济全局的重点建设及基础设施建设，同时也减缓了货币购买力给市场带来的压力。商业银行及其他金融机构购买国债，使中央银行在控制货币总量上具有相当大的灵活性，有助于在最大程度上将分散的资金集中使用，实行间接控制；企业将计划外资金购买国债，则可控制其转化为消费资金，减少计划外固定资产投资的资金来源，并取得一种低风险、高收益的投资回报；居民大量投资国债，可以将大量活期储蓄固定化，减少货币流动性。因此，游资转化为国债是在货币供应量不增加的前提下推动生产发展的重要方式。

在以扩大再生产为特征的开放式经济中，负债发展经济的结果往往不是负债，而是经济的超前发展。第二次世界大战后，欧美及日本等国虽然巨额负债，但出现的并不是败落、衰退，而是生产的高速发展。从1950年至世界性经济危机爆发的1974年的25年中，它们几乎年年负债。累计国债以美元计算，美国为4920亿元，英国为938亿元，法国为198亿元，联邦德国为280亿元，日本为360亿元。虽为"负债累累"，但同一期间国内生产总值的增长，美国为2.3倍，英国为1.9倍，法国为3.2倍，联邦德国为3.9倍，日本为6.7倍。目前这些国家的科学技术与生产力都已达到相当高的水平，为其他国家所向往。当然，我们不能将这些国家经济的高速发展，都简单归结为负债的结果，但以举债的方式来加速经济发展，无疑是导致它们成功的一个不容忽视的重要因素。

这种通过举债加快经济发展的做法，实际上我国早在"一五"期间已进行过尝试。那么，我们的结果又怎样呢？虽然国家在"负债方"写下了638000000元（内外债合计），但由此换得的是工业总产值年均18%的超速增长和国家资产的惊人扩大。据统计，"一五"期间仅大中型全民所有制固定资产就新增了492.18亿元，资产额为负债额的77倍，这也是我们必须牢记的历史经验。

可以说，在今后一个相当长的时期内，国债在筹集建设资金方面的作用，将是我国现代化建设事业中不可缺少的力量。

2. 弥补财政赤字。国家利用国债，可以有效地弥补财政支出大于收入即赤字的数额，保证政府职能的正常实现。

造成国家财政发生赤字的原因一般有三个：

一是经济危机（或称经济波动）。每遇经济危机，生产和贸易的衰落以及国民收入的锐减，都会引起政府收入和其他收入的下降。由于政府支出不能相应减少，反而可能上升（如随着经济不景气和失业的大量增加，各国特别是西方发达国家的各项社会福利支出都会有"自动"增加之势），其结果必然是财政出现赤字。

二是自然灾害的发生。一方面自然灾害会造成国民经济的损失，从而引起税收等财政收入减少；另一方面又会使政府用于灾害地区居民救济费和恢复生产建设等项支出的猛然增加。两者共同作用，结果也使财政发生赤字。

三是决策和计划失误。在经济工作中，决策或计划发生失误，特别是指导思想上急于求成，主观上安排的建设规模超过客观的物力、财力可能，几乎是难以绝对避免的。这通常会带来财政支出的失控，因而也会造成财政赤字的发生（这正是新中国成立以来财政屡次出现赤字的主要原因）。

无论在上述哪一种情况下，财政赤字一旦发生，都必须想办法予以弥补。而弥补赤字一般说来只有三种办法，即增加税收、增发通货（在我国主要为向银行透支和借款）和举借国债。

1994年前，我国财政赤字都是用向中央银行透支的办法来解决，而中央银行所能做的无非是多印发货币，由于超出了正常规模，便引发了通货膨胀。这样做不仅使中央银行无法真正发挥调节货币供给作用，反而沦为政府的"出纳"，更使通货膨胀难以得到根本控制，财政赤字越来越大。1994年以来，中央改变了以透支弥补赤字的做法，改为以发行国债来替代。

3. 执行经济政策。作为中央银行公开市场业务操作的重要工具，国债日益成为财政政策、国债政策和货币政策这三大宏观调控政策之一，并成为连接财政政策与货币政策的桥梁。

首先，中央银行可以通过国债吞吐进行公开市场业务操作，从而实现财政政策与货币政策的有效结合。

公开市场业务操作即指中央银行视社会货币流通量和国民经济运行的实际需要灵活地吞吐国债，借以释放基础货币、抑制通货膨胀。国债在其中作为一种必要的媒介和运作工具，体现为中央银行与商业银行在二级市场上一种交易行为，国债作为财政部向社会公开发行的有价证券，是中央银行和商业银行普遍接受的资产，中央银行要吞吐多大规模、何种期限的国债，则取决于财政政策与货币政策的需要。

公开市场业务操作的宗旨是通过影响商业银行储备头寸调节货币流通量，进而影响其信贷能力。一是商业银行通过国债再贴现、再抵押等手段，从中央银行取得再贷款，以保证其信贷能力，这比单纯信用再放款要安全得多；二是中央银行通过低价卖出、高价买进的价差损失，来降低商业银行的贷款能力。

其次，国债作为宏观调控工具还表现为商业银行通过国债市场买卖调剂资金头寸。

商业银行在资金营运中往往会出现资产大于负债或小于负债的情况。如贷差，可通过国债隔日售出回购（前提是商业银行手中持有国债）的形式融通资金，使存贷平衡；如存差，则可通过国债隔日反回购使富余资金得到有效利用，同时又能使其资产具备一定的流动性和安全性。国债市场是商业银行间拆借的理想桥梁，通过国债回购与反回购交易，不但调剂了资金头寸，也避免了目前只通过信用拆借而极易发生呆账损失，进而影响银行资金平衡和正常运营的问题。

因此，国债作为国家宏观调控工具的作用就在于为中央银行实现公开市场业务操作充当了桥梁和纽带。

（二）我国国债市场发展的历史

1949 年底，新中国刚刚成立，由于多年战争，国家经济十分困难，为了弥补财政赤字，减少现钞发行，有计划回笼货币，中央人民政府决定发行人民胜利折实公债，从 1954 年起，为了筹集国民经济建设资金，连续 5 年发行"国家经济建设公债"，为当时第一个五年计划的完成作出了很大的贡献。

从 1958 年到 1981 年的 23 年中，未再发行过国债，1968 年国家偿还了全部内外债本息，成为既无内债、又无外债的国家。

1981 年，由于国家财政收入连续三年下降，为确保按照当时预算编制办法实现财政收支平衡，国务院决定恢复发行国债和借用地方财力来弥补赤字，依据的是 1981 年 1 月 16 日通过的《中华人民共和国国库券条例》，从此，拉开了我国国债发行的序幕。

1981 年到 1988 年，国家发行国债的规模均不大，到 1988 年年底发行额才达 90 亿元，品种单一，主要采取实物券的方式发行，由于当时没有流通市场，持有人变现不便，影响了国债的信誉，发行更多的是靠行政摊派完成。

1988 年是我国国债市场上一个重要转折点。为了解决国债变现难的问题，国家决定在当年 4 月和 6 月两次在 61 个城市进行国库券流通转让的试点。

1989 年，由于物价上涨，国家发行保值公债，以保护投资人的利益。1991 年至今，我国国债市场发生了巨大的变化，建立了国债发行市场，采用了多样化的发行方式，丰富了发行品种，扩大了发行规模，引进了一级自营商制度，完善了国债流通市场，建立了国债回购市场，进行了国债期货试点，增设了银行间债券市场等。

1998 年和 1999 年我国采取了积极的财政政策，相继发行大量国债进行基础设施建设，两年中，国债投资及其拉动的投资对 GDP 的贡献度分别为 1.5% 和 2.5%。

自此以后，国债的增长速度很快。从政府为增加财政收入、发挥宏观经济调控功能和归还债务等国债的固有作用看，国债规模有不断扩大的内在动因。

国债期货的顺利推进有赖于国债现券市场的发展完善，相对成熟的国债现券市场成为国债期货的重要支撑。在国债期货叫停之后的 17 年间，我国的国债市场迅速发展，当前的市场在存量规模、期限结构、交易活跃度以及现券的市场化定价等方面都正逐步走向成熟。

根据中债登的债券托管量统计数据，截至 2012 年底，我国债券市场的国债

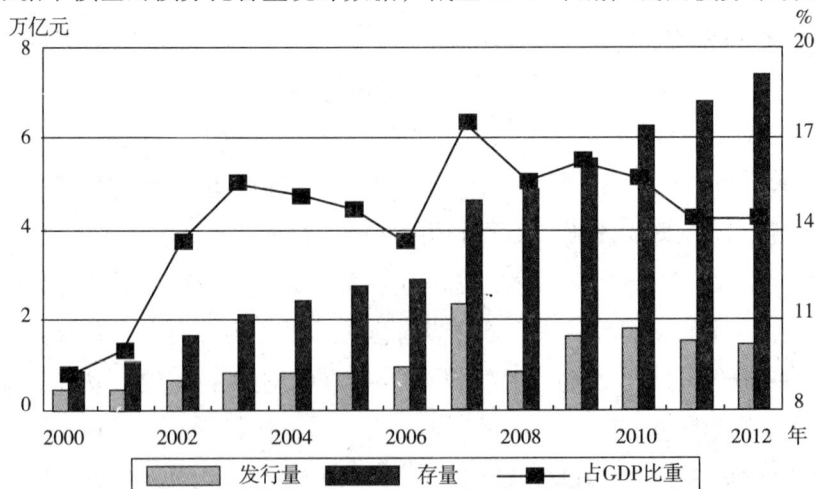

资料来源：WIND 资讯。

图 2-1　历年国债发行规模

托管规模已达 7.42 万亿元，其中记账式国债 7.07 万亿元，储蓄国债 0.35 万亿元。记账式国债存量约占 GDP 的 14%，是 1992 年国债存量的将近 60 倍，国债现券的存量规模已达到了其他国家开展国债期货交易的市场平均水平。

在国债的期限结构方面，我国自 2001 年起开始采用贴现方式发行 1 年期以下的短期国债品种，同时开始发行 10 年期以上的长期国债，改变了之前国债发行只集中于 3 到 5 年期的中期品种的局面，国债的期限结构和收益率曲线得到了进一步的完善。此外，财政部还建立起了一套完备的国债市场化发行机制，对 1 年、3 年、5 年、7 年和 10 年期关键期限的国债品种采用定期滚动发行的制度，并按年、按季公布国债发行计划，最大程度地保证了国债市场供给的平稳。从目前的情况来看，各关键期限国债品种每季度至少发行一次，每期的发行规模约为 300 亿元。由于国债期货仿真交易的可交割国债是剩余年限为 4 至 7 年的国债品种，涵盖了 5 年和 7 年两个关键期限，因此可交割国债的存量和供给都能够保持稳定，这就有效降低了国债期货被操纵的可能性。2012 年财政部共发行了 13 期 5 年和 7 年期国债，总规模约 4000 亿元，市场可交割国债共有 34 只之多，存量规模已接近 2 万亿元。

经过多年的发展，国债现券市场的交易已日趋活跃。以规模最大的银行间市场为例，2012 年全年银行间市场的国债现券交易总额为 9.14 万亿元，回购交易总额规模更甚，相比 90 年代初国债现券基本沉淀于个人和机构单位手中的历史事实，国债的流动性已大为改观。

（三）国债市场要素分析

1. 国债发行规模的确定。为实现国债发行边际成本和政府举债边际效益相等的最佳国债发行规模，全面发挥国债功能，关键在于：

第一，国债规模的扩大速度应和财政收入的增长速度保持同步。"八五"期间我国财政收入平均增长速度高达 16.30%。财政收入的增加一方面是通过国民生产总值增长期的带动，另一方面是依靠财政收入占国民生产总值比重的提高，因此为实现财政收入的增长，在经济增长的基础上我们需要进一步深化"费改税"等财税体制改革，理顺国民收入分配关系，清理、整顿各种预算收入和非税收入渠道，加强税收征管和税务稽查工作，增加政府财政收入，从而有利于增加政府偿债能力，提高政府信用等级和扩大国债规模。

万亿元

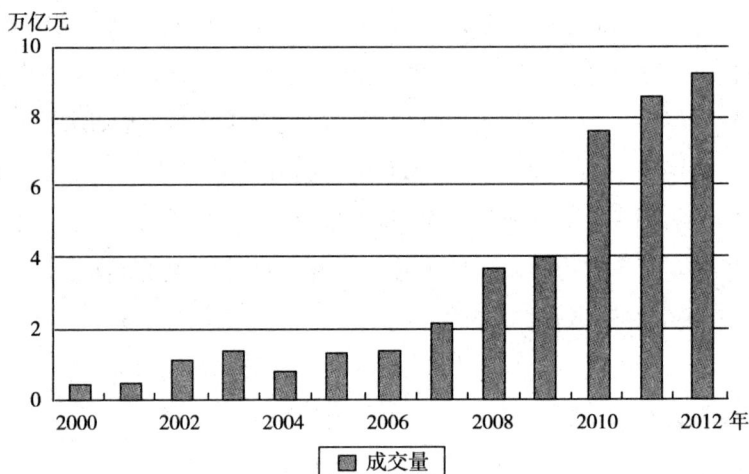

资料来源：WIND 资讯。

图 2－2　历年国债交易规模

第二，充分发挥国债调控经济能力，优化财政支出结构，严格控制财政支出总量，做到成本与效益相对应，确保为未来国债还本付息提供必要的经济来源，减少借新债还旧债，提高发行国债的使用效果。

第三，加强国债规模控制管理，以最低成本保证国债顺利销售，同时考虑国债的债务结构和品种的多样化，以满足不同投资者的不同购买偏好，调整债务的期限结构，以减轻国债发行还本付息的压力，做到有序地安排国债的偿还工作。

2. 国债发行方式。我国国债发行品种经历了以实物券为主到以无纸化记账式国债为主，发展到今天采用无纸化记账式国债和凭证式国债相结合的方式。

1996 年是国债市场实行重大改革的一年，首次采用了实行公开招标发行无纸化记账式国债的方式，当年共发行的 2003.42 亿元国债中，记账式国债达1440 亿元，所占比重高达 71.9％，克服了以往实物券流通不便、易伪造、难保管、发行费用高的缺点。然而，由于记账式国债的流通市场为上海、深圳证券交易所，老百姓购买不方便，于是又加大了凭证式国债的发行比重。凭证式国债主要吸引储蓄意愿较强的国债投资者，可参照国际经验，逐渐演变为储蓄国债。

3. 国债发行定价。目前，由于我国没有实现利率市场化，国债的发行利率多以银行定期储蓄利率作为参照，并略高于同期银行存款利率水平，从长远发展来看，随着我国利率逐渐市场化以及电子技术、网络技术的迅速发展，国债发行市场将会逐渐走向高效率、低成本、方便快捷的时代，招标发行记账式国债将是国债发行方式的首选。

国债现券的市场化定价是防范国债期货出现价格操纵的重要保证，当前我国国债的交易市场化定价机制已基本形成。在国债发行的一级市场，1999 年起财政部开始在记账式国债发行时采用面对国债承销团成员进行公开招标的方式来确定发行利率，发行利率由市场化的投标决定，充分体现了市场对于国债的需求程度。在二级市场，国债的价格也基本实现了由市场供需关系决定。

表 2 - 1　　　　　　　　　　国债市场化定价进程

时间	重要事件
1991 年	国债发行开始使用承购包销的发行方式。
1996 年	财政部通过证券交易所平台实现了国债的市场化发行，发行采取了利率招标、收益率招标、划款期招标等多种方式，同时根据市场供求状况和发行数量，采取了单一价格招标或多种价格招标。
1999 年	财政部首次通过债券发行系统在银行间市场实现以利率招标的方式发行国债。

4. 国债流通市场。在 1997 年前，国债的流通主要在深沪交易所内进行。1997 年以后，为了防止银行资金违规进入股市，抑制股票异常波动，防范和化解金融风险，设立了银行间国债市场，这是一个以商业银行为主，具有货币市场特征的银行间债券市场，市场交易系统由负责清算的全国银行同业拆借中心和负责托管、结算的中央国债登记结算公司两部分组成，是银行、保险、信托等金融机构承销国债和进行国债交易的场所。后来，又增加了证券公司和基金管理公司。随后，银行间债券市场得到了迅猛发展。

截至 1999 年底，开户机构由 1997 年的十几家国有商业银行发展到 679 家，托管债券数额增加到 13078 亿元，交易的品种主要是记账式国债。银行间市场国债发行和托管量占发行总数的 80% 以上，而曾经作为我国国债主要发行和流通场所的交易所仅占 10% 左右。

由于银行间债券市场是资金供给方远多于国债的需求方，缺少资金需求方成员，成交一向清淡。据2000年上半年统计，有89.7%的国债托管在银行间债券市场，但交易量只占12.3%，而上交所在整个托管量中仅占10.2%，交易量却达到88.4%，深交所则托管量很小。

由于缺乏统一的国债托管清算结算系统，目前我国四个国债交易场所处于相互分割的状态。凭证式国债不可上市交易，沪、深两交易所市场内国债可以办理国债转托管，银行间债券市场和交易所债券市场的国债目前还不能自由转托管。这种局面不利于我国国债市场的发展。

首先，国债市场的分割直接影响了财政部实施资本运营、均衡发债和优化国库现金管理，增加了政府的国债筹资成本。由于市场分割，使投资主体、资金和债券限制在4个独立的区域运行，从而大大降低了市场流动性。同时，几个市场的平均利率又存在差异，这就使政府有关部门实施均衡发债、优化国库现金管理失去了最基本的市场基础，最终导致国债筹资成本提高。

其次，分割格局加剧了国债市场的畸形发展。银行间债券市场以商业银行为主要参与主体，成为国债发行的主要市场，但由于机构的趋同性，交易不活跃；交易所国债市场虽然具有较强的流动性，市场交易活跃程度较高，但市场资金量不大，吸纳国债的能力有限，正逐渐丧失其国债市场的龙头地位。

最后，由于市场分割，国债品种不够丰富，中央银行缺乏公开市场操作的工具，使得货币政策传导机制难以有效实施。对于金融机构来说，由于银行间债券市场交易不活跃，又不能进入交易所债券主市场进行国债交易，削弱了它们利用国债调度资金、对冲利率风险的作用。

要改变国债市场的分割局面，使国债市场进一步健康发展，必须尽快建立全国统一的国债市场。参照国际通行做法，打通银行间债券市场和交易所债券市场，上市交易的国债均在中央国债登记结算公司进行统一托管清算和结算（交易所不再进行国债的托管），使银行间债券市场、沪、深交易所债券市场成为国债和资金互通的交易场所，所有投资者均可自由出入这三个场所买卖国债。其中，银行间债券市场逐渐发展为国债场外（OTC）市场，沪、深交易所债券市场发展为国债场内市场。最终形成统一托管清算的国债市场。

二、国债期货的概念与功能

（一）国债期货的几个概念

由前所知，国债被称为"金边债券"，由政府发行，特点是保证还本付息，信用好，安全性强；流动性好，市场规模大，可及时买入和卖出；利率与货币市场上其他债券凭证有着高度的相关性，可以用它进行套期保值，交割比较方便。

国债期货合约是就在将来某一时期按预定的成交价格交割标准数量的特定国债品种而达成的标准化协议。

国债期货交易是指交易者在特定的交易所通过公开竞价或计算机自动撮合方式成交，承诺在未来特定日期或期间内，以事先约定的价格买入或卖出特定数量国债的交易方式。

国债期货交易是在国债现货交易的基础上发展起来的，是对国债现货交易的重要补充。国债作为一种特殊商品，其交易方式由现货交易发展到期货交易，是市场经济发展和金融工具不断创新的历史必然。

（二）国债期货的功能

国债期货市场并不是凭空产生的市场形式，是国债现货市场发展到一定阶段的产物，它与国债二级市场密切相关，是二级市场的衍生物。它的出现，对国债现货市场发展起到十分重要的作用。

1. 风险转移功能。国债期货最原始的目的，在于为国债持有者或使用者转移因价格变动而产生的风险，风险转移是其最重要的经济功能。所谓风险转移，是指市场变化的风险通过一定的机制或方法由一部分人身上转移到另一部分人身上。期货市场的风险转移是通过套期保值实现的。

套期保值是指投资者在买进或卖出某种国债现货的同时，在国债期货市场上卖出或买进同种同量的期货，使期货市场的盈利（亏损）与现货市场的亏损（盈利）相互抵消，从而防止价格波动的风险。套期保值主要有多头（买入）套期保值和空头（卖出）套期保值。

套期保值之所以能够规避价格风险，达到保值的目的，这是基于两大经济逻辑：

（1）期货价格和现货价格走势方向一致。在期货市场和现货市场两个各自分立的市场中，由于某种特定的期货价格和现货价格在同一时空内，会受相同因素的影响和制约，因而在一般情况下，两个市场的变动趋势相同，走势基本一致，要涨都涨，要跌都跌。

（2）当期货合约的交割期临近，现货价格和期货价格之间会呈现互相趋合、接近的趋势，这是因为基差起着关键的作用。基差一般是指当地现货价格与近期交割月份期货合约价格之间的差距，它由多种因素构成，其中包括运输费、仓储费（还包括利息、保险费等），影响供求关系的经济因素等。当接近交货时，所有相关费用呈逐步消失趋势，导致期货价格与现货价格趋向一致。

对套期保值者来说，参与国债期货市场不是为了赚取利润，而是要在价格上得到保证，通过承担较小的基差风险来转移价格风险，以创造更大的经济效益。

2. 价格发现功能。价格发现是国债期货交易另一个十分重要的经济功能，是国债期货存在和发展的基础。一般说来，进行国债期货交易者无论是套期保值者还是投机者，其目的都不在于履行合约，进行实物交割，而在于获得价差，其中最重要的价差是现货价与期货价之差。期货价格分析便成为国债期货交易十分重要的内容。

发现价格是指在一个公开、公平、高效、竞争的国债期货市场中，通过国债期货交易形成的期货价格，具有真实性、预期性、连续性和权威性的特点，能够比较真实地反映出未来国债价格变动的趋势。

市场机制实质上是一套以价格为中心的资源配置的组织协调机制。价格反映资源的稀缺程度、供求的实际态势、决定着资源配置的效率。真正的或者说"公正"的市场价格的形成，需要一系列条件，这些条件包括供求的集中、市场有充分的流动性、市场的秩序化、公平的竞争等。国债期货交易是在专门的期货交易所内进行的，而期货交易所作为一种有组织的、正规化的统一市场，聚集了众多买方和卖方，不仅有套期保值者还有投机者，大量的不同目的的交易者的参与确保了市场的流动性，而且期货交易所通过公开竞价的方式避免了欺诈和垄断行为。此外，按期货交易所的价格报告制度规定，所有在交易场上达成的每一笔交易的价格，都要向会员及其场内经纪人报告并公之于众，这就使得所有的期货交易者及其场内经纪人都能及时地了解期货市场上的行情变化，及时做出判断，并把自己的要求和愿望，以及所做出的对供求关系的新变化及其变动趋势的判断再输入到交易场上去，最后反映到期货价格中，这就进一步提高了期货价格的真实性和预期性。通过在交易所进行的国债期货交易，交易价格不断报出、修正和传播，从而使潜在的价格信息揭示得更充分、更合理，能够较为真实地反映供求状况和人们对某种国债未来价格的综合预期，这种集中交易形成的价格变市场的滞后调节为预先调节，成为投资者决策和规划资金的依据。

3. 投机功能。一个成熟的期货市场，总是有为数众多的投机者参与交易。普通投机交易是从单一的国债期货合约中利用价格的上下波动赚取收益，在一段时间内只作买或卖，主要有买空、卖空两种形式。买空是投机者预计利率将下调即在看涨的市场中先买进国债期货合约，然后等待价格上涨后抛售出去的投机方式，即多头投机；卖空是投机者预计利率将上调即在看跌的市场中先卖出合约，然后等待时机补进的投机方式，即空头投机。

期货市场要有效地执行其转移风险、套期保值的职能，少不了投机者。如果没有投机者，就没有人来承担套期保值者要转移的风险。正是由于投机者在市场上经常变换位置，一会儿买进，一会儿卖出，才使套期保值者的合约在市场上不断流动，也才使套期保值成为可能。所以就期货市场而言，投机者有助于期货合约的流动性，也有助于市场机制的通畅运行。投机是套期保值得以实现的必要条件，也是套期保值发展的必然结果，是期货市场不可或缺的润滑剂。但如果一个市场因设立条件不成熟，套期保值机制不健全而导致投机充斥时，期货市场就会演变为一个"赌场"，甚至导致期货市场垮台，这种投机也就失去了存在的必要。因此，套期保值和投机是互相依存的，国债期货市场应是一个以套期保值者为主，同时也为众多投机者广开方便之门的市场。

4. 套利功能。套利就是指利用两种商品之间不合理的价格关系，通过买进低估或卖出高估的商品，在未来价格重新回归合理过程中获取价差收益的交易行为。在国债期货市场中，不合理的关系包括：一是同一种标的物不同交割月份国债期货合约之间的价格之差，即跨期套利；二是同一标的物的现货与期货之间不断变动的价格之差，即期现套利；三是在不同交易所交易的同类标的物的期货合约的价格之差，即跨市套利；四是不同类标的国债的期货合约价格之差，即跨品套利。由于国债期货交易只是在中金所上市，因此没有跨市套利机会。另外，期货合约交易标的仅为单一标准券种，因此也无法进行跨品套利。

三、国债期货的作用

（一）国债运行机制改革的需要

中国国债运行机制的改革取向，必将是按照市场经济规律的要求，建立健全完善的国债市场，包括国债发行机制的进一步市场化和二级市场的高度流通性。前者指将来转向主要通过国债一级自营商竞价招标发行或拍卖发行，后者指健全二级市场组织体系、丰富国债交易方式、提高国债的流动性。无论是一级市场的改革，还是二级市场的发展，都需要建立国债期货市场作辅助。因为在招标或拍卖发行情况下，一级自营商承销国债后都面临分销、零售完毕期间利率、价格变动带来的风险。由于一级自营商承销量较大，利率或发行价格稍微变动，自营商蒙受的损失就非常大。为了避免损失，需要在期货市场上买卖国债期货合约予以套期保值，这也是国债发行市场改革顺利进行的必要保证，否则，将影响一级自营商的承销能力及其连续性。二级市场上国库券流动性的提高，一是靠现货市场交易的活跃，二是要大力发展各种派生市场，国债期货是派生市场中最主要的交易方式。这种具有杠杆作用的交易方式，能促进国债现货交易的活跃，况且国债期货市场是二级市场的内在组织体系，期货交易情况代表一国国债市场的发达程度，缺少期货市场，二级市场将是残缺的，也不能充分发挥作用。

（二）投资者套期保值、进行风险管理的需要

我国正处于市场经济不断健全完善和国民经济持续发展之中，各种市场参数变化频率与幅度较大。受此影响，属于固定利率的国债极易偏离未来的市场利率。二级市场交易价格也因各种因素的影响而波动不定，特别是在我国银行存款利率处于历史低位情况下，国债的发行利率也处于较低水平，利率再次走低可能性很小，而上升的空间大，利率风险较大。投资者非常需要通过买卖期货合约来进行必要的风险管理，以避免损失。同时，建立与发展国债期货市场，丰富了投资者的投资工具，进一步融通了社会资金。

（三）国债期货交易价格为新发债券的票面利率制定提供参考依据

国债期货交易如同商品期货具有价格发现功能。期货价格水平代表未来期间的价格走势，以此价格换算出的收益率反映了未来利率水平，从而为新券发行利率的确定提供了参考依据。

（四）国债期货市场推出有助于现货市场发展

国债期货是一种成熟的利率风险管理工具，经过 30 多年的发展，已经成为全球最主要的金融期货品种。发达国家的经验表明，国债期货对构建完整的债券市场体系、完善债券市场定价功能等起到了重要作用。

1. 改善一级市场发行效率。首先，国债期货的套期保值功能，为承销商承销期间的利率风险提供对冲工具，从而增强承销商的投标积极性。其次，由于债券转托管机制的存在，国债期货的交割制度将会增加两市场间的债券流动，从而吸引各类合格投资者根据自身需求参与国债现货交易，同时也会显著提高一级市场配置需求，特别是 4~7 年可交割国债。最后，国债期货所揭示的债券远期价格能较好地反映债券市场供求关系，从而为债券发行定价提供重要参考。

2. 提高二级市场流动性。国债期货主要通过以下三个方面促进现货市场流动性的提高：一是国债期货的套期保值与价格发现功能增强了现货市场对信息的灵敏度，为投资者提供更多交易机会。二是国债期货交易提供了期现套利的机会，能够吸引更多的投资者进入债券市场，使债券市场投资者结构进一步优化，增强债券市场的流动性。三是国债期货采用"一篮子"债券作为交割债券，卖方可能会选择一些流动性欠佳的旧券进行实物交割，这将会增加旧券的流动性。

从换手率的情况我们也同样可以发现，在国债期货推出后，大多数国家国债现货市场的换手率都有明显的提升。美国在 1980 年国债现货市场的换手率约为 4.78，从 1980 年至 1987 年，国债现货市场的流动性不断增强，换手率不断上升，至 1987 年年换手率达到 12.25。从近些年美国市场的交易情况来看，国债期货成交量和现货成交量趋势是相同的。

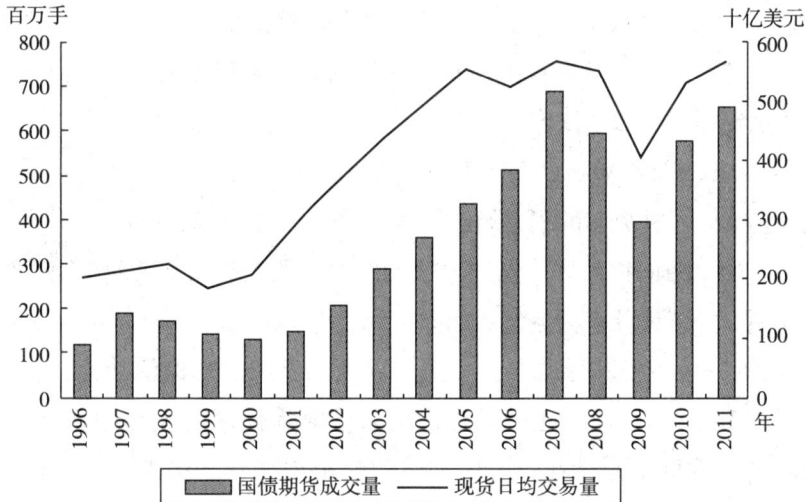

资料来源：WIND 资讯。

图 2 - 3　美国国债期货、现货成交量

四、国债期货交易的特征

（一）国债期货交易属于利率期货交易的一种，其产生的直接原因在于规避利率风险

期货包括商品期货和金融期货两大类。其中，金融期货基本上可分为三大类：汇率期货、股票指数期货和利率期货。利率期货是指以债券类证券为标的物的期货合约，它可以规避利率波动所引起的证券价格变动的风险。利率期货合约是买卖双方按照合约规定的时间、地点和交割方式，交付或接受某种特定规格的利率工具的标准化合约。在市场经济条件下，利率作为调节经济的杠杆经常发生变化，特别是在西方国家的经济生活中，国债利率等利率的剧烈波动是一个重要的经济现象，这给国债持有者和其他利率商品持有者带来了极大的风险。

1976 年 1 月，美国首先推出国债期货，适应了国债投资者避免国债利率波动风险的需要，继美国推出国债期货之后，其他国家和地区为规避国债利率风险纷纷推出各自的国债期货。可见，国债期货交易产生的直接原因在于规避国债利率风险，因此属于利率期货。

（二）国债期货交易的对象是标准化的国债期货合约

"标准化的最主要方面是由于套期保值和投机商的增加所产生的流动性。这种流动性使交易成本大为降低，而且使商业交易以更加有效率和有利可图的方式进行。"国债期货合约是买卖双方与交易所或清算公司之间达成的规定在未来既定日期以既定价格交割以国债为标的物的标准化协议。买卖双方不直接面对面地签订合约，交易所或清算公司是他们的中介机构，充当所有买者的卖者和所有卖者的买者，并对合约的履行提供信用保证。在买卖国债期货合约时，并不存在直接的标的物所有权易手，只形成一种具有法律约束力的承诺，即在未来某个特定时刻进行实际标的物所有权的交割。为确保合约的可靠性和可兑换性，国债期货合约经过严格标准化，即规定了交易单位、质量等级、交割月份和交割方式等，只有价格是唯一的变量，以公开竞价或计算机自动撮合的方式成交。

（三）国债期货交易风险较大

第一，国债期货交易实行保证金制度，即交易国债期货合约不需要付出与合约金额相等的资金，只需交付相当于合约总价值较小比例的保证金就可以了，这样，投资者只需要用少量的资金便可进行高额交易，交易额可高达所投资金的几倍乃至几十倍，因此，合约价格的任何微小变化都极容易造成交易户头中交易款额的变动，这样，保证金制度所发挥的"以小搏大"的杠杆作用在放大盈利比例的同时，也把风险放大了。其次，国债期货合约不像股票、债券等证券通常可以存放多年，甚至不受时间因素的强制约束，而是有自己的生命周期，在合约到期时，投资者不可能继续保存合约，只能进行交割，这也使国债期货交易的风险增大。

（四）国债期货交易很少发生实物交割

在国债期货交易中，套期保值者希望锁定成本、规避利率风险，投机者希望赚取价差收益，他们都对实物不感兴趣，尤其在实物交割程序比较复杂的情况下，更愿意在合约到期之前就对冲原有合约，因此，国债期货交易很少发生实物交割，一般只有1%～3%的实物交割率。

五、国债期货交易同其他类似投资工具的比较

（一）国债期货交易与国债现货交易的比较

国债期货交易与国债现货交易有着较为紧密的联系，例如：两者都是对同一种金融商品以不同交易形式来进行投资的，同受市场利率变化的影响，一般来说，市场利率升高时，两者价格都会下跌，市场利率降低时，两者价格都会上涨。从投资的作用看，两者都能获取价差收益。由于国债期货交易是以国债现货品种为投资对象的，因此，国债期货交收月份最后交易日的确定是以国债现货兑付日期为基准的。尽管如此，国债期货交易与国债现货交易也有许多不同之处。

第一，在国债期货交易中，投资者在买卖国债期货合约时并不存在标的物所有权易手，只是在将来某一时期按预定的成交价格交收标准数量的特定国债；而国债现货交易则是投资者对国债现货实物的买卖，是一手交钱，一手交货的现货交易，交易行为和产权转移是同时发生的。

第二，在国债期货交易中，卖出国债期货合约并不一定要求投资者先要拥有现实的标的国债，只需在国债期货合约到期前买回合约即可对冲；而国债现货交易中，要卖出国债必须先拥有作为标的物的现实国债，一旦售出便售出了国债的所有权。

第三，国债期货投资可以通过套期保值实现对国债现货价格风险的转移，达到保值的作用，还能形成权威价格，揭示国债市场未来价格走势，引导现货价格，促进国债现货交易的活跃和顺畅；而国债现货投资的作用主要是为国家提供财政债务资金，同时，使投资者获得较安全稳定的收益。

第四，国债期货交易是一种高风险交易行为，如果预测失误可能导致投资者血本无归；而国债现货交易具有到期还本付息的特点，具有较高的安全性。

第五，在国债期货交易中，交易所一般对投资者持有合约数目有所限制，以防止期货交易风险所带来的市场的大起大落；而国债现货交易没有数量的限制，投资者可根据自身资金和市场情况，任意买卖任何数量的国债现货，意在提高国债市场的活跃性，为财政提供更多的债务资金。

（二）国债期货交易与国债远期合约交易的比较

国债远期合约交易与国债期货交易非常类似，是交易双方同意在将来指定以一个特定的价格交割一定数量的某种国债的交易方式。它与国债期货交易的区别主要有：国债期货交易的对象——国债期货合约做了标准化的规定，而国债远期合约一般是没有标准化的；国债期货交易是一种在交易所内进行的场内交易方式，而国债远期合约交易一般在场外交易；国债期货交易很少发生实物交割，投机性比较强，而国债远期合约交易一般要进行实物交割，以套期保值或避险为主要目的；国债期货交易实行"逐日盯市"制度，而国债远期合约交易一般不进行逐日盯市，因此，在国债远期合约的建立日和到期日之间，没有现金的流动；国债期货交易有清算公司作担保，信用风险相对较小，而国债远期合约交易的双方都可能不承担合约里规定的责任，双方都有对方不守信用的风险等。

（三）国债期货交易与商品期货交易的比较

国债期货交易是按照商品期货交易的原理创造出来的，两者在组织结构、交易流程、市场功能等方面基本相同，可以说，两者的运行机理完全相同。但两者也存在着一些本质区别。首先，标的物不同。国债期货与商品期货最明显的区别就是两者所依赖的标的物不同，前者的标的物是国债，后者的标的物是有实物形态的商品，包括农产品、金属、石油产品等。其次，交易报价方式不同。商品期货交易一般是以市场中最小销售单位为报价基础，其报价方式直接、简单，而国债期货交易的报价方式因标的物自身特点决定，相对较为复杂。

六、国债期货合约及其要素

2013 年 9 月 6 日，国债期货在阔别 18 年之后重返舞台，TF1312、TF1403、TF1406 三个合约在中国金融期货交易所重新上市交易。我国国债期货体系设计总体上既参考了成熟市场的设计，又结合我国债券市场的实际情况作出相应调整。表 2-2 为中金所公布的 5 年期国债期货合约表。

表 2-2　　　　　　　　　　　　　5 年期国债期货合约规格

项目	内容
合约标的	面额为 100 万元人民币，票面利率为 3% 的 5 年期名义标准国债
报价方式	百元报价
最小变动价位	0.002 个点（每张合约最小变动 20 元）
合约月份	最近的 3 个季月（3、6、9、12 季月循环）
交易时间	上午交易时间：9：15—11：30
	下午交易时间：13：00—15：15
	最后交易日交易时间：9：15—11：30
每日价格最大波动限制	上一交易日结算价的 ±2%
最低交易保证金	合约价值的 2%
当日结算价	最后一小时成交价格按成交量加权平均价
最后交易日	合约到期月份的第二个星期五
交割方式	实物交割
交割日期	最后交易日后连续三个工作日
可交割债券	在最后交割日剩余期限 4~7 年（不含 7 年）的固定利息国债

资料来源：中金所网站。

5 年期国债期货合约是标准化合约，主要条款分析如下：

1. 合约标的为名义标准券。国债期货合约最重要的变化是采用名义标准券作为交易标的。我国在 1992—1995 年国债试点期间以单一券种作为国债期货合约标的，导致可交割国债存量相对不足，交易过程中期货空方容易被逼仓。国际上，美国、英国、德国和日本等国家均采用名义标准券作为国债期货合约的标的。结合国内市场具体情况及国外市场经验，中金所的国债期货则以在交割月第一个自然日剩余期限 4~7 年的一篮子固定利息国债群作为标的。交割标的物范围扩大，可有效地防止"多逼空"的恶性事件发生。

从发行情况看，5 年、7 年、10 年期国债属于财政部滚动发行的关键期限国债，是发行量最大的国债品种之一。截至 2013 年 10 月底，5 年期和 7 年期两个关键年限国债的发行次数占到总次数的 34%，两期限品种的发行总额占所有品种发行总额的 37%。

从存量情况看，截至 2012 年底，我国中期国债存量最大，对应的 4~7 年的

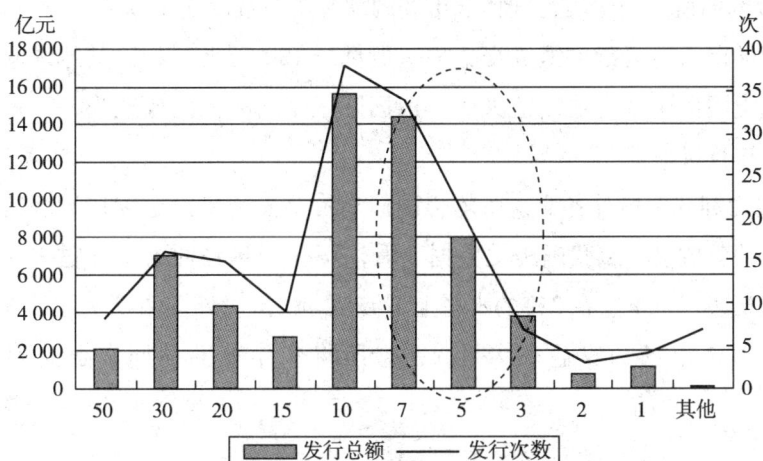

资料来源：WIND 资讯。

注：剔除不可在两市场转托管的记账式国债（截至 2013 年 10 月底）。

图 2 − 4　银行间市场各期限国债的发行量比较

可交割国债存量达到 1.2 亿元，在各期限国债期货中可交割券数量最多，抗操纵性最好。

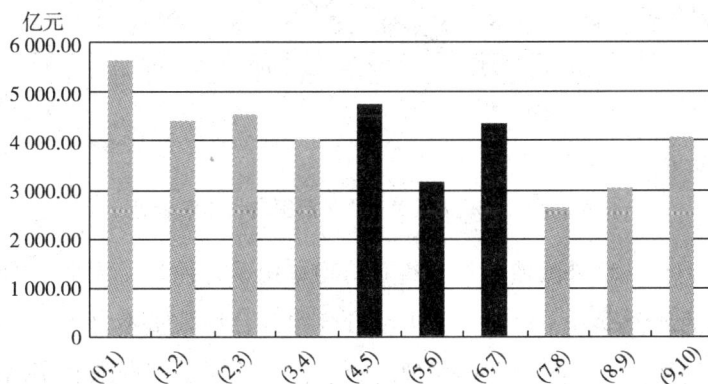

资料来源：WIND 资讯。

注：剔除不可在两市场转托管的记账式国债（截至 2012 年底）。

图 2 − 5　银行间市场 1 ~ 10 年剩余期限国债的存量分布

2. 合约面值。由于银行间债券市场的现券单笔成交金额多在 1 亿 ~ 2 亿元，交易所债券市场的国债单笔成交金额一般低于 100 万元。相比其他国家的主要产品，我国国债期货合约面值大于一般国际水平，准入门槛较高，一定程度上可抑制散户投机。

3. 票面利率。境外各交易所均将国债期货票面利率设定为接近现货市场收益率水平的整数倍。从我国历史数据上看，4 ~ 7 年国债收益率在过去 4 年中主要集中在2.6% ~ 4%、在 3% 的水平上下波动。根据境外国债期货设计惯例，并结合我国现货市场的收益率水平，中金所将 5 年期国债期货票面利率设定为 3%。

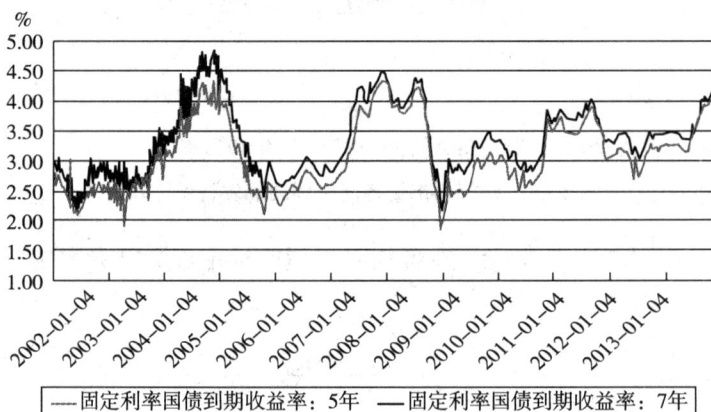

资料来源：WIND 资讯。

图 2 - 6　5 年期国债和 7 年期国债收益率走势

4. 合约月份。境外国债期货合约月份均采用季月循环。大部分的国家与地区采用最近的 3 个季月。另外，采用季月合约使合约数量不会太多，避免分散各合约的流动性，同时满足套期保值对短、中、长期不同期限利率风险规避的需要。按照国际惯例及债券市场的交易特性，我国国债期货合约采用 3、6、9、12 季月循环中最近的 3 个季月，降低春节、十一长假对国债期货价格波动的影响。

5. 最小变动价位。通过对比各国最小变动价位设计，参考银行间 5 年期国债现货日平均波幅的数据，中金所将最小变动价位设为 0.002，一定程度上确保主要流动性提供者，即大型散户投资者而非机构投资者的参与程度。

6. 最后交易日与最后交割日。从我国国情上看，由于我国资金市场在季末容易出现异常波动，现货交易市场与银行间市场尚未实现完全连通，跨市场转托管的实际时间可长达 2~3 天，故最后交易日和最后交割日之间相隔 3 日。

7. 每日结算价。在当日结算价的设计上，美国采用的是最后三十秒成交价格按成交量加权平均的方法，而中国采用的是最后一小时成交价格按成交量的加权平均，目的是为了降低投资者联合操纵市场的可能性。相较美国国债现货市场，中国国债现货市场的持有量更集中于少数大型的商业银行，更易于通过现货市场的持有规模影响期货市场的价格波动。

七、国债期货定价

因为不同的债券有不同的票面利率、到期期限，转换成国债期货对应的标的——3% 票面利率、5 年期限的虚拟标准券时，需要按照一定的比例进行转换，这个转换的比例就被称为转换因子。

从理想情况来说，不同的债券其价格通过转换因子得出，"标准价格"应该是相同的。但由于市场利率结构的变动以及各个品种流动性的差异等，有时会出现购买某种债券用于交割的成本较其他债券更低、更便宜，那么这种债券就成为"最便宜的可交割债券"。

1. 转换因子。转换因子计算的规则是：将该债券的所有未来现金流按照3% 贴现到国债期货交割日的现值。其具体计算公式如下：

$$CF = (1+r)^{-\frac{d}{y}} \times \left[C \times \sum_{t=0}^{n} (1+r)^{-1} + (1+r)^{-n} \right] - C \times \frac{y-d}{y}$$

式中，CF 为转换因子；r 为国债期货合约标准票面利率；C 为以年利率表示的可交割国债票面利率；n 为可交割国债在到期日之前的剩余期限完整年度；d 为合约第三交割日与随后可交割国债第一次利息支付之间的实际天数；y 为可交割国债在相邻两次利息支付期间的实际间隔天数。

转换因子在合约上市时由交易所公布，其数值在合约存续期间不变。转换因子有如下几个特征：

（1）每个可交割的国债现券对于某个国债期货合约的转换因子是唯一的，而且在整个交割周期里保持不变。

（2）每个可交割的国债现券转换因子的大小与其息票率相对于国债期货的基准利率的大小有关。这个现象总结起来就是，如果息票率高于国债期货的基准利率，则转换因子大于1；相反，如果息票率低于国债期货的基准利率，则转换因子小于1。

（3）同一个可交割的国债现券其转换因子随着合约月份的推移，其转换因子逐渐趋向于1。

2. 最便宜可交割债券。通过转换因子的引入，不同的国债现券都可以"标准化"来对国债期货进行交割。从理想情况（各个剩余期限的市场利率都接近于国债期货设定的基准利率）来说，各个不同的可交割债券其价格通过转换因子的调整，"标准价格"应该是相同的。但由于市场利率结构的变动以及各个品种流动性的差异等，有时会出现购买某种债券用于交割的成本较其他债券更低、更便宜，那么这种债券就成为最便宜的可交割债券（Cheapest to Deliver Bond，CTD Bond）。由于可交割债券的选择权在于卖方，因此卖方可以通过计算买入当前各个可交割现券，以及它们的持有成本，来寻找到最便宜的可交割债券。

计算确定最便宜可交割债券有两种方式：净基差法和隐含回购率法，现在以净基差法为例进行分析。

国债基差，就是债券现货价格和期货价格与转换因子乘积的差：

$$B = P - (F \times C)$$

式中，B 代表国债现货和期货价格的基差；P 代表每面值 100 元的国债的现货价格，净价；F 代表每面值 100 元的期货合约的期货价格；

C 为对应该期货合约和债券的转换因子。

而净基差就是扣除持有期收益的基差，即净基差 = 基差 – 持有期收益。净基差值最小的那个债券，就是最便宜可交割债券。

3. 国债期货的定价原理。同其他期货一样，国债期货的定价也是从现货价格出发，需要考虑资金成本、持有损益。同其他期货不同的是，国债期货需要额外考虑转换因子。

期货价格 =（现货价格 + 融资成本 - 持有成本）/ 转换因子

国债期货的定价公式是：

$$IF = \frac{(S_0 + AI_0 - I_{(0,t)})(1 + rt) - AI_t}{F}$$

式中，S_0 是最便可交割债券在 0 时刻的净价；AI_0 是 0 时刻应计利息；$I_{(0,t)}$ 是 0 到 t 时刻付出利息的现值；AI_t 是 t 时刻应计利息；F 是转换因子；r 为无风险利率；t 为国债期货的交割时间。

从上式我们可以看到，国债期货的价格受到最便宜可交割债券的影响，主要影响因素就是最便宜可交割债券的净价、交易日的应计利息、交割日的应计利息、在交易日到交割日这段时间内的利息收入和转换因子。其中，债券的净价、应计利息等债券的信息都是当最便宜可交割债券确定时就可以确定的，而无风险利率是参考市场上的国债和回购利率，转换因子也是由最便宜可交割债券确定的。因此，国债期货的价格就是由最便宜可交割债券确定的。

4. 不含期权的国债期货定价。在国债期货的最后交割日，国债的多头需要支付给空头一定的金额，又被称为期货的发票价格。发票价格就等于期货价格乘以卖方所选择的转换因子再加上该国债的应计利息。即

发票价格 =（期货价格 × 转换因子）+ 应计利息

应计利息是指下一次付息日到最后交割日的交割国债的应计利息。

简单的，我们利用无套利定价的方法来计算国债期货的价格。t 时刻，构造套利组合：

（1）以无风险利率 r 融资买入某只国债，买入价格为 $P_t + I_t$

（2）卖出 T 时刻到期的国债期货合约，价格为 F_t，持有到期并进行交割则这两个组合的现金流为：

表 2 - 3　　　　　　　　　　不含期权的国债期货定价表

		套利组合	合计
t 时刻现金流		0	0

续表

		套利组合	合计
T 时刻现金流	还款	$-(P_t+I_t)\times$ $\left(1+r\times\dfrac{(T-t)}{365}\right)$	$F_t\times CF+I_T+\sum_k^n\dfrac{C}{f}\times$ $\left(1+r\times\dfrac{T-s_k}{365}\right)-$ $(P_t+I_t)\times\left(1+r\times\dfrac{(T-t)}{365}\right)$
	国债利息以及再投资收益	$\sum_k^n\dfrac{C}{f}\times\left(1+r\times\dfrac{T-s_k}{365}\right)$	
	期货发票价格	$F_t\times CF+I_T$	

按照无套利定价理论，在套利组合在 T 时刻的现金流贴现值应该等于初始时刻的现金流，因此可以得到：

$$F_t=\frac{P_t+(I_t-I_T)-\sum_k^n\dfrac{C}{f}\times\left(1+r\times\dfrac{T-s_k}{365}\right)+(P_t+I_t)\times r\times\dfrac{(T-t)}{365}}{CF}$$

式中，P_t 为 t 时刻的国债价格；I_t 为 t 时刻的国债的应计利息；r 为无风险利率；k 为结算日至交割日期间的付息次数；f 为 1 年的付息次数；C 为国债的票息。按照上述公式，我们可以求出国债期货 TF1309 合约的理论价格。

表 2－4　　　　　　　　**国债期货 TF1309 合约的理论价格**

时间	TFM1309	理论 CTD	剩余期限	转换因子	隐含回购利率	到期收益率	久期	R007	期货理论价格
2013/07/01	97.272	100019. IB	6.9863	1.0267	3.80%	3.4450	6.2715	5.4498	98.3352
2013/07/02	97.678	100019. IB	6.9836	1.0267	4.08%	3.4450	6.2688	4.7592	98.5274
2013/07/03	97.064	100019. IB	6.7973	1.0170	4.67%	3.5526	6.1559	4.2343	97.6574
2013/07/04	97.37	100019. IB	6.9781	1.0267	2.98%	3.4450	6.2633	3.9550	98.2585
2013/07/05	97.554	100019. IB	6.9753	1.0267	3.81%	3.4450	6.2606	3.8055	98.2331
2013/07/08	97.6	100019. IB	6.9671	1.0267	4.63%	3.4450	6.2524	3.6684	98.0677
2013/07/09	97.57	100019. IB	6.9644	1.0267	4.76%	3.4450	6.2496	3.6079	97.9952
2013/07/10	97.582	100019. IB	6.9416	1.0267	6.85%	3.4450	6.2469	3.6044	97.6126
2013/07/11	96.91	100019. IB	6.9589	1.0267	4.45%	3.4450	6.2442	3.8311	97.4219
2013/07/12	96.76	100019. IB	6.9562	1.0267	4.67%	3.4450	6.2414	3.8114	97.2218
2013/07/15	96.754	100019. IB	6.9479	1.0267	4.77%	3.4451	6.2332	3.8103	97.1787

续表

时间	TFM1309	理论CTD	剩余期限	转换因子	隐含回购利率	到期收益率	久期	R007	期货理论价格
2013/07/16	96.692	100019.IB	6.9452	1.0267	5.13%	3.4451	6.2305	3.7139	97.0332
2013/07/17	96.342	100019.IB	6.9425	1.0267	4.59%	3.6203	6.2230	3.6070	96.7506
2013/07/18	96.29	100019.IB	6.9397	1.0267	4.27%	3.6203	6.2203	3.7377	96.7663
2013/07/19	96.322	100019.IB	6.9370	1.0267	4.66%	3.6204	6.2175	3.7681	96.7313
2013/07/22	96.086	100019.IB	6.9288	1.0267	4.52%	3.6206	6.2093	3.9369	96.5227
2013/07/23	96.05	100019.IB	6.9260	1.0267	5.48%	3.6206	6.2066	4.0080	96.3465
2013/07/24	96.724	100019.IB	6.9233	1.0267	6.47%	3.6207	6.2038	4.0479	95.8766

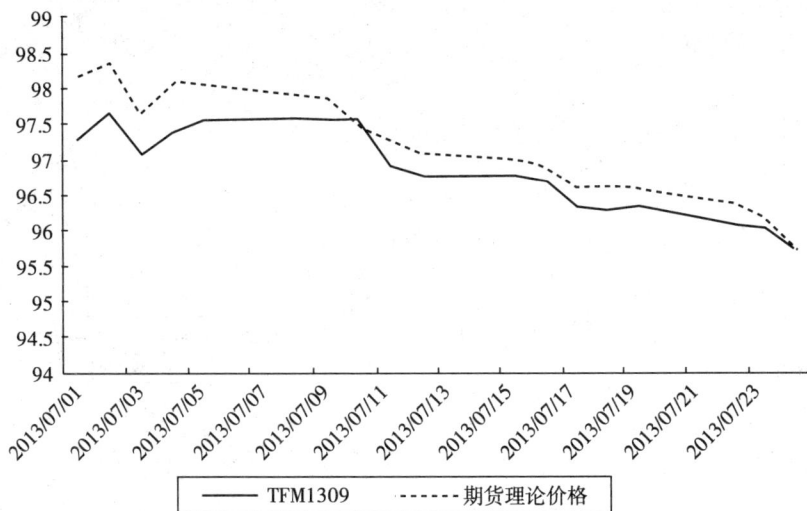

图2-7　国债期货TF1309合约的理论价格与实际价格对比

如果国债期货与股指期货一样，其标的资产为单一品种，则上述公式就是国债期货的合理定价。但是由于国债期货的标的是一篮子的国债，国债期货的空头有选择哪种国债进行交割的权利（转换期权或质量期权），可以看到我们利用上述公式计算出来的理论价格与实际价格存在一定的误差，这个误差就是国债期货内涵期权的价值所在。

5. 国债期货内涵期权价值分析。国债期货与股指期货不同的是，期货的空头拥有用什么券进行交割以及在什么时间进行交割的权利。美国的国债期货主要包含了转换期权、时机期权、百搭牌期权和月末期权，而中金所的国债期货则主要是转换期权与时机期权，其中转换期权是最主要的部分。

在前面对国债期货理论价格的计算中，并没有考虑合约含有的期权价值，这会使得我们计算出来的理论价格要高于实际价格。包含期权的期货价格为：

期货价格 ＝（*CTD* 价格 － 持有收益 － 期权价值）/*CTD* 转换因子

国债期货转换期权的价值体现在收益率变动时，CTD 券有可能发生变动带来的收益。假定目前市场收益率为 y1（小于 3%），CTD 券为低久期国债 1，如果某投资者持有国债 1 多头和期货空头的套利组合并在合约月份进行交割，则该组合的现金流参见表 2 - 3。

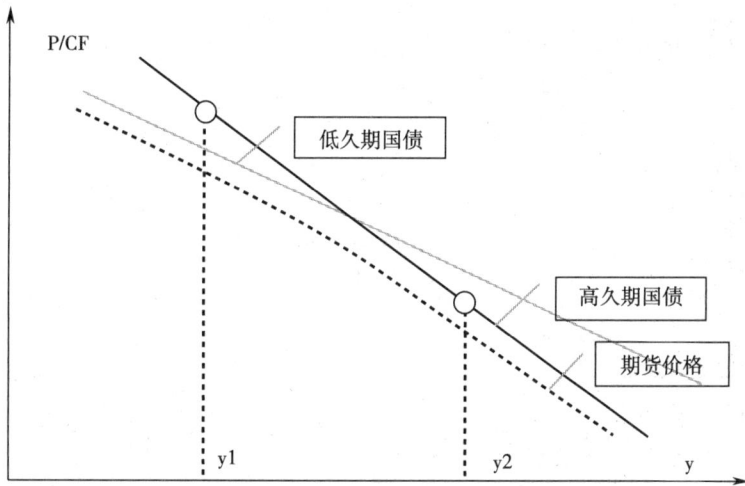

图 2 - 8 国债基差的期权属性

如果在交割日收益率发生变动，上行至 y2（大于 3%），则由经验法则可以知道，CTD 券将向高久期国债 2 转移，此时有以下两种操作方式：

（1）用国债 B1 进行交割。

（2）卖出国债 B1，并买入国债 B2 进行交割。

具体选择哪种操作方式还需要考两者的收益的差异。对于操作方式 1 而言，期末的现金流为：

$$F \times CF_1 + I_{1T} + \sum_{k}^{n} \frac{C_1}{f_1} \times \left(1 + r \times \frac{T - s_k}{365}\right) - (P_{1t} + I_{1t}) \times \left(1 + r \times \frac{(T - t)}{365}\right)$$

对于操作方式 2 而言，期末的现金流为：

$$F \times CF_2 + I_{2T} + \sum_{k}^{n} \frac{C_1}{f_1} \times \left(1 + r \times \frac{T - s_k}{365}\right) - (P_{1t} + I_{1t})$$

$$\times \left(1 + r \times \frac{(T - t)}{365}\right) + (P_{1T} + I_{1T}) - (P_{2T} + I_{2T})$$

操作 2 与操作 1 的期末现金流差异为：

$$F \times CF_2 + I_{2T} - (F \times CF_1 + I_{1T}) + (P_{1T} + I_{1T}) - (P_{2T} + I_{2T})$$

$$= F \times (CF_2 - CF_1) + (P_{1T} - P_{2T})$$

如果现金流差为正值，即操作 2 可以获利，则 CTD 的转移会带来额外的收益，即转换期权的价值。如果现金流为负值，则仍将用国债 B1 进行交割，即最终的现金流为两者的最大值，期权的实现值为：

$$max \left(F_T \times (CF_2 - CF_1) + (P_{1T} - P_{2T}), 0\right)$$

为了进一步说明这一点，我们使用国债期货的仿真交易数据进行情景分析。以 5 年期银行间固定收益国债收益率为基准，并计算不同期限利率与基准利率之间的关系（Beta）。我们首先计算期货合约的最后交易日的每种国债的价格，并用最后交割日之前的每种国债扣除持有收益的净价格来除以转换因子求得各国债的远期价格，最便宜交割国债也就是具有最低的不含有持有收益的净转换价格。由最便宜交割国债来计算出期货价格，据此来计算每种可交割国债的净基差 BNOC（Basis Net of Carry）。

在 2013 年 7 月 31 日，最便宜可交割券为 130015，其隐含回购利率为 1.42%。如果在 2013 年 9 月 13 日各收益率不发生变动，则最便宜可交割券转换为 120016。由于在 9 月 13 日，130015 和 120016 的理论价格分别为 98.92 与 97.75，则可以计算出 CTD 变动带来的现金流变动：

$$95.96 \times (1.0135 - 1.0279) + (98.92 - 97.75) = -0.2118$$

由于这个变动是不利的，因此投资者不会改变 CTD 来进行交割。

而假定在最后交易日，收益率下行了 40 个 BP，CTD 券仍然是 120016，但交割的现金流有所不同，此时 130015 和 120016 的理论价格分别为 101.76 和

100.25，CTD 变动带来的现金流变动为：

$$95.96 \times (1.0135 - 1.0279) + (101.76 - 100.25) = 0.1282$$

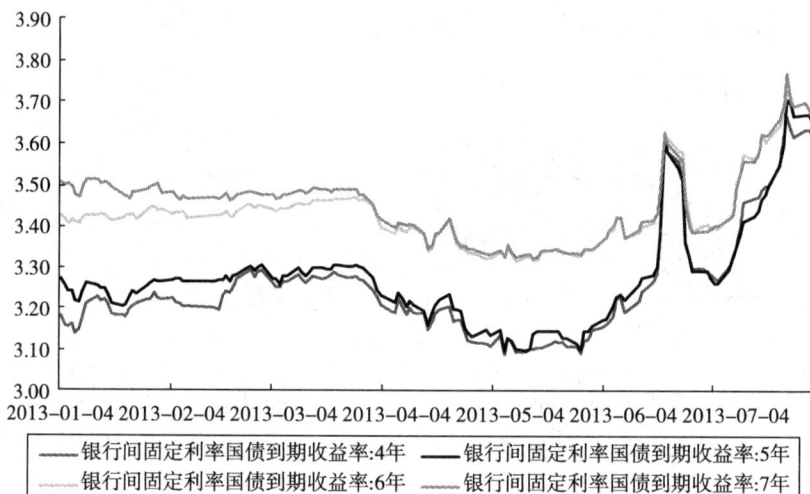

图 2-9　银行间固定利率国债到期收益率走势

表 2-5	各期限利率与基准利率变动关系			
	4 年	5 年	6 年	7 年
Beta	1.21	1.00	0.84	0.74

前面我们仅仅计算了在收益率不变的情况下的转换期权的价值。为了在事前预测转换期权的价值，我们还需要对收益率的不同幅度的变动赋予一定的概率，从而求得期权价值的期望值。这个方法的核心是对可交割券收益率给出一个合理的概率分布。表 2-6 是根据 5 年期银行间国债收益率月数据统计得出，超过 80BP 的月收益率的变动月数为 0。

表 2-6			收益率变动情况下的国债期货期权价值						
收益率变动（BP）	-80	-60	-40	-20	0	20	40	60	80
股权价值	0.5410	0.3001	0.1216	0.0000	0.0000	0.0000	0.0000	0.0000	0.0000
概率	1.46%	1.46%	9.49%	32.12%	45.99%	8.03%	0.73%	0.73%	0.00%

将期权价值乘上概率并贴现到 7 月 31 日就是当日的国债期货的期权价值，计算可得 $0.02382 / (1 + 4.99\% \times 44/365) = 0.02368$。

表 2 − 7　　　　　　　**2013 年 9 月期货合约的净基差情景分析**

国债代码	收益率变动（BP）									
	20	40	60	80	100	120	140	160	180	200
020013.IB	1.77	2.22	2.67	3.10	3.52	3.96	4.38	4.79	5.18	5.57
030009.IB	1.10	1.41	1.70	1.99	2.26	2.56	2.84	3.12	3.39	3.65
080003.IB	0.37	0.79	1.20	1.60	1.98	2.38	2.77	3.15	3.51	3.87
080010.IB	0.95	1.33	1.71	2.08	2.43	2.80	3.16	3.51	3.85	4.18
080018.IB	1.17	1.47	1.76	2.04	2.32	2.60	2.88	3.15	3.42	3.67
080025.IB	1.46	1.69	1.92	2.15	2.36	2.59	2.82	3.03	3.24	3.44
090003.IB	0.48	0.68	0.87	1.06	1.24	1.44	1.63	1.81	1.99	2.16
090007.IB	0.84	1.01	1.18	1.34	1.49	1.66	1.83	1.99	2.15	2.29
090012.IB	1.04	1.20	1.35	1.49	1.63	1.79	1.94	2.08	2.23	2.36
090016.IB	1.21	1.36	1.51	1.65	1.79	1.94	2.09	2.24	2.38	2.52
090023.IB	(0.09)	0.03	0.15	0.26	0.38	0.51	0.64	0.76	0.88	0.99
090027.IB	0.73	0.83	0.93	1.02	1.11	1.23	1.33	1.44	1.54	1.64
100002.IB	(0.87)	(0.81)	(0.75)	(0.70)	(0.64)	(0.57)	(0.50)	(0.43)	(0.36)	(0.30)
100007.IB	(0.40)	(0.37)	(0.34)	(0.31)	(0.28)	(0.23)	(0.18)	(0.13)	(0.09)	(0.04)
100012.IB	0.05	0.06	0.06	0.06	0.07	0.09	0.12	0.14	0.16	0.19
100019.IB	0.24	0.23	0.22	0.22	0.21	0.22	0.24	0.25	0.27	0.28
100024.IB	(0.92)	(0.95)	(0.98)	(1.02)	(1.05)	(1.06)	(1.06)	(1.07)	(1.08)	(1.08)
100032.IB	0.46	0.93	1.39	1.83	2.26	2.71	3.14	3.56	3.97	4.37
100038.IB	0.34	0.81	1.26	1.71	2.14	2.59	3.02	3.44	3.85	4.25
110003.IB	0.86	1.30	1.72	2.13	2.53	2.95	3.35	3.75	4.13	4.50
110006.IB	1.17	1.58	1.99	2.38	2.76	3.16	3.55	3.92	4.29	4.65
110017.IB	2.17	2.52	2.86	3.19	3.52	3.86	4.19	4.51	4.82	5.12
110021.IB	(0.73)	(0.43)	(0.14)	0.15	0.43	0.72	1.01	1.29	1.56	1.82
120005.IB	0.45	0.67	0.88	1.10	1.30	1.53	1.74	1.95	2.16	2.36
120010.IB	1.09	1.26	1.43	1.59	1.75	1.93	2.10	2.27	2.43	2.59
120016.IB	(1.53)	(1.39)	(1.26)	(1.14)	(1.02)	(0.87)	(0.73)	(0.60)	(0.47)	(0.34)
130001.IB	0.99	1.41	1.82	2.22	2.61	3.02	3.41	3.79	4.17	4.53
130003.IB	(0.58)	(0.51)	(0.44)	(0.37)	(0.30)	(0.21)	(0.13)	(0.04)	0.04	0.12
130008.IB	0.78	0.80	0.82	0.83	0.85	0.89	0.93	0.97	1.01	1.04
130013.IB	1.79	2.15	2.49	2.82	3.15	3.49	3.82	4.14	4.45	4.75
130015.IB	0.85	0.84	0.84	0.83	0.83	0.85	0.87	0.89	0.91	0.93
用原有CTD进行交割现金流	3.1305	3.0536	2.9780	2.9035	2.8301	2.7579	2.6868	2.6169	2.5480	2.4990
用新的CTD进行交割现金流	(13.96)	(14.12)	(14.27)	(14.42)	(13.18)	(13.16)	(13.15)	(13.13)	(13.11)	(13.10)
期权价值	**0.0000**	**0.0000**	**0.0000**	**0.0000**	**0.3990**	**0.4149**	**0.4313**	**0.4480**	**0.4652**	**0.4827**

数据来源：WIND 资讯。

国债期货的国际发展

一、发展概况

（一）国债期货发源于美国

美国从成立以来便有国债，在美国的独立、发展、崛起中均有国债融资的功劳。正如《伟大的博弈》一书作者，美国经济史学者约翰·戈登所述，"18世纪70年代，国债帮助我们赢得独立。18世纪80年代－19世纪60年代，国债为美利坚赢得最高的信用评级，欧洲资金得以滚滚流入美国，协助美国经济快速成长。19世纪60年代，我们凭借国债拯救合众国。20世纪30年代，我们凭借国债拯救美国经济。20世纪40年代，我们凭借国债拯救全世界。"

二战后，以美国为代表的西方国家经济经历了20多年的黄金时期。1950—1969年间，美国GDP平均增长4.3%，CPI平均为2.4%，可谓高增长、低通胀。在此期间，美国国债利率也比较稳定。进入70年代后，美国国际贸易由顺差变为逆差，美国黄金储备不断下降，欧洲美元不断贬值，美国再也无力支撑美元/黄金的固定汇率。1971年8月，美国宣布停止黄金兑换美元，美元和黄金脱钩，"布雷顿森林货币体系"瓦解。

　　1970—1982 年，在实体经济缺乏增长点、财政政策持续扩张、货币政策不稳定、两次石油危机、粮食紧缺等多重因素的作用下，美国经历了长达 13 年的"滞胀期"。在此期间，美国 GDP 平均增长 2.5%，CPI 平均却达到 7.6%，美国国债收益率因此也出现了剧烈波动。与此同时，美国清偿未偿国债规模也迅速上升，1976 年美国未偿国债达到 6988 亿美元，较 1970 年增长 67%。庞大的国债现货市场和频繁变动的利率使得利率风险管理工具的需求大增。

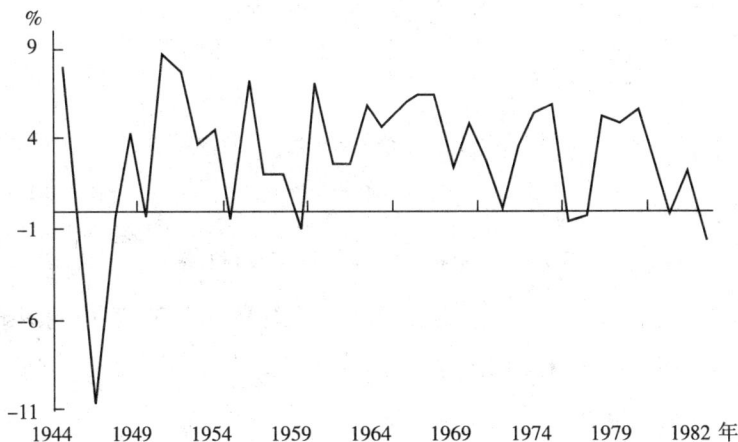

资料来源：WIND 资讯，美国经济分析局。

图 3－1　1944—1982 年美国 GDP 增长率

　　美国 70 年代的高通胀和利率管制也使得银行破产数量大幅增加，利率市场化呼声日益高涨。1970 年 6 月，美联储取消了 10 万美元以上大额存单的利率上限，正式启动了利率市场化的进程；1973 年 5 月，取消了所有大额存单等利率上限；1978 年 6 月，允许存款机构引入货币市场存款账户，即商业银行可以发行 1 万美元以上 6 个月期的储蓄存单，利率参照同期国库券利率；1980 年 3 月，美国国会通过《存款机构和货币管制法》，承诺到 1986 年逐步取消存款利率上限的规定；1983 年 10 月，商业银行和储蓄机构可以自行决定所有定期存款利率；1986 年 4 月，管理当局设定存款利率上限的权力到期，标志着利率市场化的完成。

　　美国的国债期货是在上述背景下推出的。1976 年 1 月，CME（芝加哥商业交易所）首次推出美国 91 天短期国库券期货合约。1977 年 8 月，CBOT（芝加

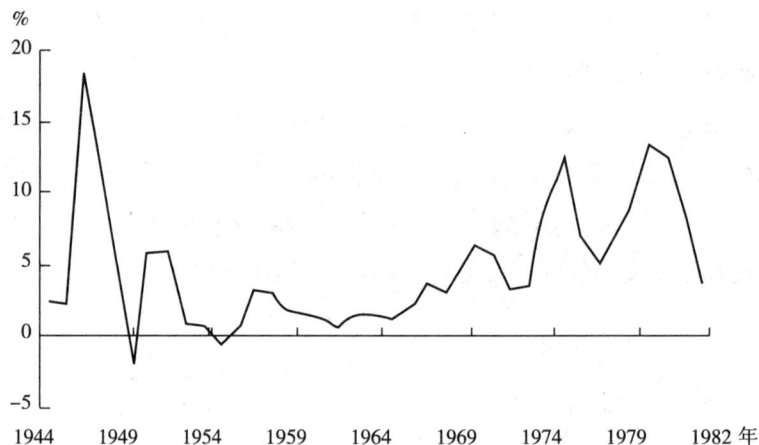

资料来源：WIND 资讯，美国劳工部。

图 3 - 2　1944—1982 年美国 CPI 增长率

哥期货交易所）推出针对资本市场长期利率风险管理的 30 年长期国债期货合约。1978 年 9 月，CBOT 推出 1 年期短期国库券期货合约，后于 1982 年 5 月与 1988 年 5 月分别推出 10 年期、5 年期中期国债期货交易品种。1990 年则恢复了 1983 年创设但因缺乏交易量而停开的 2 年期中期国债期货品种。

资料来源：WIND 资讯，美联储。

图 3 - 3　美国 10 年期国债收益率

（二）其他发达国家陆续跟进

在美国成功推出国债期货后，其他一些发达国家也陆续跟进。1982 年 9 月，

LIFFE（伦敦国际金融期货及期权交易所）成立，随后推出了英国长期国债期货交易合约。1984 年，SFE（悉尼期货交易所）推出了澳大利亚 10 年期国债期货合约。1985 年，TSE（东京证券交易所）推出日本 10 年期国债期货合约。1986 年，MATIF（法国期货期权交易所）推出 10 年期国债期货合约。1990 年，DTB（德国期货交易所）推出了 10 年期德国政府债券期货合约。在 2013 年 9 月 6 日我国国债期货重启以前，全球已有 20 个国家和地区的 27 个期货交易所推出了国债期货。

表 3 −1　　　　　　　　世界主要国家与地区国债期货的发展

品种	推出时间	推出地点	品种	推出时间	推出地点
91 天期美国国库券	1976.01	CME	澳大利亚 3 年期国债	1984.12	SFE
1 年期美国国库券	1978.09	CBOT	10 年期日本政府债券	1985.10	TSE
30 年期美国长期国债	1977.08	CBOT	5 年期日本政府债券	1996.02	TSE
10 年期美国中期国债	1982.05	CBOT	7 ~ 10 年期法国国债	1986.02	MATIF
5 年期美国中期国债	1988.05	CBOT	90 天法国国库券	1986.06	MATIF
2 年期美国国债	1990.06	CBOT	德国长期联邦债券	1990.11	DTB
3 年期美国国债	2009.03	CME Group	德国中期联债券	1991.10	DTB
超长期限美国国债	2010.01	CME Group	德国短期联邦债券	1997.03	DBT
20 年英国政府金边债券	1982.09	LIFFE	韩国 3 年期国债	1999.09	KOFEX
澳大利亚 10 年期国债	1984.02	SFE	中国台湾地区公债	2004.01	TAIFEX

从各国国债期货发展的历史来看，既有在利率市场化完成之后才推出国债期货的，如英国、澳大利亚、德国等，也有在利率市场化过程中就推出的，如美国、日本。但有一点是共同的，即国债现货市场已经完成了市场化，且已经具备一定规模和流动性。

表 3 −2　　　　世界主要国家和地区利率市场化和国债期货推出时间

国家/地区	利率市场化时间段	国债期货推出时间	国债期货推出时利率市场化进程
美国	1970—1986 年	1976 年	大额或定期存款利率已经基本市场化
日本	1977—1994 年	1985 年	国债发行利率、银行间拆借利率和大额存款利率已经基本市场化
英国	1971—1981 年	1982 年	已完成利率市场化

续表

国家/地区	利率市场化时间段	国债期货推出时间	国债期货推出时利率市场化进程
澳大利亚	1980—1984 年	1984 年	已完成利率市场化
德国	1962—1967 年	1990 年	已完成利率市场化
法国	1960—1985 年	1986 年	已完成利率市场化
韩国	1981—1998 年	1999 年	已完成利率市场化
台湾	1975—1989 年	2004 年	已完成利率市场化
中国	1996 年—		贷款利率、国债发行利率已经基本市场化

根据 BIS（国际清算银行）的统计，2011 年全球利率期货成交额为 1359.06 万亿元，是全球 GDP 的 21.6 倍。国债期货是利率期货最主要的品种。2011 年利率期货和期权成交量排名前 20 名中，中长期国债期货占有 10 席，成交量占比 60%；短期利率期货占据 4 席，成交量占比 11%；国债期货期权占有 6 席，成交量占比 29%。

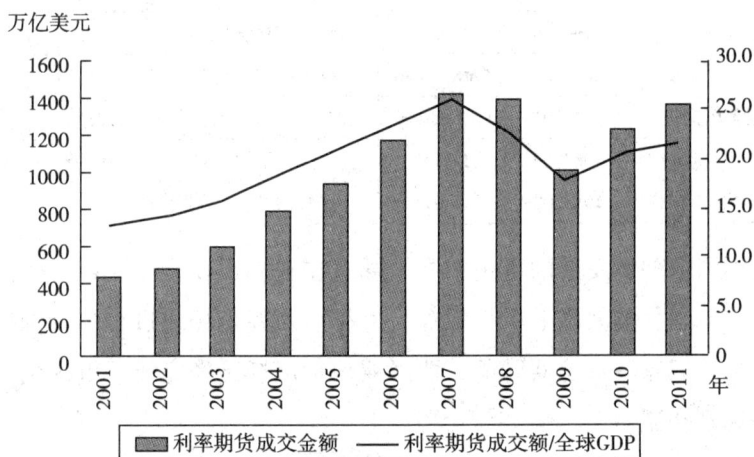

资料来源：BIS，世界银行。

图 3－4　全球利率期货成交额和占比

根据 FIA（美国期货业协会）的统计，全球成交量排名前 10 的国债期货合约中，美国占据 4 席，成交量占比为 50%；德国占据 3 席，成交量占比为 42%；澳大利亚、英国、韩国各占据 1 席。成交量排名前 3 的合约分别为 CME

的 10 年期美国国债期货合约、10 年欧元债券期货合约、5 年期美国国债期货合约。

表 3 – 3　　　　2010 年、2011 年成交量排名前 10 的国债期货品种

排名	合约名称	交易所	2010 年（手）	2011 年（手）	变化率
1	10 年期美国国债期货	CME	293 718 907	317 402 598	8.10%
2	长期欧元债券期货（10 年）	EUREX	231 484 529	236 188 831	2.00%
3	5 年期美国国债期货	CME	132 149 948	170 563 052	29.10%
4	短期欧元债券期货（2 年）	EUREX	140 923 898	165 798 952	17.70%
5	中期欧元债券期货（5 年）	EUREX	133 851 275	142 309 151	6.30
6	30 年期美国国债期货	CME	83 509 754	92 338 638	10.60%
7	2 年期美国国债期货	CME	66 977 168	72 178 803	7.80%
8	澳大利亚 3 年期国债期货	ASX	34 482 136	41 662 349	20.80%
9	英国长期金边债券期货	LIFFE	28 525 983	34 362 932	20.50%
10	韩国 3 年期国债期货	KRX	26 922 414	34 140 210	26.80%

资料来源：美国期货业协会（FIA）衍生品交易量年报。

国债期货在全球期货、期权市场中占据重要地位，2011 年国债期货成交量约占利率类期货的 50%，如图 3 – 5 所示。

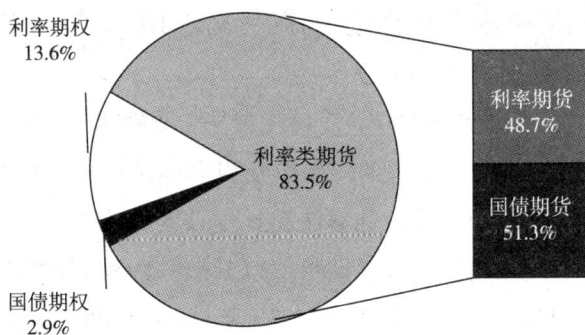

资料来源：FIA 2011 年年报。

图 3 – 5　2011 年利率类期货／期权成交量比重

二、美国国债期货的发展

自 1975 年 10 月第一张利率期货合约推出之后，为适应市场的不同需求，

不同期限结构下的利率合约随着纷纷推出。在国债现货市场规模迅速膨胀的推动下，利率期货成为金融衍生品市场中最为活跃的产品之一。

（一）国债等利率期货家族迅速扩展

美国的第一张利率期货合约是政府国民抵押协会抵押凭证（Government National Mortgage Association Certificates，GNMA）期货合约。它是美国芝加哥期货交易所（CBOT）在参照原来农产品、金属产品等期货合约的基础上于 1975 年 10 月推出的。

美国的第一张国债期货合约是美国芝加哥商业交易所于 1976 年 1 月推出的 90 天期的短期国库券期货合约。利率期货一经产生便得到迅速的发展。在芝加哥期货交易所推出了第一张利率期货合约之后不久，为了更好地管理短期利率风险，1978 年 9 月又推出了 1 年期短期国库券期货合约。在整个 70 年代后半期，短期利率期货一直是交易最活跃的国债期货品种。

尽管国库券期货获得了成功，但它只能被人们用来管理货币市场的短期利率风险，而无法用来管理资本市场的长期利率风险。有鉴于此，1977 年 8 月，芝加哥期货交易所推出了针对资本市场的长期利率风险管理的美国长期国债期货合约，1982 年 5 月又推出了 10 年期中期国债期货。到目前为止，美国 10 年期国债期货合约不仅在芝加哥期货交易所是成交量最大的一个品种，也是全球利率期货市场最活跃的交易品种之一。

（二）国债市场规模的膨胀助推了国债期货交易的活跃

在随后的一段时期内，美国的国债市场规模继续扩大，与此同时，美国在 1986 年利率实现了完全市场化，利率波动日益频繁。美国国债市场的机构投资者已经习惯于利用国债交易进行套期保值以分散和转移利率风险。因此，国债期货的成交量大幅攀升，其中，美国的 10 年期国债期货交易量由 1993 年的 1660 万手迅速发展为 2005 年的 2.1 亿手，成为仅次于欧洲美元的最重要的利率期货交易品种。

（三）美国国债期货套保功能的发挥

美国经验表明，国债期货有助于利率市场化过程稳步进行，同时可以在规避利率风险、促进国债顺利的发行、提高国债现货市场的流动性等方面发挥必要的作用。利率市场化并非国债期货上市交易的必要条件，但是国债期货的稳

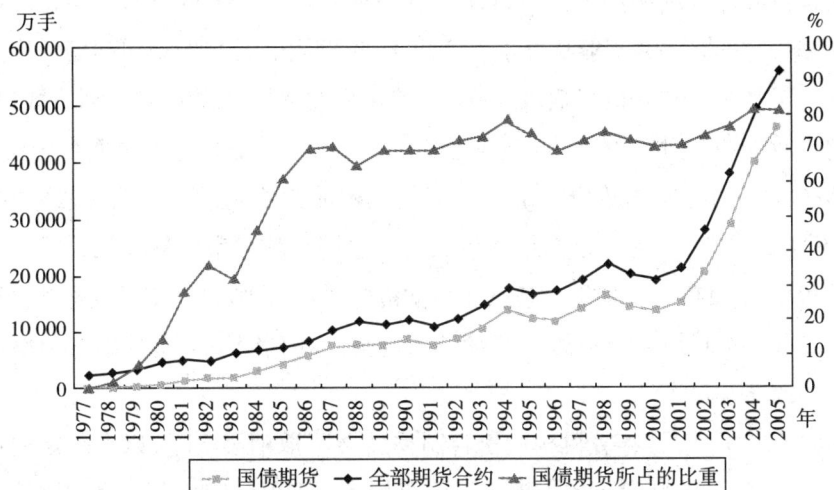

资料来源：芝加哥期货交易所（CBOT）。

图3－6　CBOT国债期货成交量占全部期货成交量的比重（1977—2005年）

定运行却可以助力利率市场化过程的稳步进行。

作为世界上经济和金融业都十分发达的美国，对银行机构利率管理与其他国家有所不同，是从自由到管制，再从管制到自由，而且利率市场化的实施比其他发达国家更显得慎重。但美国利率市场化的过程和推出美国国债期货之间并无直接联系。

20世纪60年代，美国通货膨胀率提高，市场利率开始明显上升，有时已经超过存款利率的上限。证券市场的不断发展，金融国际化、投资多样化，又导致银行存款大量流向证券市场或转移至货币市场，造成金融中介的中断和"金融脱媒"现象的发生，且愈演愈烈，Q条例约束和分业经营的限制，使银行处于一种不公平的竞争地位。各存款类机构都出现经营困难，一些储蓄协会和贷款协会出现了经营危机，银行信贷供给能力下降，全社会信贷供给量减少。此时，人们不得不考虑Q条例的存废问题。

从70年代起，美国提出了解除利率管制的设想。1970年6月，根据美国经济发展和资金供求的实际情况，美联储首先将10万美元以上、3个月以内的短期定期存款利率市场化，后又将90天以上的大额存款利率的管制予以取消。同时，继续提高存款利率的上限，以此来缓和利率管制带来的矛盾。但是，这种放松利率管制的办法并不能从根本上解决 Q 条例限制带来的现实问题，短期资金仍然大量从银行和其他存款机构流出，"金融脱媒"现象没有得到有效遏制，现实要求政府和金融管理当局必须从法律上和制度上考虑利率的全面市场化。

1980 年 3 月，美国政府制定了《存款机构放松管制的货币控制法》，决定自 1980 年 3 月 31 日起，分 6 年逐步取消对定期存款利率的最高限，即取消 Q 条例。1982 年颁布的《加恩—圣杰曼存款机构法》，详细地制定了废除和修正 Q 条例的步骤，为扩大银行业资产负债经营能力，还列明了一些其他与利率市场化相关的改革。

1983 年 10 月，"存款机构放松管制委员会"取消了 31 天以上的定期存款以及最小余额为 2500 美元以上的极短期存款利率上限。1986 年 1 月，取消了所有存款形式对最小余额的要求，同时取消了支付性存款的利率限制。1986 年 4 月，取消了存折储蓄账户的利率上限。对于贷款利率，除住宅贷款、汽车贷款等极少数例外，也一律不加限制。自此 Q 条例完全终结，利率市场化得以全面实现。

以 Q 条例的废除为标志，美国直到 1986 年才成功地实现了利率的完全市场化。但早在此之前，美国就已经成功地上市了 2 年期、5 年期、10 年期、30 年期等长期国债期货合约以及短期国库券期货合约。由此可见，利率市场化并非国债期货推出的必要条件。

不过，国债期货有助于利率市场化的顺利进行。从美国经验看，在利率市场化的初期，在实行利率市场化的过程中一国会面临阶段性利率风险的增大，即利率的骤然上升和利率波动幅度、频率的提高。在利率市场化的初期，除了预期因素外，某些体制性因素，如国家干预的不确定性，以及经济主体对利率风险的适应程度等都会对利率风险的波动大小、方式产生影响。这使得利率市场化初期利率风险比利率市场化完成之后表现得更为复杂。因此，从美国的经验来看，在推进利率市场化的同时，前瞻性地考虑引进市场化的利率风险规避机制，应是我们发展健康、有效的债券市场的明智之举。

（四）国债期货功能案例

美国国债期货在发行和交易中，可以发挥重要的规避利率风险、促进国债发行、提高国债现货市场流动性等功能。

1. 国债期货规避利率风险。1979 年，美国联邦储备局主席沃尔克宣布美联储以后不再实行固定利率的货币政策，将通过公开市场操作来控制货币供求。这就是说，利率和国库券的价格将不受政府干预而通过市场调节。在沃尔克发表声明之前，以所罗门兄弟公司为首的证券包销团正开始出售 IBM 公司发行的 10 亿美元公司债券。声明发表后，市场预期将会有更大的利率波动和紧缩政策出台，市场利率的剧烈上升导致国库券的价格大幅下降。但是，由于所罗门兄弟公司早已在 CBOT 的长期国债期货市场持有空头仓位，对于包销期间的利率风险采取了相应的避险措施，在期货市场的盈利 350 万美元弥补了现货市场上的大部分损失。这一事件当时在报纸上被广泛报道，引起了美国政府和国际金融界对国债期货市场的广泛关注，并迅速扩大了国债期货市场的影响，使人们认识到了国债期货在规避市场利率风险方面的重要作用，使得利用国债期货交易进行避险的做法深入人心。

2. 国债期货市场促进国债的发行。1982 年 12 月 13 日，CBOT 宣布，为了让交易所会员和职员过好圣诞节，交易所决定在 12 月 23 日闭市。决定宣布后，交易所的金融工具委员会要求执行委员会立即撤销这一决定，因为美国财政部准备在 12 月 23 日拍卖新的 20 年期国库券，但是执行委员会拒绝撤销决定。第二天，美国财政部宣布提前一天于 12 月 22 日拍卖新的国库券。因为财政部认为，如果在 CBOT 的国库券期货市场闭市时拍卖国库券，国库券的承销商就没有保值工具，因而也不可能有活跃的拍卖。财政部的理由很简单：没有期货市场，就没有保值工具，也就没有成功的拍卖。因此正是有了活跃的国债期货市场，美国国债发行规模才得到了快速发展。

3. 国债期货市场提高国债市场的流动性。在 1977 年芝加哥期货交易所的长期国债期货刚刚开始上市时，美国长期国债现货市场上买价和卖价之间的差额是 1/4 点，即 250 美元。但在国债期货交易开始两三年以后，这一差额降低到 1/32 点，也就是 31.25 美元，这正好是芝加哥期货交易所国债期货交易的最小价格变动单位。现券市场价格波动幅度的减小说明国债市场流动性的提高，而活跃的国债二级市场又能够促进国债一级市场的发展，扩大国债的发行空间。利率期货与现货市场的相互促进作用，极大提高了金融市场的效率，优化了资源配置。

（五）美国国债期货品种结构

从交易量来看，美国的中长期国债期货交易远比短期国债期货交易活跃。目前，美国中长期国债期货交易主要有 2 年期、5 年期、10 年期和 30 年期四个品种。由于中长期国债对利率波动的敏感性要比短期国债大，因此，美国中长期国债期货的交易量远大于短期国债期货。2005 年，CBOT 的美国上述四个品种国债期货交易量合计达 4.5 亿手，而短期国债交易即便是在 1982 年的顶峰时期，成交量也不过 660 万手，目前成交非常清淡，2005 年该合约没有成交。

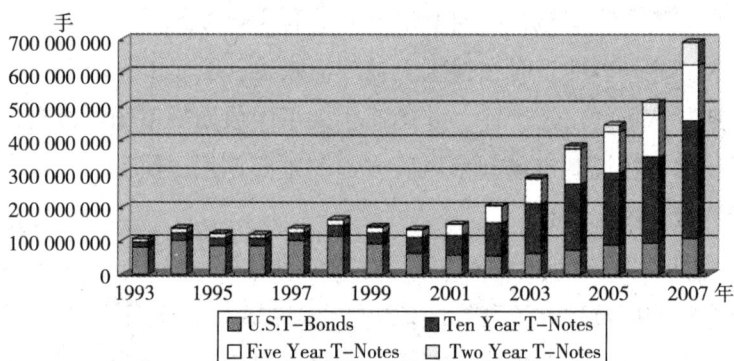

资料来源：芝加哥期货交易所（CBOT）。

图 3-7　美国 CBOT 国债期货品种交易量对比

目前在 CBOT 交易的国债期货品种包括 10 年期、5 年期、30 年期和 2 年期的国债期货，以及迷你 30 年期国债期货等五个品种，其中 10 年期国债期货是 CBOT 最重要的国债期货合约。

2001 年之前，30 年期国债期货是 CBOT 最活跃的国债期货品种。30 年期国债期货交易量在 1998 年曾一度达到 1.12 亿手的高峰。但随后该合约的活跃程度逐年下降，到 2003 年年底，交易量为 6352 万手，比起最高峰时期的 1998 年下降了 43%。2001 年之后，10 年期国债期货品种取代 30 年期国债期货成为 CBOT 成交最活跃的合约。截至 2007 年年底，上述 10 年期、5 年期、30 年期和 2 年期四个品种的交易量分别为 34923 万、16621 万、10763 万和 6861 万手，在全球债券类期货产品中名列前茅。

总的来说，随着美国政府中期国债市场的发展，芝加哥交易所推出的这一系列相应的债券期货合约，几乎可以完全覆盖美国国债收益率曲线。

（六）美国国债期货交割制度

美国的国债期货采用实物交割方式。国债期货交易中的转换因子类似于商品期货交易中标准品与替代品之间的升贴水，其作用是规定可用来交割的债券将按什么比例折算为标准债券进行交割。转换因子的确定标准是使各种可用来交割的债券的交割成本尽可能保持一致，从而使空头方在交割时有更多的可供选择债券，避免发生"轧空"的市场风险。

1. 美国国债期货中转换因子的设计。CBOT 在计算转换因子时，将债券的有效期限取整为 3 个月的倍数。转换因子在数值上等于面值 1 美元的可交割债券在有效期限内按标准债券的息票利率（目前为 6%，2000 年 3 月以前为 8%）进行贴现的净现值。

由于不同债券的息票利率和到期期限通常存在差异，因此转换因子也不尽相同。对于有效期限相同的债券，息票利率越高，转换因子越大。对于息票利率相同的债券，有效期限不同，转换因子也不同。息票利率高于 6% 的债券，有效期限越长，转换因子越大。息票利率低于 6% 的债券，有效期限越长，转换因子越小。

2. 美国国债期货交割过程中买卖双方拥有不同的选择权。根据 CBOT 的交易规则，国债期货合约的卖方在交割时具有优势，可以选择交割债券的种类和交割时间，形成了隐含的卖方选择权。

国债期货合约的卖方拥有交割对象的选择权。卖方可以从所有可交割债券中选择任何一种用来交割，通常卖方会选择对其最为有利的债券进行交割，即最便宜可交割债券。

卖方也拥有交割时间的选择权。在实行滚动交割的情况下，国债期货合约的卖方可以选择交割期内的任何一个交易日进行交割，并在交割日前第二个交易日发出交割通知。CBOT 的长期国债期货合约的最后交割日为最后交易日后的第七个交易日，即交割月的最后一个交易日。在最后交易日之后的七个交易日内，交割的结算价已经确定，卖方仍然有机会以较低的价格买入最便宜可交割债券进行交割。

3. 美国国债期货交割申请提出的相关规定。此外，CBOT 规定国债期货合约的卖方可以在芝加哥时间下午 8：00 以前向清算所发出交割通知，而国债期货市场的收盘时间是下午 2：00，国债现货市场的收盘时间为下午 4：00。由于当天的交割结算价格在下午 2：00 已经确定，如果随后现货价格发生下跌，卖方就可以发出交割通知，并以较低的价格买入最便宜可交割债券准备交割。

国债期货的交割通过清算会员在法定商业银行开立的账户进行，以券款对付的方式完成。在交割日的芝加哥时间上午 10：00，卖方结算会员的银行账户必须存有足额的可交割债券，并且卖方结算会员必须通知开户银行通过簿式记账系统以券款对付的方式将交割债券划转到买方结算会员的银行账户中。买方结算会员必须在芝加哥时间上午 7：30 之前准备好结算资金，通知开户银行接受交割债券并将资金汇到卖方结算会员的银行账户中。债券和资金的划转必须在交割日的芝加哥时间下午 1：00 前完成。

由于美国国债现货交易基本上是场外交易，市场基础设施完备，具有发达的债券和资金结算体系，为国债期货的交割提供了便捷和安全的手段。

(七) 美国国债现货市场的流动性保障

美国国债期货能够得到迅猛的发展，与现货市场流动性的保证也是分不开的。我们研究发现，美国在 1976 年左右的国债流动性是达到一定水平的。当时，美国国债余额为 6535 亿美元，占 GDP 的 12.7%，而从 70 年代后期开始美国国债余额增长越发迅速，美国国债于上世纪 80 年代初已经有了一定的交易活跃度。从历史交易量数据来看，美国国债于 80 年代初便达到了 400% 左右的水平。以这个水平来估算，美国国债期货推出早期债券现货日成交量已经达到了 100 亿美元左右的水平。从买卖价差来看，美国各期限国债的买卖价差维持在 1BP 左右，显示流动性较好。

可以说，滞胀的环境和波动上行的利率使推出国债期货具有必要性，而国债现货的流动性和规模则为发展国债期货提供了有力的保证。在此基础上，美国的国债期货市场发展迅速，并且成为了目前世界上流动性最好、投资者最常用的利率管理品种。

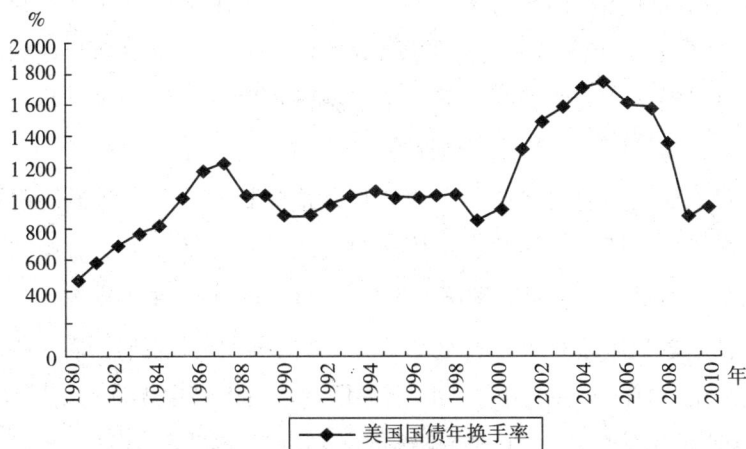

资料来源：Bloomberg。

图 3－8　美国国债年换手率

三、欧洲国债期货的发展

（一）发展概况

欧洲国债期货市场起源于 1982 年，LIFFE（伦敦国际金融期货及期权交易所）首次推出了以英国 20 年长期金边债券为标的物的英国 20 年期国债期货。尔后，法国在 1986 年，德国在 1990 年陆续推出了国债期货。经过 30 年来的发展，欧洲国债期货市场目前已成为世界上第二大国债期货交易市场，2012 年总成交量达 388 万亿美元，占全球市场的 38%。

20 世纪 70 年代后美国单方面宣布将美元与黄金脱钩导致布雷顿森林体系的瓦解，各国不得不从盯住汇率制度转变为浮动汇率制度，而当时英国国内的国债发行利率以及二级市场收益率正在经历市场化的历程，利率波动增大使得投资者面临巨大的利率风险。正当市场寻求避险工具规避潜在的利率风险时，1982 年 9 月 LIFFE 正式成立，同年推出了国债期货。当时英国国债现货发行量仅次于美国和日本，充足的现货供应为英国国债期货的发展奠定了坚实的基础，金边债券期货合约因此成为 LIFFE 最活跃的期货合约。1986 年法国国际金融期货交易所推出了法国国债期货；1991 年 LIFFE 又推出了意大利国债期货，但随着欧元区的成立和德国国债期货的强势上位,法国国债期货和意大利国债期货在 1990 年底分别退市。实际上,在欧元区交易的国债期货成功与该国的经济实力密不可分,德国国债期货的兴起就是以德国雄厚的经济主体以及充足的现货市场为根基,迫使欧元区其他国债期货一度退市。

欧洲目前最主要的国债期货合约分别是德国长、中、短期国债期货合约和英国政府金边债券期货合约。然而德国国债期货一开始并不是由德国交易所推出的,而是由最早推出首只欧洲国债期货的 LIFFE 于 1988 年率先推出的,上市的第二年就超过金边债券期货成为成交量最大的国债期货品种。而 4 年之后,德国期货交易所(DTB)才上市了德国国债期货。由于采用先进的电子交易平台,1998 年 DTB 的国债期货合约交易开始超过 LIFFE。与英国不同的是,德国不仅拥有发展迅猛的国债现货市场,而且国债期货上市时德国的利率已完成了市场化的改革,这都为德国国债期货的诞生和迅速发展提供了良好的基础。

DTB 首先推出了长期德国国债期货合约,随后又推出了中期、超长期和短期的德国国债期货合约。因为率先采用了利率期货电子交易系统,且国债期货产品日益完善,DTB 的国债期货合约成交量渐渐超过 LIFFE,迫使 LIFFE 的德国国债期货在 1998 年退市。

1998 年 DTB 与瑞士期权和金融期货交易所合并成为现在的欧洲期货交易所(EUREX),同年 EUREX 上市了以欧元计价的国债期货。而半年之后,原有的以德国货币马克计价的国债期货全面退市。从此以欧元计价的国债期货成为市场转移欧元区利率风险的主要工具,也是全球成交量最大的期货合约之一。1991 年 10 月中期欧元债券上市交易。在 1998 年 10 月又推出息票利率为 4% 的长期欧元债券。目前在德国市场上交易的国债期货品种有息票利率为 6% 的长期欧元债券期货(Euro – Bund futures)、息票利率为 4% 的超长期欧元债券期货(Euro – Buxl futures)、中期欧元债券期货(Euro – Bobl futures)、短期欧元债券期货(Euro – Schatz futures)、瑞士长期国债期货(CONF futures)、短期欧元BTP 期货(Short – term Euro – BTP futures)、中期欧元 BTP 期货(Mid – term Euro – BTP futures)和长期欧元 BTP 期货(Long – term Euro – BTP futures)。

2009 年发生的欧洲国家主权债务危机令经济实力较弱的边缘国家发行的国债遭到市场的大幅抛售,债券收益率波动剧烈,欧元区各国之间的国债收益率差扩大，单单德国国债期货难以实现针对其他国家国债现货收益率变动的风险转移。2009 年 9 月 EUREX 推出了意大利长期国债期货和意大利短期国债期货。2012 年 4 月，EUREX 又推出了法国长期国债期货。作为实力较差国家的国债的套期保值工具，意大利长期国债期货一上市便大获成功，随后推出的意大利短期和中期国债期货更完善了产品线结构。意大利长期国债期货两年内持仓量增长了 20 倍，成交量增长 6 倍左右。

（二）德国

德国国债是整个欧元区国家中发行量最大的国债，而德国国债期货市场在欧洲甚至是全球国债期货市场中占据重要的地位，长期欧元债券期货（Euro - Bund futures）2012 年成交量仅次于美国 CBOT 10 年期国债期货，在全球所有国债期货中排名第二。

德国国债是德国证券市场上流通性最强的债券，期限一般在 1 到 10 年。1986 年，德国开始发行 30 年期国债。德国债券二级市场交易是场内集中交易和场外市场交易双轨并行。20 世纪 90 年代以来，德国联邦银行严格控制货币供应量以防止通货膨胀，德国的债券市场利率居高不下，因而吸引了大量的外国法人投资者，其所持债务总量仅次于德国金融机构。德国自 2000 年以来债务占 GDP 比例稳步上升，为国债期货市场提供了充足的现货交易。

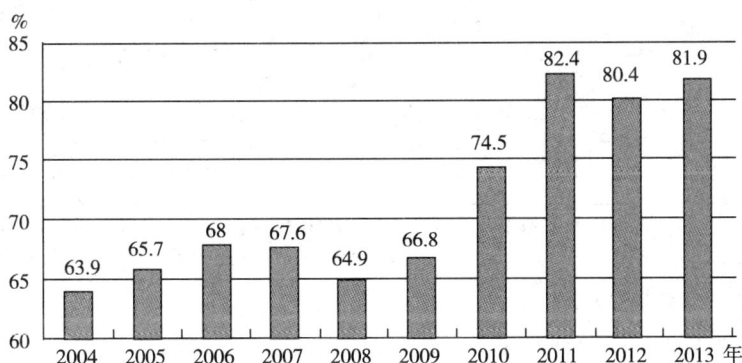

图 3 - 9　德国国债发行量占 GDP 比例

德国联邦政府大量发行国债在 1987 年达到最高峰，由于外国法人持有相当多的德国国债，1988 年 LIFFE 推出了十年期德国联邦政府国债期货。德国在

1986 年引入 14 种债券期货合约，但交易对象仅限于个人与银行，保险公司和基金公司被排除在交易之外。直到 1989 年实行新的证券交易法后，才解除了交易限制，从而使期货交易活跃起来。1990 年长期欧元债券期货（息票利率为 6%）上市。1991 年 10 月中期欧元债券上市交易。1998 年 10 月又推出息票利率为 4% 的长期欧元债券。

目前在欧洲期货交易所（EUREX）上市的以德国国债为标的物的国债期货品种有 4 个，分别是 30 年期欧元债券期货（Euro – Buxl Futures）、10 年期欧元债券期货（Euro – Bund Futures）、5 年期欧元债券期货（Euro – Bobl Futures）和 2 年期欧元债券期货（Euro – Schatz Futures）。从交易量来看，德国国债期货中最活跃的是中长期国债期货，中长期国债期货交易量占总交易量的 75%。截至 2012 年底，欧洲期货交易所德国国债期货累计成交 3.88 亿手。其中，长期德国国债期货交易最活跃，总成交量为 1.84 亿手，占总成交量的 47.42%；其次是中期德国国债期货、短期德国国债期货和超长期德国国债期货，总成交量分别为 1.08 亿手、9384 万手和 246 万手，占比分别为 27.84%、24.19% 和 0.63%。

表 3 – 4　　　　　　　　　　德国国债期货合约条款

	超长期欧元债券期货 Euro – Buxl futures	长期欧元债券期货 Euro – Bund futures	中期欧元债券期货 Euro – Bobl futures	短期欧元债券期货 Euro – Schatz futures
上市时间	1998 – 10 – 02	1990 – 11 – 23	1991 – 10 – 07	1997 – 03 – 07
合约标的	面值为 10 万欧元、票面利率为 4% 的 30 年期德国国债	面值为 10 万欧元、票面利率为 6% 的 10 年期德国国债	面值为 10 万欧元、票面利率为 6% 的 5 年期德国国债	面值为 10 万欧元、票面利率为 6% 的 2 年期德国国债
可交割剩余年限	剩余期限 24 ~ 35 年的国债	剩余期限 8.5 ~ 10.5 年的国债	剩余期限 4.5 ~ 5.5 年的国债	剩余期限 1.75 ~ 2.25 年的国债
交割方式	到期集中实物交割			
最小变动价位	0.02%，最小变动价为 20 欧元	0.01%，最小变动价为 10 欧元		0.005%，最小变动价为 5 欧元
合约月份	最近的 3 个季月（3、6、9、12 季月循环）			
报价方式	百元报价			
交割日	各季月的第 10 个日历日，如果这一天不是交易日，则为该日之前的最后一个交易日			
最后交易日	交割月份交割日前两个交易日			

2000 年以来各个期货合约品种得到了快速的发展，其中长期欧元债券、中期欧元债券、短期欧元债券期货合约在 2007 年全年交易量达到峰值。2008 年受金融危机拖累，国债期货的交易量均出现萎缩。而 2010 年欧债危机以后，当深受债务危机困扰的其他国家国债遭大量抛售时，德国作为经济实力最强的欧元区核心国家，其发行的国债成为了投资者趋之若鹜的避险工具，而国债期货市场也因此更加活跃。

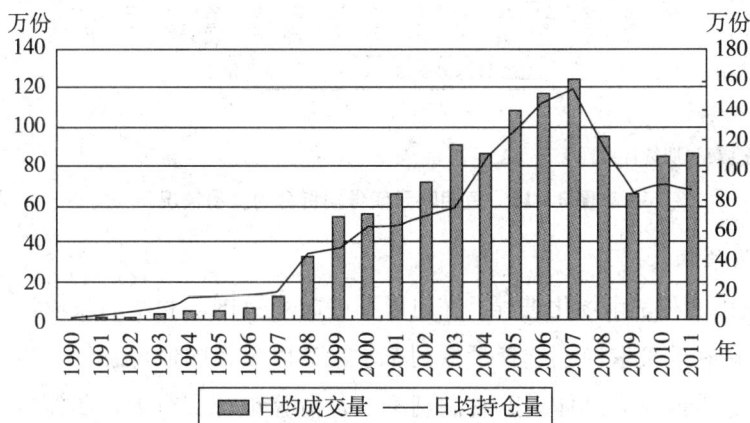

资料来源：《期货日报》。

图 3 - 10　长期欧元债券期货合约交易情况

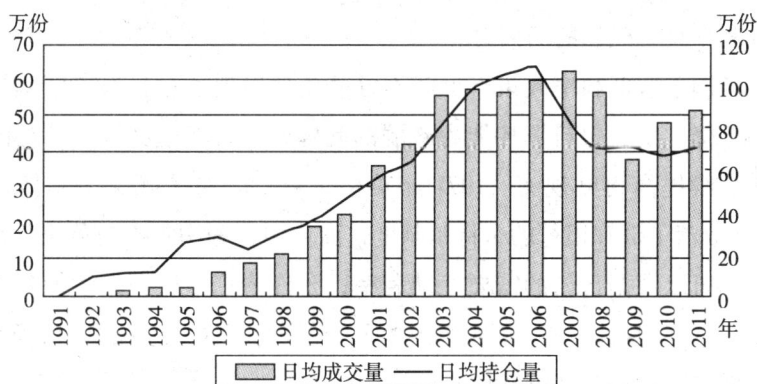

资料来源：《期货日报》。

图 3 - 11　中期欧元债券期货合约交易情况

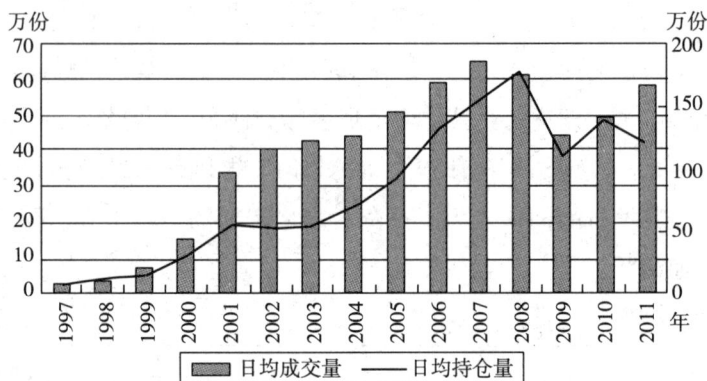

资料来源:《期货日报》。

图 3 - 12   短期欧元债券期货合约交易情况

(三) 英国

1. 英国的利率市场化进程。在凯恩斯的故乡英国,利率的政策性作用受到重视。英国在政策取向上选择了低利率水平,以减轻国债付息的负担。在利率的管理上,英国没有具体条款管制利率,各清算银行实行卡特尔制度——协定利率制,即根据英格兰银行的利率来确定商业银行的存贷款利率。这事实上是用中央银行的利率限制商业银行的利率水平,是一种间接的利率管制。英国的利率管理可以称为"基准利率指导制",其主要工具是再贴现率,再贴现率对商业银行的利率具有极强的约束力。

由于英国采取低利率政策,也就不可避免地出现了存款逃离清算银行、存款量不断下降、中央银行调控能力减弱的问题。为转变这种情况,英国金融当局不得不连续提高再贴现率。1971 年英格兰银行公布了《竞争和信贷控制法案》,全面取消了清算银行的卡特尔制度,商业银行利率不再与英格兰银行贴现率相联系,可以根据自己的需要变动利率;允许清算银行直接参加银行间存贷市场,使银行之间可以进行短期资金融通;允许清算银行进入 CD 市场等,由此迈开了金融自由化和利率市场化的步伐。

1972 年 10 月,英格兰银行取消贴现率,改为最低贷款利率,即英格兰银行在货币市场上作为最后贷款人所用的利率。最低贷款利率每月公布一次,但不作为其他利率变动的依据,然而它对短期利率会产生决定性的影响,并与国库券每周投标所形成的平均利率相联系。银行间协定利率取消后，清算银行又推出基础贷款利率作为共同标准，并与英格兰银行的最低贷款利率挂钩。1981年8月，英国又宣布取消公布最低贷款利率的做法。这样，英国的商业银行不再根据官方最低利率来调整存贷利率，而主要依据市场资金供求关系进行自由调整，基础贷款利率开始与市场利率相联系，平均每月变动一次。但英格兰银行保留必要时干预的权力，即对利率提出建议并规定银行利率，仍控制着市场利率变动。

英国的利率市场化后，金融业出现了一些新的情况：一是金融工具增多，如推出了可转让存款单等；二是金融机构之间的竞争增强，加强了利率的竞争；三是金融体系的不稳定性加强。高利率加上世界经济的不景气，如石油冲击等，这一切使得许多中小金融机构经营危机不断发生。

随着英格兰银行宣布废除利率协议，英国利率体系最终实现了完全市场化。尽管LIFFE在1982年推出了长期金边债券期货，但效果并不好。英国推出国债期货的最初动机很大程度上并非出于本国的实际需要，而是与芝加哥及纽约金融期货的蓬勃发展相抗衡，巩固伦敦国际金融中心的地位。

因此英国利率市场化的特点主要为：一是完成速度较快，没有经过复杂漫长的渐进过程；二是利率自由化与金融改革同时进行。这些金融改革措施的推行，促进了利率市场化过程的顺利进行，改变了利率管制带来的金融体制僵化和金融机构低效率的局面。因此这对英国的宏观经济均存在显著影响，如GDP增长率及通货膨胀率双双呈现增长的趋势。

2. 英国国债期货的起源。英国国债期货的标的是英国财政部发行的金边债券，因此英国的国债期货也称作金边债券期货。

1982年9月30日，LIFFE正式营业，并于同年开始经营政府债券期货。1986年英国利率市场化完成后，英国的国债期货交易得到了长足的发展，很快成为美国之外的最大的国债期货和期权市场。1992年3月，伦敦期权交易所（London Traded Options Exchange）与LIFFE合并，仍为LIFFE。

成立之初，LIFFE是一个会员制交易所。当时英国国债发行利率和二级市场上国债流通收益率基本实现市场化，完整的国债收益率曲线基本形成，初步实现了国债市场的价格发现功能。由于利率管理的放松，利率的波动突然变大，刺激了很多新的套保和套利者进入市场，成交量也因此放大。同时期，英国国债市场供应充足，发行量仅次于美国和日本，促成了金边债券期货合约成为 LIFFE 最活跃的期货合约。

英国国债期货交易的产生和迅速发展，主要有以下几个原因：

一是国际金融形势变化所产生的风险管理的需要，伦敦作为欧洲最大的国际金融中心，其资本市场和货币市场日趋国际化，吸引了大量的跨国公司参与其中。

二是20世纪80年代以来，美国金融期货交易不断创新，特别是长期国债期货的巨大成功为英国推出自己的国债期货品种提供了可以借鉴的经验，同时也增加了伦敦作为传统国际金融中心的紧迫感，客观上推动了 LIFFE 国债期货的发展。

三是伦敦具有的金融优势和英国金融当局的支持是国债期货交易发展的有效保证。

3. 英国国债期货的发展。1987年至1989年，由于利率的波动性缩小，同时由于英国政府实行紧缩政府开支以减少财政赤字的政策，1987年的财政收支已由过去长期的财政赤字转为财政盈余。1988年后，英国政府减少了国债的发行，并从二级市场回购国债，导致了期货合约的交易趋于沉寂，成交量逐年衰减。

1990年英国加入欧洲汇率机制（ERM），正式采用汇率目标法来调整国内的货币政策，但1992年英国遭遇 ERM 危机宣布退出 ERM，让英镑自由浮动。这次汇率危机蔓延至利率市场，利率风险刺激了英国国债期货的发展。

受美国经济衰退的拖累，1990年到1993年英国经济陷入二战以来最长的衰退，GDP 实际增长跌至0.3%左右。1991年，英国政府金边债券的发行再次扩大，财政赤字达到历史高峰，同时市场对于金融期货更加熟悉，长期金边债券期货的交易再次活跃起来。

1994年走出危机后，英国政府在1995至1998年削减支出使赤字转为盈余，债务比重不断减少。1997年到2000年，由于公开喊价交易不能适应市场发展的需要以及德国 DBT 交易所和欧元区的兴起，长期金边债券期货交易连续出现大幅下滑。2000年以后，LIFFE 的 CONNECT 系统投入使用，长期金边债券期货的交易量逐渐回升。

LIFFE 还曾经推出短期和中期金边债券期货合约，但是交易一直不活跃，最后被迫退市。

由于本土市场相对狭小，LIFFE 也曾尝试上市他国的国债期货产品。例如，LIFFE 曾于 1988 年率先上市德国国债期货，上市第二年就超过英国金边债券期货。但德国期货交易所（DBT）上市国债期货，由于率先采用先进的电子交易平台，并给交易商提供优惠的条件，在竞争中占了上风。1998 年，DBT 的国债期货合约交易开始超过 LIFFE，后者的德国国债期货交易量下降为零。1998 年10 月，LIFFE 停止了德国国债期货交易，并开始从口头喊价交易改为电子交易。

1987 年 7 月，LIFFE 与东京证券交易所开展合作，推出了基于日本国债的期货合约，但该产品发展缓慢，2007 年成交量仅 17 万张，相当于金边债券期货两天的成交量。2003 年，法国国际金融期货交易所（MATIF）的国债期货业务被整合到 LIFFE 的 CONNECT 交易平台。2006 年，LIFFE 开发上市了基于欧元市场的政府债券指数产品，也是成交寥寥，2007 年被迫停止交易。

从 LIFFE 长期金边债券期货的成功可以看出，LIFFE 长期金边债券期货一直在所有利率衍生品中保持前列，这与英国国债期货的兴旺和国债现货的发行量以及利率风险事件有着很大的联系。从 20 世纪 90 年代至今的经验来看，当政府财政政策扩张时，国债现货存量的增加能大大地促进国债期货市场的快速发展。同时，利率风险事件往往也能刺激国债期货成交量和持仓量的增加。从 LIFFE 其他中短期国债期货产品（不包括短期的利率期货品种）的失败可以了解到交易所技术的革新和合约设计的合理性是产品能否长期稳定地在市场中发展的关键。LIFFE 技术系统的落后、合约设计在交割机制上的缺陷使得中短期国债期货在市场中一直很落寞。

（四）欧洲其他国家

1986 年，法国国际金融期货交易所（MATIF）推出了法国国债期货；1991年，LIFFE 推出了意大利国债期货，但二者随着欧元区的建立和德国国债期货的兴起，在上世纪 90 年代末分别退市。

但是，2009 年发生的欧债危机使得欧元区各国的国债收益率价差扩大，其中经济实力较弱国家的债券收益率变得不稳定，仅利用德国国债期货难以满足多种风险管理需求。因此，2009 年 9 月，EUREX 推出 10 年期意大利国债期货，随后推出意大利短期国债期货。2012 年 4 月，EUREX 又推出了法国长期国债期货。

由于在次贷危机期间上市，意大利长期国债期货能够为实力较差主权国家的国债提供风险管理工具，一上市便大获成功，随后推出的意大利短期和中期国债期货更完善了产品线结构。以意大利长期国债期货为例，两年内持仓量从刚上市不足 5000 手增加到 2013 年中的 9 万余手，增长率接近 20 倍；成交量从上市初期约 5000 手增加到目前约 3 万手，增长率约 6 倍。

意法两国国债期货重新上市的快速发展是以多种条件作为前提的。一是国债现券市场规模较大。意大利和法国的国债发行量均接近于德国国债的发行量（约 2.06 万亿欧元），在各自信用级别的国家中属于国债数量最大的两个国家，因此上市的意法国债期货能够在覆盖本国国债市场的同时，还能覆盖不同主权信用级别的其他国家的国债市场。

二是意法国债期货重新上市满足了实体经济风险管理的需求。欧债危机后，欧洲利率期货市场以欧元国债期货为主的套保交易开始变差，需要进行新产品的交易，因此意法国债期货的重新上市能为市场提供新的且有效的风险管理工具。意法两国的国债期货为投资者提供了与欧元国债期货套利的工具，投资者可以寻找德国国债、法国国债和意大利国债之间的价差进行套利交易。同时，由于意法两国的信用级别被降低，因此还可以用于较高级别的公司债的套保和套利交易中。

欧元区成立后，欧盟国家收益率曲线趋同，欧元区各国国债期货本质趋同，意法两国国债期货因不敌德国而分别从 LIFFE、MATIF 退市，而欧债危机后在 EUREX 重新上市并取得了快速发展，欧债危机中市场强烈的避险需求使得意法两国国债期货迎来了第二个春天。

四、日本国债期货的发展

1998 年金融风暴以后，亚洲国家为了稳定利率陆续推出了各种利率衍生品，其中日本发行的国债期货品种已相当成熟。

日本推出国债期货的时点在 1985 年，同样是一个利率波动不断加大的时期。整个 70 年代日本经济在出口导向下还是比较繁荣的，但是这种经济发展模式在 1985 年的广场协议和日元升值下逐渐不可延续。而在日元升值给出口商带来压力的情况下，由于通胀较低不构成压力，日本政府又多次降息，采取了比较宽松的货币政策。逐渐地，经济在内需不足和宽松货币政策的影响下走向了泡沫化。

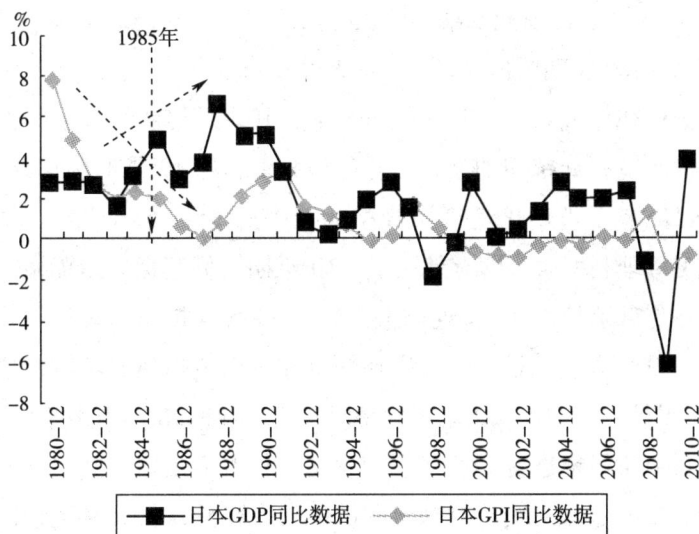

资料来源：Bloomberg。

图 3 - 13　日本 20 世纪 80 年代经济从繁荣到泡沫隐现

在经济的表面繁荣下，日本 20 世纪 80 年代股指、地价一路上扬，在 90 年代前后达到顶峰。

因此，日本国债期货推出时点的经济背景尽管与美国大不相同，但是都处于一个利率波动不断上升的时期。国债期货的推出无疑为投资者提供了有效的从利率波动中获利的工具。

1985 年，日本解除了对金融衍生品的限制，为了配合利率市场化和国债现货市场的发展，同年 10 月 TSE 推出了日本首只国债期货品种—10 年期国债期货（10 - year JGB futures），并于 1988 年 7 月推出 20 年期国债期货，但 1998 年 4 月以后 20 年期国债期货成交低迷，2002 年东京交易所因此终止了 20 年期国债期货新合约的上市。随着中期国债存量增长，1996 年 2 月东京证券交易所上市了 5 年期国债期货。2009 年 TSE 推出了小型 10 年期国债期货。因为 10 年期国债期货单手合约面值为 1 亿日元,参与者主要是机构投资者;而同时 2007 年爆发的金融危机所导致的流动性紧缺限制了 10 年期的国债期货与现券价格的相关性,削弱了利用期货作为避险工具的功能。为了释放更多的流动性,TSE 在 2009 年第二季度推出了合约面值为标准 10 年期国债期货合约面值十分之一的小型 10 年期国债期货。随着超长期国债发行量的增加,日本 2013 年 6 月宣布将于 2014 年 4 月重启 20 年期国债期货 (SL – JGB futures)。

日本的国债期货市场并不是一帆风顺的,其活跃程度与日本国债发行状况和国内外经济环境有着密切的联系。与德国相似,在 10 年期国债期货推出前,日本的利率已完成了市场化进程。随着 80 年代后期日本国债发行总量逐年攀升,作为能够管理利率风险的有效工具,10 年期国债期货应运而生。而对转移利率风险的强烈需求使得 10 年期国债期货于 1985 年推出后发展迅速,成交量逐年上升,1989 年一度超过了美国国债期货和英国金边债券期货的成交量。而当上世纪 90 年代初日本进入了超低利率时代后,利率波动区间缩小,削弱了投资者通过购买国债期货进行套期保值的意愿,日本国债期货交易量开始逐渐下降。2000 年以后日本政府为了刺激萎靡的经济,开始发行大量国债以实施激进的财政政策,同时刺激了投资者用国债期货规避风险的需求。而 2007 年金融危机爆发后日本国债期货市场再次陷入了低迷。

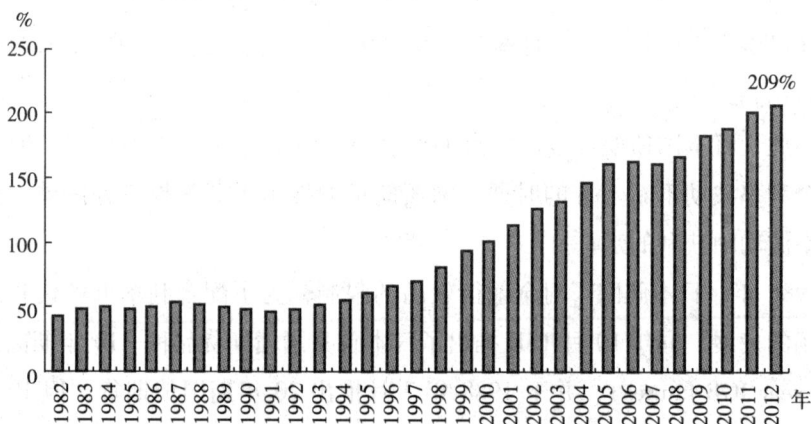

资料来源:WIND 资讯。

图 3 – 14　日本国债发行量占 GDP 比例

目前日本的主要国债期货品种包括：5 年期、小型 10 年期以及最活跃的品种——10 年期国债期货。除了小型 10 年期国债期货仅能通过现金交割以外，其他合约的交割方式均采用实物交割。值得注意的是，日本国债期货为了稳定市场波动，推出了熔断机制。

熔断机制是指预先设定一个熔断价格，当买卖报价超出预设的价格范围时，市场将暂停交易。熔断机制始于美国，当标普 500 指数较前一天收盘价位下跌 7% 时，全美证券市场交易将暂停 15 分钟。而我国期货市场中的沪深 300 指数期货合约也同样运用了熔断机制。沪深 300 指数期货合约的熔断价为前一交易日结算价的 ±6%。当市场价格一旦触及上下限并持续一分钟，熔断机制启动。在接下来的 10 分钟内买卖申报价格在规定范围之内方可继续成交，而超过范围的申报会被拒绝。10 分钟后，价格限制放大到 10%。

TSE 国债期货的熔断机制与此类似：当买入（卖出）指令价格在第一价格限制的上（下）方，而接下来的 5 分钟内没有其他价位的交易，那么交易将会暂停 10 分钟。10 分钟后，限制范围将被放大到第二价格限制。

2013 年 4 月 5 日日本央行宣布了超预期的宽松措施后，10 年期国债期货价格曾一度触及历史高点 146.4，收益率跌至 0.375%。而后日本国债期货突然掉转势头大跌 1 个点，随即触发东京证交所的熔断机制。恢复交易后继续下跌一个点再度触发熔断机制，创下自 2002 年 9 月以来日本国债期货最大跌幅。熔断机制的设立是为了让市场在价格发生剧烈变动的时候进入一个冷静期，让投资者有时间充分消化市场信息，防止市场波动进一步放大。

表 3 - 5　　　　　　　　　　　　日本国债期货合约条款

	5 年期日本国债期货 5 - year JGB Futures	10 年期日本国债期货 10 - year JGB Futures	20 年期日本国债期货 20 - year JGB Futures	小型 10 年期日本国债期货 Mini 10 - year JGB Futures
上市时间	1996 - 02 - 16	1985 - 10 - 19	1988 - 07 - 08	2009 - 03 - 23
交易时间	8：45 - 11：02、12：30 - 15：02、15：30 - 23：30			
交割方式	实物交割			现金交割
标的物	票息率为 3% 的 5 年期国债	票息率为 6% 的 10 年期国债	票息率为 6% 的 20 年期国债	票息率为 6% 的 10 年期国债

续表

	5 年期日本国债期货 5 – year JGB Futures	10 年期日本国债期货 10 – year JGB Futures	20 年期日本国债期货 20 – year JGB Futures	小型 10 年期日本 国债期货 Mini 10 – year JGB Futures
可交割品种	交割时剩余期限为 4~5.25 年的 5 年期 付息国债	交割时剩余期限为 7~11 年的 10 年期 付息国债	交割时剩余期限为 15~21 年的 20 年期 付息国债	—
合约月份	最近的 3 个连续季月（3、6、9、12 季月循环）			
最后交割日	交割月份的第 20 日			最后交易日之后 的第二个工作日
最后交易日	交割月份前的第 7 个工作日			10 年期合约月份 交割日前的第 8 个工作日
合约单位	1 亿日元			10 年期国债期货 合约价乘以 10 万 日元
每日价格最大 波动限制	第一价格限制：上一交易日结算价 ±1.50 日元 第二价格限制：上一交易日结算价 ±3.00 日元 最大价格限制：上一交易日结算价 ±4.50 日元			第一价格限制：上一交易 日结算价 ±1.00 日元 第二价格限制：上一交易 日结算价 ±2.00 日元 最大价格限制：上一交易 日结算价 ±3.00 日元
熔断机制	当买入（卖出）指令价格在价格限制的上（下）方，而接下来的 5 分钟内没有其他价 位的交易，那么交易将会暂停 10 分钟。			

日本国债期货市场主要投资主体是银行、券商和海外投资者，也就是说以机构投资者为主，个人投资者基本没有能力参与国债期货市场。这也体现在日本国债期货的合约设计单位，交易单位面值为 1 亿日元，合约标的是息票为 6% 的 10 年期日本国债。日本国债是设有涨跌停板的，为正负 2%。同时日本也对于投资者保护设定了完善的保护制度，包括受托业务保证金业务、受托财产分别保管制度、受托债务补偿制度等。

如果考察日本国债期货推出时现货的流动性，可以看出日本的存量现货为国债期货的推出提供了有力的保障。

日本国债期货推出时国债存量已达一定水平。1985 年日本国债余额 165 万亿日元，占 GDP 64.2%，在主要国家推出国债期货时期情况来看是一个较高的水平。而从可获得的数据来看，近年来日本国债的换手率也是较好的。

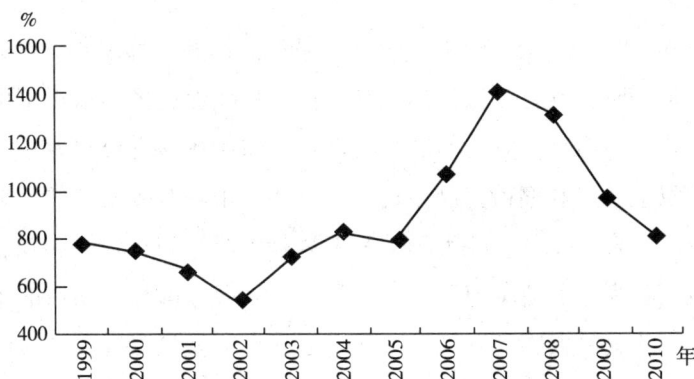

资料来源：Bloomberg。

图 3 – 15　从近年情况看日本国债周换手率较好

综合来看，日本国债现货的规模和流动性给发展国债期货市场提供了有力的保障，而国债期货又有力地促进了投资者对冲利率的波动性。

五、韩国国债期货的发展

韩国国债期货市场发展得比较晚，是在 20 世纪 90 年代后期金融危机之后伴随着利率市场化发展起来的。韩国期货交易所 1999 年成立，同年推出了 3 年期国债期货，2002 年国债期货交易量就进入了全球十大国债期货市场。2003 年又推出了 5 年期国债期货，2004 年由于韩国证券交易所和期货交易所进行合作，2004 年跃居世界交易所交易量的首位。

韩国利率衍生品市场的发展是韩国重建债券市场一揽子计划的一个组成部分。1997 年的金融危机使韩国政府意识到发展债券市场的重要性，并引入了一个全面计划，全力推动债券市场的发展。为此，韩国政府采取了发行基准国债、引入外国投资者、建立一级交易商制度、加强债券市场信息披露等措施，以此促进债券市场的快速发展。1995 年，韩国未清偿债券余额仅为 1260 亿韩元，但到了 1997 年，韩国未清偿债券余额已经达到 2241 亿韩元，为 1995 年的 1.78 倍。债券市场流动性也得到了成倍的提高。但是，一个显而易见的事实是，相对于发达国家，韩国债券现货市场的规模依然偏小、流动性欠缺。即便是在利率期货产品上市的 1999 年，韩国债券现货总额占 GDP 的比例仅为 14.4%，债券换手率也仅为 1.28。

韩国早在 1991 年就已经完成了利率市场化，因此，韩国政府在大力发展债券现货市场的同时，也充分认识到了利率衍生品在促进债券市场价格发现和风险管理中的作用。但是，对于韩国政府而言，如何在一个规模偏小，流动性不足的债券市场上发展利率衍生品市场，一直是一个具有挑战性的问题。随着债券市场规模的扩大，如果债券市场的利率风险不能得到有效控制和管理，债券市场就难以真正高效、健康地发展。但是，现券供应量和流动性的不足，也很容易使利率期货交易面临逼仓风险。如果逼仓行为反复出现，国债期货市场不但不能成为发现价格、管理风险的有效工具，反而会成为金融市场的新的风险点，从而危害整个金融系统的稳定。

在韩国，上述对国债期货市场的担心并没有转化为现实，这主要归功于韩国期货交易采取的一系列循序渐进，并在事后看来行之有效的措施。为了克服债券市场规模偏小的缺陷，韩国期货交易所规定，1999 年上市的国债期货采用现金交割的方式。也就是说，在期货合约到期日，多空双方所有到期未平仓的头寸将根据最后结算价进行冲销，而不必进行实物交割。这样就有效地避免了因现券供应不足而导致的逼仓行为。现金交割在短期利率期货产品中广为采用，但是，像韩国这样在中期国债期货中也采用现金交割的方式，则极为少见。从韩国的经验来看，现金交割方式并没有割断现货市场和期货市场的有机联系，国债期货的价格发现功能也并没有因此受到损害。

韩国国债期货市场的成功，也归功于韩国期货交易所循序渐进的策略。对于新兴市场而言，由于投资者对产品的熟悉需要一个渐进的过程，如果同时上市多个国债期货合约，可能导致市场参与者无所适从，市场资金过度分散而导致单个期货合约的流动性不足。为了避免这种情况的发生，韩国期货交易所在利率衍生品的起步阶段，只上市了一个 3 年期国债期货。直到 2003 年，在 3 年期国债期货取得成功、债券市场进一步发展和时机成熟以后，韩国期货交易所才又上市了 5 年期国债期货品种。事实证明，这样一个循序渐进的策略是成功的。

韩国发展国债期货市场的另外一个经验是，韩国国债期货交易的崛起同韩国政府的不懈努力密切相连。韩国早在 20 世纪 80 年代初期就开始了衍生品交易的筹备工作，并在立法和交易组织架构方面做了大量的工作。如 1995 年颁布《期货交易法》，允许韩国证券交易所在韩国期货交易所成立之前临时开展股指期货交易，随即于 1996 年成立韩国期货交易所筹备组，并专门派有关专家，吸取了中国开展国债期货交易的失败教训。在经过长时间的监管立法准备工作就绪之后，韩国才于 1999 年 9 月推出韩国国债（KTB）利率期货，2002 年 5 月推出 KTB 利率期货期权，并开始允许信托公司使用当地的衍生品对 5% 的资产进行对冲。由于准备工作充分，韩国的利率衍生产品交易量呈现逐年稳步上升趋势。韩国的利率衍生品市场也因此成为新兴市场中最为成功的金融衍生品市场之一。

韩国市场的主要特点是个人投资者占主导地位，但是随着国内和国外机构投资者份额大幅上升，个人活跃程度也不断下降。此外，韩国的电子化和网络化交易程度非常高，韩国国内因特网普及程度比较高，这与在和网上下单的手续费比较低有关。目前网上交易的投资者大概占总数的一半以上。从条款来看，韩国期货的主力品种是息票为 8% 的 3 年期国债期货，之所以是 3 年期国债期货，这和韩国财政部部分确立 3 年期国债为基准利率国债有很大关系。20 世纪 90 年代后期以来，韩国财政部发行的国债中大约 80% 以上都是 3 年期的品种。韩国期货交易所 10 年期国债期货的合约面值为 1 亿韩元，它也采用了现金割方式，并没有涨跌停板，但是在交易所认为必要的时候可以规定交易的持仓限额。

六、澳大利亚国债期货的发展

澳大利亚国债期货是从 20 世纪 80 年代中后期开始的，分别在 1984 年和 1988 年推出了 10 年期和 3 年期国债期货，目前悉尼期货交易所是世界第十大金融交易所。从交易量来看，目前 3 年期国债是交易最活跃，年均交易量 3 年期期货为8.5万手，而10年期为3.1万手。从交易量的结构来看，其中40%来自套期保值，另外40%来自投资需求，其余的20%来自套利需求。从机构的结构来说，70%是国内机构，20%是国外机构，还有10%是利率商资的个人客户。澳大利亚国债期货的主要特点：首先，是期货市场的流动性要高于现货市场，从周转来看，期货市场年周转率为40次，而现货市场为9次。其次，市场完全采用现金交割的结算方式，这是由于澳大利亚联邦政府财政状况不断好转，发行国债数量不断减少，因此能够满足交割的品种也逐步减少。它在全球各地都设有工作站，并24小时运转，因此投资者可以24小时进行交易，并改变投资组合的状况。最后，交易方式也非常灵活，投资者既可以通过交易所的工作站，也可以通过独立商务软件，期货经纪商通过电话或者互联网都可以进行交易。从条款来看，澳大利亚国债期货的标的是票息率为6%，年限为3年或10年的免费政府债券，交易单位是10万澳元为主，交割方式完全采用现金交割。

七、印度国债期货的发展

2003年6月24日，印度国家股票交易所（NSE）推出了91天短期国债期货和10年期长期国债期货。自印度财政部长出席参加首天交易仪式后，整个6月成交量仅仅9768张合约，7月全月只有963张，8月就只剩50张，到了2006—2007年，印度的国债期货市场基本处于停滞状态。此后，印度储备银行和印度证券交易监管委员会对国债期货失败的原因进行了研究，认为当时的国债现货一级交易商只包含了六家非商业银行，对银行限制过多、无做市商制度是国债期货市场逐渐停滞的主要原因。2008年10月，印度储备银行正式允许商业银行从事国债期货交易。

印度利率期货推出之初，有关专业人士对其抱有很大的期望。NSE希望通过利率期货的推出，进一步增强印度债券市场对国内和国际投资者的吸引力，加快印度债券市场融入世界资本市场的步伐。

一个显而易见的事实是，利率期货并未被印度金融市场的投资者所接受。但是，这并不意味着印度的投资者不需要利率衍生工具来管理利率风险。无论是利率已经市场化的国家，还是利率正在市场化的新兴市场经济体，只要利率有波动，就存在着利率风险。对于印度这样一个仅次于日本和韩国的亚洲第三大债券市场而言更是如此。

NSE 的错误之处在于，NSE 设计的利率期货合约没有真正满足印度投资者的需要，这是印度利率期货市场没有成功的根本原因。印度的利率期货合约采取现金交割的方式，更为重要的是，其合约的最后结算价格是按照 NSE 制定的零息债券收益率曲线确定，与其他国家相比，这种最后结算价格的确定方式为印度所独有，与许多新兴市场经济国家一样，印度的债券市场依然是一个缺乏流动性、竞争性和透明度的市场。在印度，基准债券中，只有 20%～25% 在二级市场交易。国家银行（SBI）、印度人寿保险公司（LIC）以及信托公司（UTI）等大机构投资者依然在印度债券市场占有很大优势。此外，印度债券市场的日交易额仅有股票市场交易额的 1/10。由于印度债券仍然不发达，印度的债券市场缺乏一个合理的公平价格，相同到期日和特性的债券的价格差异较大。NSE 采用零息债券收益率曲线确定利率期货的最后结算价格，这样做的好处是，由于利率期货价格不是由某只债券所决定，因此能够更为合理地反映债券市场对利率的预期，最大程度避免现货市场的价格不合理性对利率期货的影响，降低某些投资者据此操纵市场的可能性。但是，这样做的缺陷也是显而易见的：利率期货不能真实地反映市场中交易的债券的实际价格，衍生品市场和现货市场间的这种差异意味着，债券市场的套期保值者无法利用利率期货来有效规避利率风险，最终导致投资者参与利率期货市场的意愿不足。

国债期货合约的标的与现货市场的最活跃交易债券品种不匹配，是 NSE 的另外一个失误之处。在印度，交易最活跃的中长期国债的到期日主要集中在 2～3 年和 7～10 年两个区间，相应的，印度债券市场投资者的避险需求也主要集中在这两个时间区间的国债上。但是，印度开发的中长期国债期货的标的为 10 年期国债。期货标的和现货资产利率敏感性的不同，使得套期保值者暴露在一个较大的基差风险之下，严重影响了套期保值的效果。在这种情况下，利率期货的使用者可以规避的利率风险被另一种风险——基差风险所替代。利率期货的市场参与者就缺乏利用利率期货进行套期保值的动力。

利率期货合约的设计和相应的风险控制，是决定利率期货交易能否取得成功的两个关键因素。两者的不同组合，往往导致完全不同的结果。利率期货合约设计不合理的一个极端后果是，利率期货合约不为投资者所接受，导致投资者参与利率期货市场的意愿不足，这是印度所发生的情形。利率期货合约设计不当的另外一个极端后果则是，由于缺乏对利率期货的真实需求，利率期货演变为少数投机者操纵市场、牟取暴利的工具。后者的情况则在1995年的中国市场上曾经出现过。所不同的是，由于印度当局对利率期货投资者的头寸、参与资格以及相应的交易策略做了较为严格的限制，利率期货市场的风险控制相对完善，才没有发生与1995年中国类似的情况。

如果国债期货合约设计不当，利率期货市场就不会顺利地发展，印度的这一教训值得我们吸取。亚洲金融危机之后，新兴市场国家普遍意识到了发展包括债券市场在内的直接融资市场的重要性。在这一背景下，如何为债券市场的投资者提供一个避险渠道、提高债券市场的吸引力，成为各国政府不得不面对、也无法回避的问题。难点在于，新兴市场国家的债券市场普遍存在规模小、流动性不足、透明度不高、市场基础设施薄弱等弱点。与发达国家的债券市场相比，新兴市场国家发展利率期货市场，肯定会有更多的坎坷和风险。债券市场的完善是一个需要相当时间的系统工程，但这并不意味着国债期货市场就不能发展。在这方面，正反两方面的经验都有：韩国的国债期货市场发展的相对成功，而印度和1995年的中国则遇到了挫折。对比印度、韩国和中国的经验，利率期货合约的设计是否符合本国市场的发展阶段、风险能否得到有效控制，将是一国利率期货市场成功与否的决定性因素。

八、各国（地区）国债期货运行制度的比较

从上面的介绍可以看出，不同的国家或地区由于国债期货推出的时间、面临的环境等的不同，其各自运行的基本状况有很大的区别。因此，我们对各主要国家或地区的运行制度，分别从监管框架、结算制度以及风险控制制度等方面进行比较。

（一）监管框架

各国的监管框架分为监管机构、协会的自律机构和交易所三部分，但是各国的监管框架受到各国本身期货市场发展的现状和历史情况的影响比较突出。美国市场就有专门的监管机构——交易委员会，对监管市场进行管理；而德国和英国则是由一个专门的负责管理金融市场和全部金融机构的单一机构对市场进行管理，这种结构可能更适合于德国和英国这种市场现状，日本由于历史原因，采取了政府主管部门、行业部门和交易所三级管理，但是全国没有统一的期货市场管理机构，期货市场也是按照不同的品种由不同的监管机构进行管理。自律机构主要是对于非交易所成员进行重点自律管理，交易所处在一个核心的管理的中心地位，主要进行市场管理，政府部门一般是负责政策的制定和立法，交易所在风险管理和监控处于核心地位。

（二）结算制度

从交易所来看，风险对冲以后要体现在结算环节中，各清算所对于结算成员都有比较高的资信要求，因此对结算一般都有财务方面的要求。一般对于结算都要满足最低资本要求，此外像德国、英国和澳大利亚在满足了结算资本要求之外，还需要交纳一定的结算保护金或者违约基金、风险基金，德国和中国台湾地区还按照是否能够给其他的成员代理结算，把结算同仁分为不同的类别。一般情况下能够给其他经纪商进行代理的一般结算会员，最低基本要求更高一些。

（三）风险控制制度

1. 保证金。在保证金制度方面也有严格规定，一般情况都是采用浮动保证金制度，参数设定方面是由交易所和风险管理部门共同协商确定，在德国和英国，清算所所起的作用更是决定性的，德国就是直接由清算所进行计算，而英国则规定如果清算所或交易所对参数方面有不同意见，以清算所的意见为准。保证金水平是根据历史价格波动和当时市场情况而定，必须涵盖每日价格变动的 95% ~ 99.7%。澳大利亚对于结算保证金并不区分投机者和套期保值者。韩国的保证金制度比较独特，采用的是固定保证金制度，这种制度简单易行，更有利于控制风险。但是这种固定保证金制度，由于保证金水平跟当时市场的风险并不是紧密联系在一起，所以不利于最小化保证金水平，也不利于降低投资者的投资期货产品的机会成本，对于促进市场活跃程度有一定的负面作用。总体上来看，对于比较成熟市场、比较成熟的产品采用浮动保证金制度是比较合理的，对于新兴市场同时以控制风险为首要任务的，采取固定保证金制度也是可行的。

2. 涨跌停板制度。从涨跌情况看，在欧美国家成熟市场，一般都是不设国债期货的涨跌停板。如，德国规定在市场极端情况下有权采用措施暂时性停止交易；英国则是如果价格超出规定，价格实在非常不合理的话可以拒绝，并通知交易所；日本是正负2%，如果5分钟之内无法进行交易，则停止交易15分钟，之后扩大到3%，每月可以扩大一次，但是不可以在收盘前25分钟之内扩大涨跌停板。中国台湾地区则是正负3%。

3. 持仓限制制度。在持仓管理方面，主要国家都是采用以法律或者规定的形式规定，自营账户和客户账户必须分开管理。对于持仓方面，美国和澳大利亚都对持仓有一定的限额，一般情况下持仓的限额根据品种进行规定，澳大利亚的持仓限额是根据资本进行限定的，在持仓限额之外还有当日报告制度，如果达到了一定的持仓规模之后，有义务向主管机构对于交易性质进行报告，主管机构也有权要求报告持仓情况。此外，各国还通过软件等先进技术对持仓进行监控，这样有利于尽早发现风险。一般在紧急情况下交易所都有停止开新仓等权限，在德国还规定以委员会规定的价格把所有被平仓合同全部平仓。违约处理方面，伦敦清算所的规定比较突出，它规定即使是成员还没有实际违约的行为，如果是清算所认定即将发生违约，就可以宣布成员禁入，并进入违约程序；悉尼交易所规定，如果清算成员违约，交易所有权动用违约结算成员在未违约的代理商手中的资金来弥补违约损失。

美国国债期货与美元的国际地位

债券市场是金融市场的核心组成部分，其中又以国债为之最。国债收益率的波动直接反映了市场资金的供需情况，其形成的期限完整的基准收益率曲线是其他金融衍生工具定价的"锚"。而债券市场能稳定发展壮大的一个重要创新就是国债期货。国债期货通过其对冲风险、价格发现、增加流动性和杠杆化功能强化了国债在投资者配置资产中的核心地位。从美元的国际循环来看，国债及国债期货是美元之所以能顺利循环流动的主要载体。国外美元购买包括国债在内的各种金融资产形成美元回流，从而构成了美元循环中另外重要的一环。可以说，美国国债期货的发展是为美元国际化地位服务的，也是后者的保障条件之一。

但是，美国国债期货的发展加剧了金融杠杆化，加速了美国虚拟经济的过度膨胀和实体经济的持续衰退，两者背向演变导致金融杠杆链过长，实体经济无法继续支持虚拟经济的发展，引发美国金融市场的脆弱性和系统性风险越发严峻，从而导致金融危机。

一、美国国债市场发展对美元霸权的支撑作用

如果说美元兴盛于 20 世纪上半叶是由于受美国的经济大国地位和布雷顿森

林体系建立的影响，那么20世纪下半叶美元在国际货币体系中称霸天下的地位更多地应归因于美国大规模且成熟的金融市场所发挥的作用。

美国拥有像纽约这样高度发达的金融市场，并通过实行一系列条款，鼓励金融创新，为所有持有美元的人提供了安全可靠及最具流动性的投资场所与机会。美国的国债市场也是世界流动性最高的金融市场。1965年以美元发行的国际债券比例即已高达81.5%。尽管由于1973年美元信用下降导致1975年以美元发行的国际债券比例下降，以及后续欧洲货币、债券市场建立加剧了美元的波动性，但是美元占国际债券的发行比例依然高于其他货币。进入80年代，以美元发行的国际债券比例又快速提高，1981年这一指标达82.3%。上世纪90年代到现在，外国官方和部分私人投资者主要是购买以美国国债为主的政府债券。通过输出国债的方式，美国的对外金融控制能力得以不断增强，同时也吸引了大量的投资者。2008年金融危机发生以后，尽管国际社会谴责是美元的币值波动性和美国的不良消费模式冲击了全球经济，但我们同时也看到，一些国家或经济体依然在增加美国国债的持有量，一个十分关键的原因就是在国际市场上美的债券市场始终拥有较大的竞争力。

金融市场的发展状况对一国货币的国际化具有重要影响。Cohen（1971）基于货币史的发展发现世界上先后出现的三种最主要的国际货币——荷兰盾、英镑、美元，都产生于拥有成熟金融市场的国家，由此认为一国金融市场越发达，则该国货币越容易被其他国家所接受。Tavlas（1998）提出了类似的观点，指出国际货币发行国应具有相对稳定且管制放松的金融市场，并且金融市场的广度和深度也尤为重要。Hartmann和Issing（2002）认为成熟的金融市场是一种货币发挥作用的潜力保障和制度支撑。一般来说，提高金融市场质量和效率能减少市场摩擦，降低货币等金融资产的交易成本，增进货币的流动性并刺激货币在更广阔的范围内流动。Gourinchas（2007）通过研究指出，自20世纪50年代以来美元在国际货币体系中占据主导地位后，国际市场的投资者对美国的投资在数量上有显著增大的态势，这可以归因于投资美元能够使人们获取更高的收益，而诸多投资者所采取的方式是主要把资金集中于债券、股票、FDI和银行存款等方面。

如果一国（经济体）长期致力于建设本国金融市场，使金融市场在广度和深度上均得到充分发展，并且促使其成为全球性的金融中心，那么该国货币就会较顺利地实现国际化。因为只有具备发达的金融市场，才能为投资者提供良好的金融产品和服务，减少持币者的风险和损失。因此，在推进本币国际化的过程中需要不断完善金融市场，争取建立起与国际接轨的成熟金融市场。这些文献都一致性地认同金融市场在货币国际化中的必要条件。从国债市场的发展角度来看，其展现的一致性也是不出意外的高度融洽。1995—2013 年，美国的国债余额与官方外汇储备保持着高度的一致性（详见图 4－1），1999—2013 年，美元国债期货交易量的总额与美国官方外汇储备的整体发展趋势基本一致，2008年前后波动较大的原因是受到美国次贷危机的影响，若剔除这一影响因素，也将具有很强的一致性（详见图 4－2）。

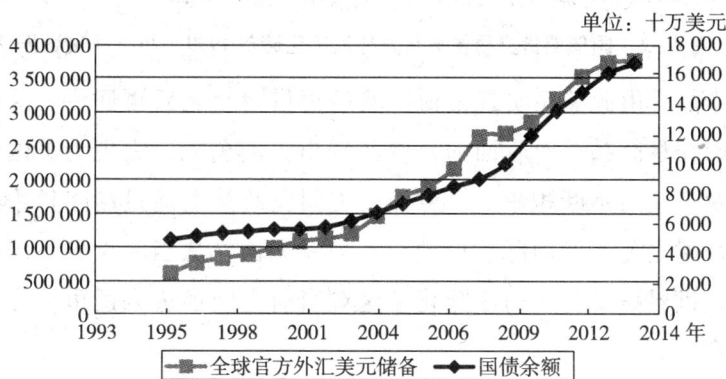

数据来源：根据美国经济分析局（BEA）、美联储数据整理。

图 4－1　美元国债余额与官方外汇美元储备 1995—2013 年度数据

二、美元全球流动的循环机制

美元全球循环分为两个历史阶段，第一阶段为贷出美元，然后输出商品再输入美元；第二阶段为输出金融资产而输入美元，同时输入商品。

（一）贷出美元，输出商品再输入美元阶段

布雷顿森林体系阶段，美国首先通过各种计划包括马歇尔计划和租借补偿条款等方式贷出美元，国外用其借入的美元购买包括机器设备在内的各种美

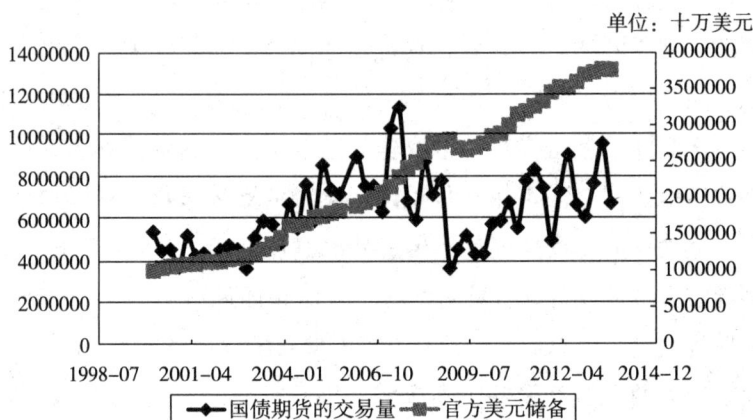

单位：十万美元

数据来源：根据美国经济分析局（BEA）、美联储数据整理。

图 4 - 2　国债期货交易量与官方外汇美元储备 1999—2013 季度数据

国生产的产品，由此美元实现回流，然后再借出，之后再回流。这种循环模式输出的媒介是商品，而收回的是曾经贷出去的美元，表现为美国经常项目的顺差以及债权的不断积累。一方面，美国在政策上通过国际货币体系的构建来强制性建立美元的国际货币地位；另一方面，从当时世界各国的经济实力上来说，世界需要美元的国际化。这对当前中国推进人民币国际化具有较好的借鉴意义。

（二）输出金融资产而输入美元，同时输入商品的阶段

这个阶段是 20 世纪 80 年代以来的持续状态。20 世纪 80 年代以后，随着世界经济产业格局的变化，以商品输出为核心的循环机制不能再持续。为了维持美元循环的持续进而坐享国际货币的好处，这种循环体制演变成了以金融资产为核心的循环流动机制。此时，其他国家通过贸易顺差积累美元，然后用其美元购买包括国债、股票等在内的各种美国金融资产；通过这种方式回流的美元又被用于购买商品，形成美元的流出；之后又回流，周而复始；最后，表现为美国经常项目和金融项目的持续逆差，以及对外债务的不断积累（详见图 4 - 3）。上述美元国际循环的两个阶段的特征差异参见表 4 - 1。

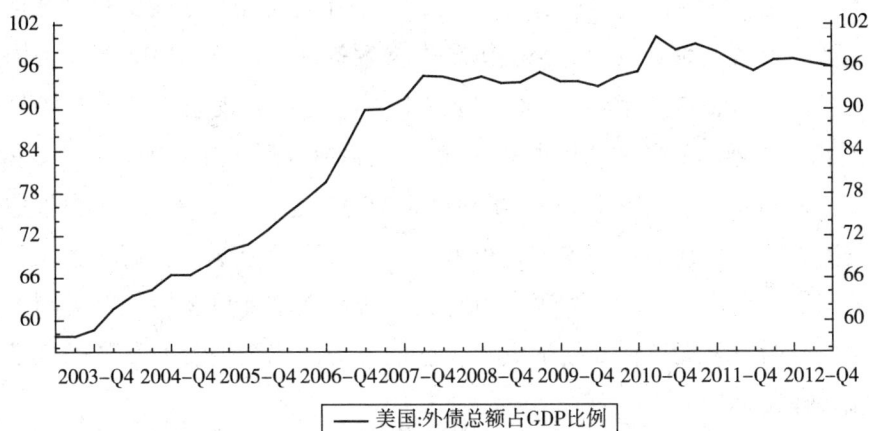

资料来源：WIND 资讯。

图 4 - 3　美国外债总额占 GDP 的比重

表 4 - 1　　　　　　　　美元国际循环的两个阶段性特征差异

	阶段 1 贷出美元，输出商品再输入美元	阶段 2 输出金融资产而输入美元，同时输入商品
循环核心载体	美国生产的商品	以美元债券为主的金融资产
美元流出方式	美国对外的贷款和援助等	美国居民和企业商品和服务的购买
美元回流方式	购买美国的产品和技术	购买美元资产
经常项目	持续顺差	持续逆差
金融项目	持续逆差	持续顺差
债务债权关系	债权的积累	债务的积累

在第二阶段，要保持美元的循环，其核心已经由商品的生产演变成了金融工具的创新。人们对于金融工具的投资，需要考虑流动性、收益性、风险性等特征，由此在众多工具中，需求量最大的标的物为国债也就不足为奇了。因为，美国国债是被认为金融工具中最安全的一种资产。国债发行量的多少一定程度上就反映了美元循环流量的大小。

美国的各类金融资产以及与其相应的活动也就代替了黄金成为美元国际本

位货币地位的实际支撑①。美元持有者的信心也不再寄希望于美国的黄金储备及其兑换的承诺，而是可以买到美国各类金融资产。1982—2013 年，美国经常项目的国际收支就开始了几乎长达三十年的持续大规模逆差，其间只有 1991 年出现了微弱的经常项目顺差②，而其金融项目则一直是顺差，且两者的规模都越来越大（详见图 4－4）。通过经常项目逆差输出的美元大部分被用来购买美国的国债和其他金融资产，也就是通过金融项目顺差再流回美国。这样，美国消费境外的产品和资源，同时美国滞留在境外以及境外对美国债券等金融资产的需求规模在不断地放大。这也为美国国债期货的发展提供了天然的优势环境。

单位：百万美元

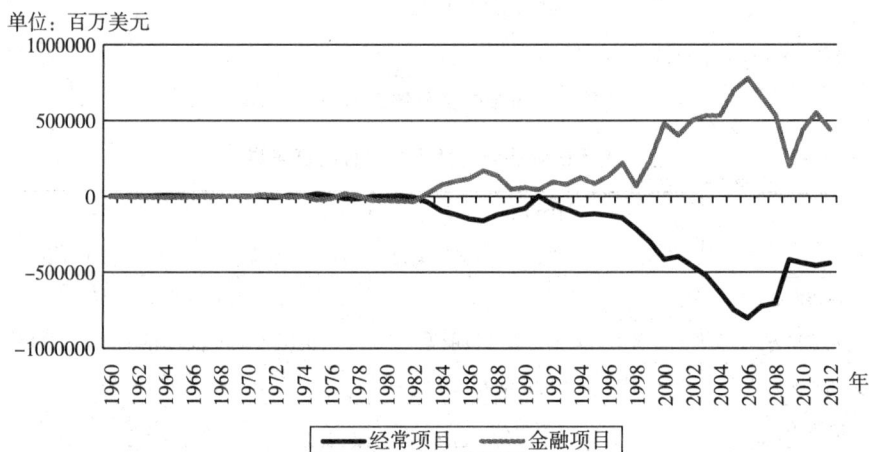

数据来源：美国国家经济分析局（BEA）网站（www. bea. gov）U. S. Economic Accounts

图 4－4　1960—2012 年美国国际收支平衡表

三、国债期货与美元国际地位的相互强化

一方面，美元国债期货与美国国债市场的相互发展促进了其他金融工具的创新——资产证券化，保证了国外美元回流时可提供与之相匹配的资产，从而

①　美国的各类金融资产以及与其相应的活动主要包括资产的证券化，评级和咨询服务业，各类担保机构及其相应的金融产品等。

②　1991 年的经常项目为 28. 97 亿美元，数据来源：国际货币基金组织（IMF）网站（www. imf. org/external/data. htm）International Financial Statistics（IFS）。

强化已经经历了去黄金化美元的信用，由此保障其国际地位不至于削弱；另外一方面，强势国际地位的美元形成国外对于美国金融资产的强大需求，从而又促进了包括美元国债在内的金融市场的发展。美元国债和美国国债期货市场与美元国际地位在相互作用中不断得到强化。

（一）美元国债期货发展的背景和历史作用

作为利率期货的一种，国债期货的本质无非是以国债作为载体、利率作为交易对象的一种金融期货产品。美国芝加哥商业交易所在 1976 年 1 月首先推出了第一张国债期货合约——90 天期美国国库券期货。随后，1977 年 8 月 22 日，美国长期国债期货合约在芝加哥期货交易所上市，这是国债期货发展历程上具有里程碑意义的重要事件。这一交易品种获得了空前的成功，成为当时世界上交易量最大的一个金融期货合约。

表 4 - 2　　　　　　　　　　美国国债期货合约发展进程

日期	交易所	合约名称
1976 年 1 月	CME	90 天短期国库券期货合约
1977 年 8 月	CBOT	长期国债期货合约
1979 年	CBOT	4～6 年期中期国债期货合约
1982 年	CBOT	10 年期国债期货合约

与初期的其他金融衍生产品类似，国债期货产生的根源依然是为了有效地规避风险，尤其是利率风险。国债期货的功能主要集中在两个方面：一是回避由于利率变动等因素带来的价格风险；二是价格发现，即为国债现货的正确定价提供参照。

就美国当时的情形而言，一方面，由于受"分业经营"的限制，各类机构投资者（主要是商业银行）被严格排除在股票投资等高风险投资渠道之外，不得不将其投资方向瞄准了具有确定利息收入、风险较小的证券身上，特别是政府公债及中短期国家债券，而随着这些机构所持国债资产数量的不断增加，其面临的因利率波动等原因带来的潜在风险也在逐渐增长。然而，在另一方面，自 20 世纪 70 年代开始，通货膨胀的加剧客观上就使得利率风险开始凸现，而同时美国相对欧洲经济而言实力有所下降，进而导致浮动汇率制度的普遍盛行，更使得市场利率变动的幅度和频率有加大的趋势。两者的叠加，就使得投资者本来面临的潜在利率风险显性化了，市场必然要求新的创新来实现利率风险的规避，美国国债期货也就恰逢其时，应运而生。如图4－5所示。

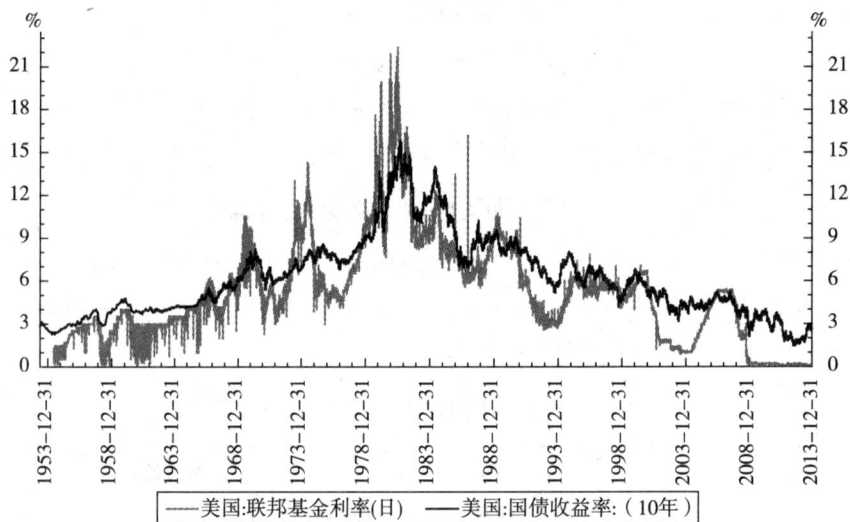

图4－5　美国联邦基准利率与美国国债收益率波动性

图4－5中显示了国债收益率和联邦基准利率相关性和波动性情况。在布雷顿森林体系期间的1945到1972年之间，美国国债收益率和联邦基准利率具有很强的相关性，其二者的波动性都处于比较小的区间。然而，进入70年代则出现了剧烈的波动，二者的相关性程度在减弱；特别是在1974年和1975年两年期间，美国利率变动幅度从7.00%到12.00%，两年间，利率变动次数达到44次，利率波动异常剧烈。之后，随着美国国债期货的推出和规模的壮大，二者都出现了下降的趋势，并且越来越趋于一致，尤其是波动性出现了明显的缓和。正因为国债期货可以规避利率风险，而利率风险又是近30年来美国宏观经济最突出的问题，所以从美国国债期货市场的发展历程来看，该类金融产品受到了市场投资者的强烈追捧，其市场成长性非常突出。以金融市场比较发达的国家为例，其国债期货都具备规模特性，具体详见表4－3。

表4-3　　　　　　　　世界主要期货交易所的国债期货合约

国别	合约名称	交易所
美国	长期美国政府公债、10年期国库券、5年期国库券、2年期国库券、3月期国库券	芝加哥期货交易所（CBOT） 芝加哥商业交易所（CME）
英国	长期金边债券、5年期金边债券	伦敦国际金融期货交易所（LIFFE）
法国	10年法国政府债券、90天国库券期货、4年期国债利率期货	巴黎期货交易所（MATIE）
德国	德国政府债券期货、欧元长期债券期货合约、欧元中期国债期货合约	德国期货交易所（DTB）
日本	10年、20年期政府债券	东京证券交易所（TSE）
加拿大	加拿大政府债券	蒙特利尔交易所
澳大利亚	10年期政府公债	悉尼期货交易所（SFE）

资料来源：华尔街日报。

（二）美元回流中金融资产的历史选择——国债

Hayek（1970）和Cooper（1986）认为在价值储藏功能方面，作为一种资产持有形式，一种货币国际地位的变化在很大程度上取决于这种货币的稳定性。从外国机构和个人投资者购买的金融资产类型来看，他们对于国债资产选择具有特别的偏好。以国外官方持有美国资产构成为例，美国国债占据了其大部分份额（详见图4-6）。

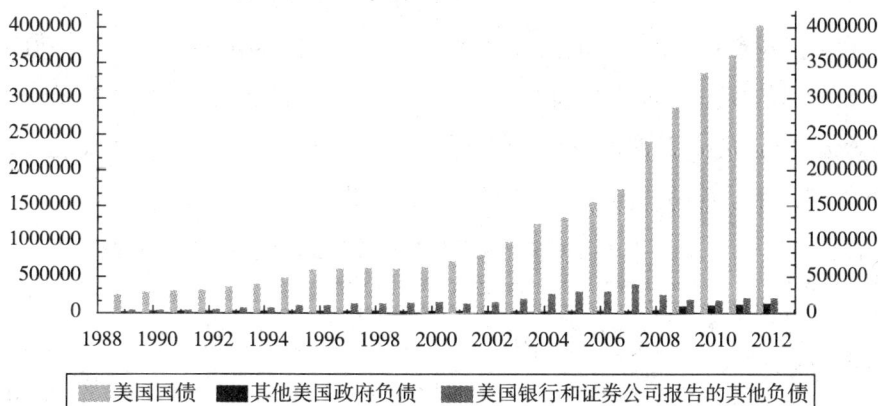

资料来源：WIND资讯。

图4-6　官方国外持有美国政府资产情况

而投资者对美国证券的买卖交易量数据显示，从20世纪70年代以来，外国投资者对于美国中长期国债的购买规模远远大于其对机构债券、企业债券、企业股票等资产的购买（详见图4-7）。这说明国债期货使得国债一方面以政府信用为担保的同时形成市场收益率曲线，成为了其他资产的"锚"资产而构成了外国机构、个人和官方储备资产的重要来源。

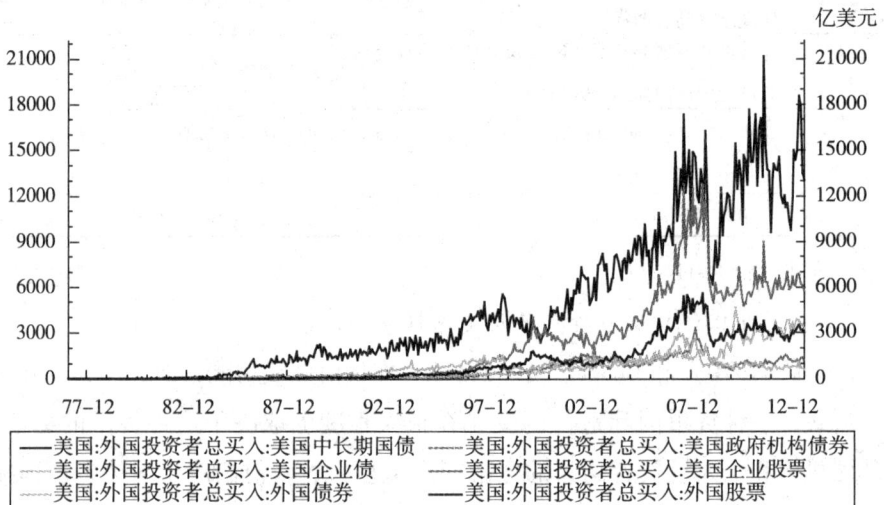

资料来源：WIND资讯。

图4-7　国外投资者买卖美国证券情况

在上述投资者中，中国是最典型的国家之一。表4-4中显示2002—2008年中国在美国的投资组合及其调整。期间，中国外汇储备从7327亿美元激增至18088亿美元。在各类资产中，长期国债比重虽然逐步降低，但其占比仍然高居50%左右（详见表4-5）。

表4-4　　　　　　　　中国持有的美国短期和长期资产①　　　　　单位：亿美元

年　份	2002-06	2003-06	2004-06	2005-06	2006-06	2007-06	2008-06
短期资产	127.4	35.2	181.6	397.1	171.6	230.4	302.8
	(7.02%)	(1.38%)	(5.33%)	(7.53%)	(2.46%)	(2.50%)	(2.51%)

---

① 本表格数据选取范围截至2008年，主要表达金融杠杆过大会导致金融危机。而2008年之后是对金融危机的处理，不在本文的论述范围之内，故不再进行描述。

续表

年 份	2002 - 06	2003 - 06	2004 - 06	2005 - 06	2006 - 06	2007 - 06	2008 - 06
国库券	12. 6	4. 9	50. 3	207. 2	81. 7	106. 9	131. 3
	(0. 69%)	(0. 19%)	(1. 48%)	(3. 93%)	(1. 17%)	(1. 16%)	(1. 09%)
机构债	112. 8	25. 3	128. 5	183. 5	84. 9	109. 8	167. 0
	(6. 22%)	(0. 99%)	(3. 77%)	(3. 48%)	(1. 21%)	(1. 19%)	(1. 39%)
公司债	2. 1	4. 9	2. 8	6. 4	5. 1	13. 7	4. 5
	(0. 12%)	(0. 19%)	(0. 08%)	(0. 12%)	(0. 07%)	(0. 15%)	(0. 04%)
长期资产	1687. 4	2519. 8	3228. 0	4875. 6	6817. 6	8990. 2	11748. 0
	(92. 98%)	(98. 62%)	(94. 67%)	(92. 47%)	(97. 54%)	(97. 50%)	(97. 5%)
国债	952. 0	1466. 3	1891. 8	2770. 9	3640. 6	4665. 4	5219. 1
	(52. 46%)	(57. 39%)	(55. 48%)	(52. 55%)	(52. 09%)	(50. 60%)	(43. 3%)
机构债	586. 1	911. 5	1149. 0	1720. 0	2553. 9	3763. 3	5270. 5
	(32. 30%)	(35. 68%)	(33. 70%)	(32. 62%)	(36. 54%)	(40. 81%)	(43. 74%)
公司债	109. 0	123. 0	162. 0	359. 3	584. 9	276. 3	262. 9
	(6. 01%)	(4. 81%)	(4. 75%)	(6. 81%)	(8. 37%)	(3. 00%)	(2. 18%)
股本	40. 3	19. 0	25. 2	25. 4	38. 2	285. 2	995. 5
	(2. 22%)	(0. 74%)	(0. 74%)	(0. 48%)	(0. 55%)	(3. 09%)	(8. 26%)
合计	1814. 8	2555. 0	3409. 7	5272. 8	6989. 3	9220. 5	12050. 8
	(100. 00%)	(100. 00%)	(100. 0%)	(100. 00%)	(100. 00%)	(100. 00%)	(100. 0%)

注：括号内为占总持有资产的比重。

资料来源：ECIE 数据库。

表4-5　　　　　美国证券交易商和经纪商总资产、总负债与杠杆率

单位：十亿美元

年份	总资产	资产增长率（%）	总负债	负债增长率（%）	本金	杠杆率（倍）
1970	16. 2	5. 19	15. 5	6. 16	0. 7	23. 14
1980	45. 4	38. 84	39. 1	37. 19	6. 3	7. 21
1990	262. 1	10. 78	239. 2	12. 20	22. 9	11. 45
1995	568. 1	24. 94	541. 8	26. 26	26. 3	21. 60
2000	1221. 4	22. 02	1185. 3	23. 40	36. 1	33. 83
2005	2127. 1	15. 30	2052. 6	15. 46	74. 5	28. 55
2006	2741. 7	28. 89	2669. 1	30. 04	72. 6	37. 76
2007	3092. 0	12. 78	3025. 9	13. 37	66. 1	46. 78
2008	2217. 2	- 28. 29	2165. 9	- 28. 42	51. 3	43. 22

数据来源：1969—2008 年美联储资金流量表。

四、国债期货、经济杠杆化与金融危机

国债期货的发展加剧了资本化，给经济、金融市场带来的另一个重要变化是杠杆化的泛化。杠杆化经营并不是一个新事物，从本质上说，早期的银行和钱庄都是依靠杠杆化经营来赚取利润的，那时的商业银行来自中间服务的收入还较少，其利润来源主要依靠存贷款利差。巴塞尔协议所规定的商业银行自有资本比率不低于8%，实际上就规定了商业银行可以用8单位的自有资金支配100单位的资金，杠杆比率为12.5倍。随着金融自由化和大量金融衍生产品的出现，杠杆化成为金融市场盈利的通常手段，并且杠杆率也越来越高。2004年，美国证监会取消了投资银行15倍杠杆比率的限制，投资银行可以根据自己的风险模型对其衍生产品进行估值，从而打破了杠杆比率的限制。2007年次贷危机爆发后，有关资料显示，美国的五大投资银行如果将其表外业务也计算在内，其杠杆比率最高的达到80多倍。对于历史悠久的期货和期权市场所实行的保证金和准备金制度，事实上也是一种杠杆化操作。而且，在今天的大多数情况下，期货市场的标的物并不需要真正交割，这也是为什么2008年底全球金融衍生产品的名义价值达到680多万亿美元，10多倍于当年全球国民生产总值的根本原因，绝大部分金融衍生产品最后并不需要真正的交割。正是以各类证券、金融衍生品和房地产等为重要载体的虚拟经济的蓬勃发展使杠杆化有了广阔的成长空间，并成为经济生活的常态。杠杆化的本质就是用少量资金撬动比自身大得多的资金。只是随着货币的彻底虚拟化和大量金融创新的出现，杠杆化才成为社会生活的常态。对于企业来说，杠杆化经营一方面提高了其利润率，另一方面也将可能的风险损失放大。因为，无论是企业的盈利还是损失都是根据企业的自有资本进行计算的，即盈利或损失由企业的自有资本来获得或承担。这种交易模式最大的风险在于，在发生损失的情况下，甚至是企业因评级机构的信用评级下调而发生资产减记，企业很容易被拖入资不抵债的破产境地。因此，杠杆化是一把双刃剑，一方面，杠杆化增加了企业的资金运营总量，活跃了市场，可以说，如果没有杠杆化，就不会有今天的期货和期权市场；另一方面，杠杆化也加大了整个经济系统的风险，由于虚拟经济系统内部以及虚拟经济系统与实体经济系统之间存在着各种各样的债权债务关系，虚拟经济领域的杠杆

化往往将风险传递给整个经济。

在风险对冲工具被广泛应用、个别风险不停顿的转移过程中，每一种金融工具、每一家金融机构为了逐利大量使用金融杠杆，收入放大的同时，风险也在放大。传统的交易杠杆率还不是金融杠杆的全部，它带来的风险也还是系统风险的一个较小的部分。问题在于的资本化的金融杠杆率，这个杠杆率决定着可以将收入流放大为金融资产的倍数。此外，资本化杠杆率也是金融创新活动中一个至关重要的机制。金融创新最主要的功能就是创造资产。当一笔收入被放大为十几倍、几十倍的资产的时候，金融创新还可以再次创造出资产。

美国证券交易商和经纪商的自有资金与资产形成的金融杠杆反映了这个杠杆率在新世纪处于持续上升的态势（详见表 4 - 6）。特别是 1999 年克林顿政府彻底废除了《格拉斯—斯蒂格尔法》以后，混业经营重新开启，银行与证券业的所有限制均被取消。证券业金融杠杆率的迅速提高，显然是银行业大规模参与证券业的证据之一。在混业状况下，券商的风险增大，意味着带给银行业的风险也在增大。

表 4 - 6　　　　　美国 GDP、金融资产市值与宏观资本化杠杆率　单位：十亿美元

年份	GDP	金融资产总值	债券余额	股票市值	其他金融资产	宏观资本化杠杆率（倍）
1950	293.7	1298.7	40.9	142.7	1115.1	4.4
1960	526.4	2376.6	91.8	420.3	1864.5	4.5
1970	1038.3	4761.0	204.3	831.2	3725.5	4.6
1980	2788.1	13886.1	502.1	1494.9	11889.1	5.0
1990	5800.5	35843.8	1732.8	3531.3	30579.7	6.2
1995	7414.7	53484.2	2929	8481.3	42073.9	7.2
2000	9951.5	89868.0	4827.2	17571.2	67469.6	9.0
2005	12638.4	123106.3	8694.6	20636.1	93775.6	9.7
2006	13398.9	137412.8	9982.2	24339.3	103091.3	10.3
2007	14061.8	149379.0	11426.1	25576.5	112376.4	10.6
2008	14369.1	141512.3	11158.8	15780.8	114572.7	9.8
2009	14119	145317.0	11482.1	20227.6	113607.3	10.3

数据来源：根据美国经济分析局（BEA）、美联储数据整理。

与此同时，杠杆的叠加使得宏观杠杆不断地放大。20 世纪 50—80 年代以前，宏观资本化杠杆率在 5 倍以下，具体详见表 4 - 6 所示。80 年代证券化之后开始攀升，90 年代加速，从 1990 年的 6 倍增到 2000 年的 9 倍多，2000 年后这个趋势还在继续，2007 年最高，达到了近 11 倍的水平。宏观资本化杠杆率的上升趋势与美国经济虚拟化加速发展完全同步。它见证了美国资产膨胀的历程，佐证了美国复合金融杠杆率的提高，也就证实了系统风险的增大与金融杠杆率提高之间的密切关系。

综上所述，一方面，国债期货的发展保证了国外美元回流时可提供与之相匹配的资产，从而强化已经经历了去黄金化美元的信用，由此保障其国际地位不至于削弱；另外一方面，强势国际地位的美元又促进了美元国债市场的发展。国债和国债期货市场与美元国际地位在相互作用中不断得到强化。这便是美元国债期货发展的经验，但是教训也尤为惨重。美元国债期货的发展促进了相关金融资产的杠杠化，加速了虚拟经济的发展。但是，这引发了实体经济与虚拟经济非均衡性的增长，特别是后者以加速度的方式来进行财富的积累，导致虚拟经济与实体经济的失衡，并且在个别风险逐步的系统化过程中导致了金融危机。

我国开展国债期货交易的历程与现状

一、我国国债期货的发展历程

（一）我国国债期货试点

1. 国债期货产生的背景。国债期货交易进入中国，有着特殊的背景：

（1）中国于 1981 年恢复发行国债，但在相当长的时间内，国债是不允许转让买卖的，直到 1988 年才开始国债买卖的试点。到 90 年代，借助于交易所股票交易网络系统，可以方便地买卖国债，国债二级市场才开始真正形成。但二级市场的交易量一直很小，而一级市场的发行又屡屡陷入困境，一再重复行政摊派的强行分配方式。这一方面是因为 1992 年房地产、股票市场异常火爆，资金大量流入这两个市场，很少有人光顾国债，使得国库券的发行极其困难。1993年，虽然房地产和股票市场有所降温，但由于国债流通困难，二级市场交易不活跃，导致国债发行不顺利，发行价跌破面值。因此，为了放开和活跃国债二级市场及促进国债的发行，二级市场除了国债现货市场、国债回购市场等开始运行以外，国债期货也应运而生。

（2）1992 年底至 1993 年初，股市持续火爆，其原因也包括供需差额较大，缺乏其他投资渠道等。为了改变这种局面，缓解股市矛盾，抑制股市投机，开辟新的金融市场已十分必要。

（3）1993年底，人民银行总行的一份改革计划获得国务院的批准，人民银行将成为真正的中央银行，制定和执行货币政策，实施宏观调控。其中通过在金融市场上吞吐各种有价证券来投放和回笼基础货币，控制货币供应量、稳定币值的公开市场业务也将发挥作用。建立国债期货交易，为中央银行公开市场业务的开展创造了必要的条件，使中央银行的公开市场业务得以正常操作，并为众多的国债现券的持有者提供一个规避风险的手段。

2. 国债期货产生的动因。

（1）建立高效率低成本的国债一级市场以满足国家筹集长期经济建设资金的需要。

（2）促进资金市场的建设与发展。国债市场是整个资金市场的一部分，鉴于中央银行宏观经济调控将越来越倾向于货币市场的公开操作，国债市场的意义不仅局限于对政府财政的作用，国债交易的活跃还将有助于确定资金的价格和利率的市场化，从而促进资本市场的发展。

（3）建立具有高效流动性的国债二级市场。

（4）增加投资者的投资渠道。

（二）国债期货交易发展的概况

中国国债期货市场基本上可划分为三个阶段：即1992年12月至1994年上半年，1994年下半年至1995年5月，2013年9月至今。

1. 萌芽发展阶段。第一阶段开办国债期货的交易场所少（主要是上海证券交易所和北京商品交易所），成交量不大，影响小，属于萌芽和发展阶段。

国债期货交易首先是上海证券交易所于1992年12月28日推出的，当时设计并试行了12个品种的期货合约，由于种种原因，交易十分清淡。1993年10月25日，上交所重新设计了国债期货合约的品种和交易机制，市场才得到逐步发展。全国其他许多交易所也纷纷开办国债期货业务，开办的场所共14家：上海、深圳证券交易所，武汉、天津证券交易中心，北京、广州、海口、四川、深圳、沈阳、重庆、大连、长春、郑州商品交易所，交易十分火爆。1994年成交额为：上海2万多亿元，北商3800多亿元，武汉2400多亿元，广州1300多亿元,海口400多亿元,深圳300多亿元。到1995年5月17日关闭国债期货时,各市场持仓量为:上海71万手,深圳68万手,武汉20多万手,北商不到10万手,其他市场更少。

第一阶段的国债期货试点有如下特征:

(1)机构和专业投资者在交易中占主导地位。在5月17日关闭时,深沪交易所中参与国债期货交易的账户只有6000多户,其中极少数中、大客户占着绝大部分的持仓量。相比于股票市场上成千上万的投资者及较分散的持股结构而言,这种以机构投资者和专业投资者占主导地位的市场更容易操纵。造成这种状况的主要原因是由于国债期货本身的高风险性及较强的专业性限制了中小投资者对国债期货市场的参与,由于国债期货开设的时间较短,许多投资者还没有充分的时间来认识和熟悉这个市场。

(2)国债期货完全以现货品种来分别设计对应的期货品种,保值债券的期货品种远比非保值债券对应品种活跃,市场行情波动大。本来属于利率期货的国债期货转而成了保值贴补期货。由于对通货膨胀的预期不一,且对保值贴补率计算方法认识上的分歧,导致投资者对市场价格产生较大的分歧。而国家每一次公布贴补率或通货膨胀的数据,又是对市场投资者认识偏差的一次重新调整。这就使国债期货炒作的题材丰富,炒作空间大,容易造成市场的大幅波动。

(3)非理性的情绪化气氛较浓,投机气氛较强。由于通过对未来宏观经济运行的把握来预测通货膨胀率,进而推算保值贴补率,而保值贴补率与通货膨胀率的关系在计算上较为复杂,而且各种相关数据又是保密的。同时,国债期货的价格与现货价格及市场上的资金收益率有关。因此,实际上很大一部分市场人士对国债期货的价格测算和预期是有错误的,更有一部分投资者是凭感觉和所谓的技术来操作的,合理性预期的成分极小,投机气氛较浓,同时期货价格形成的复杂机制所造成的认识上的偏差或预期的模糊性也为投机盛行创造了条件。市场投机性主要表现在价格的大起大落、主力机构间的重兵对垒和经常性的违规事件。

2.快速发展阶段。第二阶段开办国债期货的交易所遍及全国,成交量成倍放大,投机风气日盛,在全国影响日益增强,参与交易的机构和个人日益增多,国债期货交易进入了大规模发展阶段,最终基本上形成了上海、深圳、武汉三足鼎立的状态。直到 1995 年 5 月 17 日，中国证监会发布《关于暂停国债期货交易试点的紧急通知》，为曾经火爆一时的中国国债期货市场画上了一个句号。

导致暂停国债期货试点的直接原因是"327"事件及随后的"319"事件，其中以"327"事件影响最大，具体详见第八章相关内容。

3. 规范发展阶段。第三阶段为 18 年后国债重启至今，为审慎、规范发展阶段。

2013 年 8 月 30 日，中金所以风险防范为核心，发布《5 年期国债期货合约》及相关规则，通过涨跌停板、保证金、最小交割数量、持仓限额等规定，提高国债期货交易门槛，防止风险承受能力较差的投资者持仓进入交割月份，从而有助于风险的控制，从此我国国债期货进入规范、健康发展的轨道。

二、我国国债期货市场的运行机制

（一）涨跌停板制度

在"327"事件中，由于没有设定单日最大涨跌幅限制，国债期货价格单日跌幅超过 4%，加剧了国债期货的市场风险。中金所国债期货合约则规定了单日期价的最大波幅为上一交易日结算价的 ±2%。这一规定降低了投资风险，可以抑制市场的过度反应，有助于降低面临价格不利变动的交易者的信用风险，同时在一定程度上也防范了恶意违规操作行为的出现。

芝加哥商业交易所为有效控制风险曾长期对中期和长期国债期货品种设有涨跌停板制度，后于 2002 年取消。目前国际上，参与者一般都以机构投资者为主，普遍没有设立涨跌停板制度。从历史经验看，在市场发育初期设立涨跌停板能够有效地维护市场的健康正常运作，等到市场成熟以后再撤销涨跌停板。

（二）保证金制度

鉴于"327"事件，中金所规定了更严格的交易保证金制度。中金所国债期货仿真合约保证金比例为 2%，并随着交割日临近，保证金比例逐步提高，可高达 5%，以降低交割月合约持仓量，保障国债期货的安全平稳运行。和国际上各交易所相比，这个保证金水平比目前境外国债期货的保证金水平都高。

而保证金标准的提高带来的负面影响也显而易见，那就是造成了投资者资金利用效率下降，收益率降低，最终导致国债期货合约活跃程度较低。

保证金水平的设定实际上是风险控制效果和交易成本二者之间的权衡。从我国实际情况看，控制风险是第一位的。在风险得到有效控制的前提下，将来可以考虑选择适当的基于波动率的保证金模型，以利于降低投资者成本、活跃市场。

（三）持仓限额制度

"327"事件发生时，交易所并没有实行持仓限制，而从国债期货仿真交易起明确实行了持仓限额制度。为确保国债期货的平稳起步，设定5年期国债期货合约的持仓限额为1000手、500手、100手。本项制度意在严控交割月的待交割现券数量。因为，虽然市场上4~7年期限可供交割国债的绝对数量并不少，但由于持有者主要为银行、保险等配置型机构持有近70%，考虑实际流动性，交易所还是制定了比较谨慎的持仓限额。

（四）最低交割标准

为减小交割违约风险，中金所增加最小交割数量为10手的规定。考虑到国债期货合约标的为面值100万元的名义中期国债，最低交割数量10手就是要在市场上收价值1000万的现券，这对普通投资者具有较大难度，从而提高了国债期货的交易门槛。

三、我国国债期货市场的现状

2013年9月6日9时15分，国债期货在中国金融期货交易所重新上市交易，其中2013年12月合约（TF1312）为94.168元，2014年3月合约（TF1403）的挂盘基准价为94.188元，2014年6月合约（TF1406）的挂盘基准价为94.218元。国债期货上市首日市场总体运行平稳，并没有出现投资者担忧的暴涨暴跌现象。

国债期货自9月6日上市后，走势与现货市场基本保持一致，月初价格呈高开低走之态势，受国债收益率上升的影响，价格连续三个交易日下跌，交易比较低迷，至9月12日国债期货价格企稳反弹。9月下半月，随着国债收益率的下降，国债期货价格有所上涨，但上涨幅度有限。国债期货于上市的首月不断地在高开和低开之间徘徊。

2013年10月由于资金面的骤然收紧和一级市场的供给压力，国债收益率大幅攀升，现券卖出报价全线反弹，国债期货价格下滑。10月底，国债期货价格走势小幅反弹，但由于11月初一级市场供给增多，国债期货成交量趋势与价格趋势成反比，价格持续下滑。

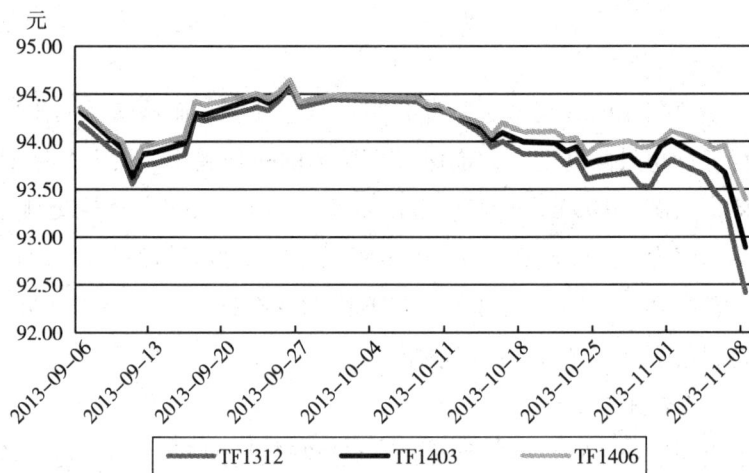

资料来源：WIND 资讯。

图 5-1　5 年期国债合约价格走势

由于上市以来国债期货市场的获利空间很小，国债期货交易比较低迷，价格波动幅度比较小，且大部分时间是在高开和低开之间波动，投资者将资金投向获利高的金融产品，进一步导致了国债期货成交量的低迷。

从交易情况来看，国债期货首秀表现惊艳，上市当日三个合约总成交36635手，总持仓量2959手，总成交额345亿元。其中，主力合约TF1312成交34248手，持仓量2625手，成交额323亿元，各项指标均占到综合月的90%以上。9月份国债期货日成交量波动较大，持仓则显得相对稳定。从上市后第二周起国债期货成交量萎缩，至9月中旬随着一级市场的意外回暖及股指的疲弱走势带动了期货市场走高，主力合约TF1312成交量达到上市以来最高点22275手。截至10月底，主力合约TF1312只有4个交易日即9月6日、9日、17日、18日成交量超过1万手，10月31日只有2171手，这其中的原因在于银行和保险等机构仍没有参与到市场中。

图 5-2 5年期国债和7年期国债收益率走势

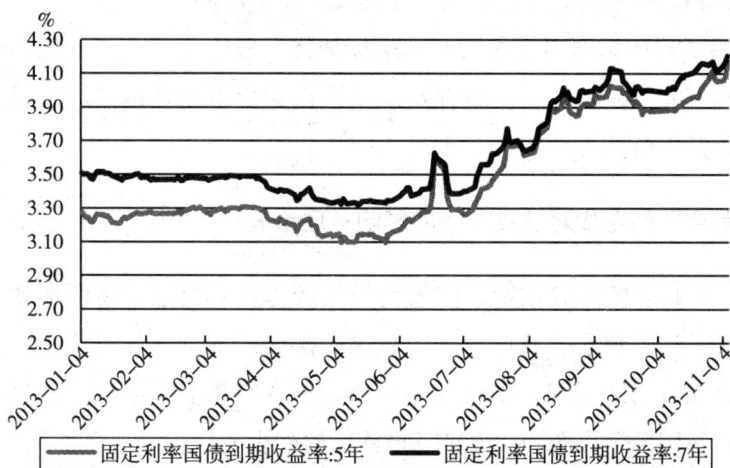

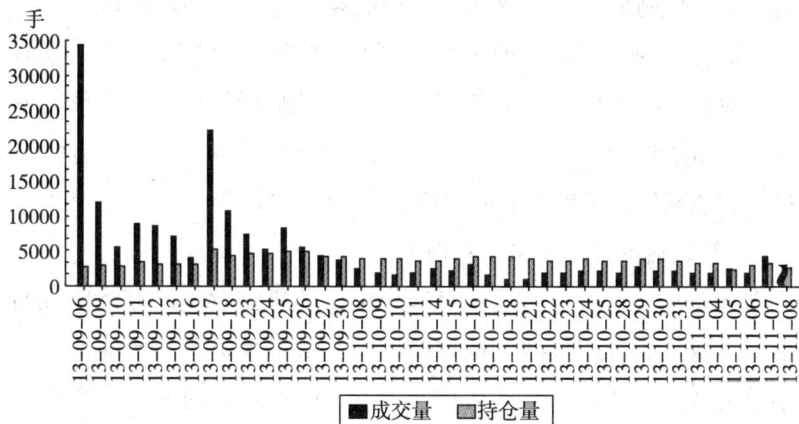

资料来源：WIND 资讯。

图 5-2 5年期国债和7年期国债收益率走势

图 5-3 主力合约TF1312成交量和持仓量走势

资料来源：WIND 资讯。

图 5-3 主力合约 TF1312 成交量和持仓量走势

目前，监管层为了防范金融风险的发生，暂时未对银行和保险两大金融机构开放这一业务，参与者主要是散户、私募、部分券商等现货持有量较少者。除了大机构缺位之外，交易成本较高也导致了市场流动性不高。由于国债期货市场获利性不好，流动性不佳，甚至现券交易也不活跃，所谓的对冲、套期保值和期现套利并不能真正实施，这可能需要一定的时间。

18 年后重启的国债期货并没有如市场期待一般成为焦点，低迷的成交量和持仓量以及不断下跌的合约价格都预示了国债期货市场在试点成功以后仍然需要进一步放开、搞活。

四、重启国债期货对现货市场的影响：理论分析

作为一项重要的金融创新，国债期货的推出会对金融市场产生什么样的影响成为市场关注的焦点。我们研究了美国、德国以及日本等主要国家推出国债期货之后金融市场的表现，结合我国股票和债券市场的实际情况，分析了重启国债期货对我国股票市场和债券市场可能产生的影响。

我们的主要结论是：（1）从重启国债对股票市场的影响来看。重启国债期货不会造成股票市场资金的明显分流，对股票市场的影响较小。长期来看，会在一定程度上促进股票市场的发展。（2）从重启国债期货对国债收益率的影响来看。由于做空机制的引入，短期内国债收益率会承受一定的压力，表现为国债收益率可能会出现一定程度的上升，但上升幅度非常有限。长期来看，国债期货的推出对国债收益率的影响有限。（3）从重启国债期货对国债现货市场的影响来看。国债期货的重启一方面会改善国债现货一级市场的发行效率，另一方面会提高国债现货二级市场的流动性。

（一）重启国债期货对股票市场的影响研究

1. 国外市场的历史经验。通过对国外市场的研究发现，国债期货的推出对股票市场的影响是非常有限的。在短时期内，由于投资者情绪的波动，可能会造成股票市场短期的波动。但是从长期来看，国债期货的推出不会改变各国股票市场的长期走势。

表 5-1 梳理了世界主要国家和地区首批国债期货品种推出后股票市场的表现。由表 5-1 可以发现，国债期货推出之后 20 个交易日内，各国股市涨跌互现。与国债期货推出之前的 20 个交易日内股票市场的表现相比，国债期货的推出没有改变美国、德国的股票市场走势；而日本和韩国的股票市场则出现了明显的下跌。国债期货推出前后 40 个交易日内的表现也非常类似。从较长时间来看（国债期货推出前后 120 个交易日），我们没有发现各国股票市场表现出明显

的趋势变化。

表 5 – 1　　　国债期货品种推出前后 120 个交易日内股票市场涨跌情况

国债期货	美国 91 天	美国 30 年	德国长期	日本 10 年	韩国 3 年
推出时间	1976. 1	1977. 8	1990. 11	1985. 10	1999. 9
相应股市	标普 500	标普 500	DAX 指数	日经指数	KOSPI 指数
T – 120	– 1. 15%	– 2. 93%	– 26. 52%	4. 75%	36. 91%
T – 100	8. 08%	– 1. 94%	– 29. 78%	1. 97%	16. 66%
T – 80	10. 78%	– 0. 17%	– 27. 61%	0. 87%	24. 42%
T – 60	5. 52%	1. 04%	– 10. 40%	1. 89%	6. 72%
T – 40	4. 26%	– 2. 89%	6. 83%	2. 44%	– 1. 30%
T – 20	7. 17%	– 3. 13%	– 0. 96%	3. 52%	8. 79%
T	0. 00%	0. 00%	0. 00%	0. 00%	0. 00%
T + 20	8. 18%	– 1. 94%	– 4. 62%	3. 19%	– 9. 45%
T + 40	6. 90%	– 4. 43%	– 7. 29%	0. 81%	1. 74%
T + 60	9. 88%	– 1. 90%	5. 54%	– 0. 77%	6. 87%
T + 80	9. 19%	– 3. 84%	2. 44%	2. 55%	– 0. 17%
T + 100	6. 25%	– 8. 28%	5. 97%	13. 28%	0. 06%
T + 120	10. 89%	– 7. 88%	11. 42%	21. 00%	– 10. 29%

2. 重启国债期货对股票市场影响的理论分析。

（1）重启国债期货不会改变股票市场和国债市场的内在差别。国债和股票是金融市场两大基础品种，这两个市场有关联但相对独立，在风险属性、运行方式和投资者群体等方面存在固有差异。

第一，国债市场波动性较小，风险较低，而股票市场波动性较大，风险较高。比较上证指数与银行间债券市场 5 年期国债在 2006 年 1 月至 2012 年 6 月的数据，可以发现，上证指数日均波动率为 1. 35，5 年期国债日均波动率为 0. 11，股票市场日均波动率为国债的 12. 3 倍。

第二，国债市场以机构投资者为主，而股票市场散户比例相对较高。价格波动较小的国债市场，主要吸引低风险偏好投资者，参与主体为商业银行、保险公司等机构投资者，以进行资产配置为主要目的。价格波动较大的股票市场，主要吸引高风险偏好投资者，投资者类型更多样，散户比例较高。

国债期货直接服务于国债现货市场。国债期货的上市，属于债券市场体系完善的重要内容，不会改变债市与股市之间内在的显著差别，因此，不会对股市产生直接冲击。

（2）重启国债期货不会大量分流股市资金。有一些投资者担心，国债期货的重启会分流大量股市资金。事实上，由于股票市场与债券市场是两个不同市场，投资者具有不同的风险偏好，资金通常不会从风险属性不同的市场大幅跨越，股市投资者一般不会因为有了国债期货而离开股市。因此，国债期货上市不会引发股市投资者向期市的大规模转移，不会引起股市资金向债券市场的严重分流。这一点在其他国家和地区推出国债期货之后，股票市场交易量的变化中也得到了验证。

另一方面，由于历史上发生 国债"327"事件的不良影响和中央对防范系统性金融风险的要求，我们预计在我国国债期货推出初期，必将受到严格的监管：一是市场初期的严格监管，将采取提高保证金、降低限仓额度、有序引导各类金融机构逐步参与等办法，控制市场规模和发展速度。二是国债期货专业性较强、技术门槛较高、波动幅度较小，个人投资者关注度不高，机构投资者将成为市场参与主体，以对冲利率风险、实现套期保值为主要交易目的。从境外成熟国债期货市场发展历程来看，国债期货市场不会吸引大量投机者，不会引发股市资金外流。

最后，从与股市的密切关系来看，股指期货相比国债期货与股市关系更加密切。但股指期货的上市没有分流股市资金，国债期货的上市更加没有理由引发股市资金外流。

（3）本质上对股市发展是长期利好。从长期来看，国债期货的上市有助于促进股市创新，实现健康稳定发展。

第一，国债期货的上市，有助于提高市场利率风险管理水平，提升包括股市在内的整个金融市场的吸引力。股市投资者也面临着利率风险，存在利率风险管理需求。随着国债期货的上市，保险公司、养老金等更多机构投资者的股市参与环境将进一步改善，参与更安全、投资更放心，有助于加速机构入市步伐，增加股市资金供给，促进股市健康发展。

第二，国债期货是债市基础创新品种，有助于推动债市、股市等整个市场的金融创新进程。当前，资本市场创新呼声较高。国债期货与股指期货一样，也是基础性产品，有助于机构投资者加快创新步伐，探索推出更多种类、更丰富收益特征、更具个性化的理财产品，满足投资者需求，推进市场发展。

3. 重启国债期货对我国股票市场影响。基于上述分析，我们认为，重启国债期货无论是从资金分流还是股价波动方面都不会对股票市场造成明显的冲击。但是不排除短期内，由于投资者情绪的变化，股票市场出现一定的波动，即使上述情况出现，我们认为其波动的程度会非常有限，且其持续时间不会较长。

（二）重启国债期货对国债收益率的影响分析

国债期货是以国债现货为标的的期货合约，而国债收益率又是整个债券市场定价的基础。因此，要分析国债期货对债券市场的影响，首先需要研究国债期货的推出对国债收益率的影响。

1. 国外推出国债期货对国债收益率的影响。在这一部分，我们分别研究了美国、德国和日本推出国债期货之后国债收益率的走势情况。三个国家的国债期货市场起步较早，发展也最成熟，同时日本推出国债期货的市场环境和当前我国的市场环境十分类似，因此具有很强的借鉴意义。

（1）美国。美国是国债期货的发源地。20 世纪 70 年代，由于受布雷顿森林体系的解体和石油危机的影响，西方各国经济发展十分不稳定，为了治理国内经济和稳定汇率，西方各国纷纷推行金融自由化政策，导致了利率波动日益频繁且剧烈，市场对相应资产的保值和规避风险的需求日趋强烈，迫切需要一种便利有效的利率风险管理工具。在此背景下，1976 年 1 月，美国芝加哥商品交易所推出了 91 天的国库券期货，此后美国又推出了多只不同期限的国债期货合约。总体上看，91 天国库券、30 年期、10 年期和 5 年期国债期货是最具代表性的国债期货品种。

图 5－4 和图 5－5 描绘了美国国债利率走势与国债期货推出时点的关系。

长期来看，国债期货的推出并没有给债券市场走势带来方向性的变化。91 天国库券期货和 5 年期国债期货推出之后，美国债券市场延续了震荡的态势；30 年国债期货推出之后，国债收益率依然维持了上升趋势；10 年期国债的推出也没有改变国债利率的下行趋势。

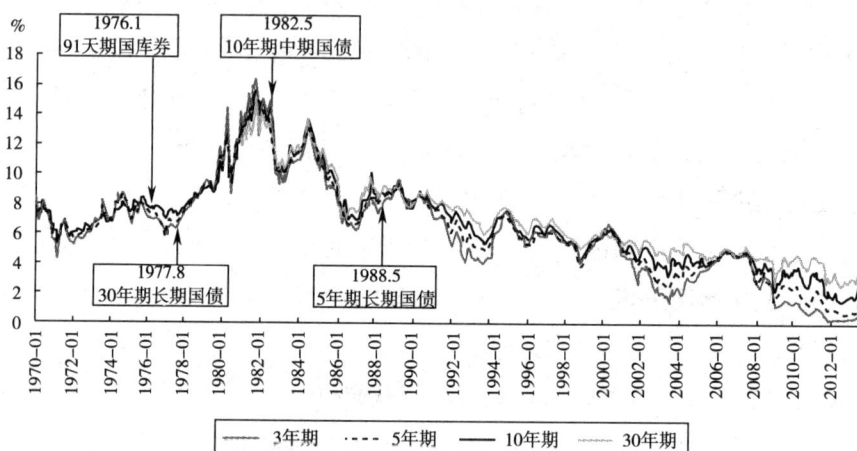

图 5 - 4　美国国债利率走势与国债期货推出时间点

短期来看，美国国债期货推出后的 1 ~ 2 个月国债利率都会出现小幅上涨（利率涨幅约为 0.5%），随后基本维持原来的走势。

总之，美国的数据显示，国债期货的推出不会改变债券现货市场的中长期走势，短期内由于做空机制的出现，债券价格会略有承压，利率或有所上升。

国债期货有望帮助减小现货价格的无谓波动，这主要是由于，在没有国债期货的情况下，预期利率上升只能抛售国债，在流动性不佳的情况下价格容易反应过度；而存在国债期货后，可以通过国债期货市场对冲利率风险，有望减小现货价格的无谓波动。

但是值得注意的是，假如国债期货市场本身流动性不足而容易被操纵，将反而容易加大现货市场的波动程度。因此，期货和现货两个市场的流动性将是关键，只有两个市场的流动性都得到保证，才能使得价格更加有效。

从流动性方面考虑，国债期货成交量和现货成交量趋势是相同的。一方面，现货市场的流动性为期货市场的发展提供保证；另一方面，通过期货市场的价格发现功能可以进一步推动国债现货市场的流动性。

（2）日本。1985 年，日本议会修改了证券交易的相关法律，解除了对金融衍生品的限制，同时为了配合利率市场化、金融自由化和国债现货市场的发展，东京证券交易所（TSE）于当年 10 月 19 日正式推出了日本第一个场内金融衍生

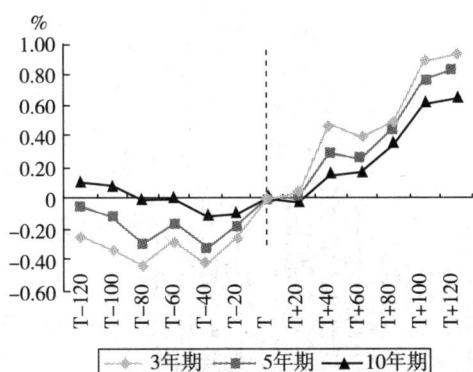

图 5 - 5.1　91 天国库券期货推出前后国债利率　图 5 - 5.2　30 年国债期货推出前后国债利率

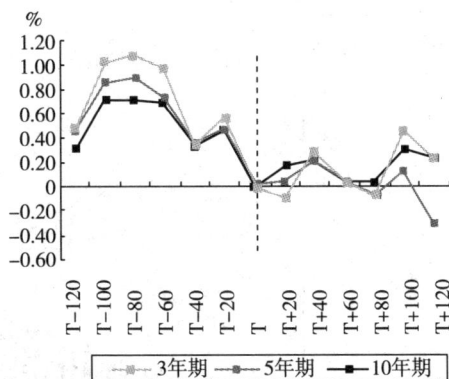

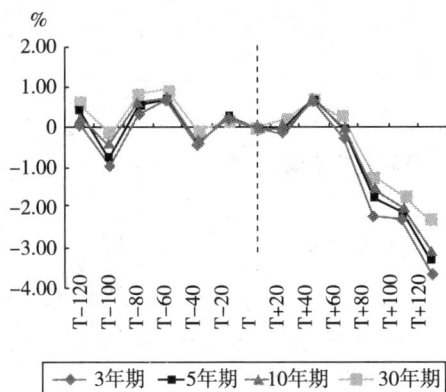

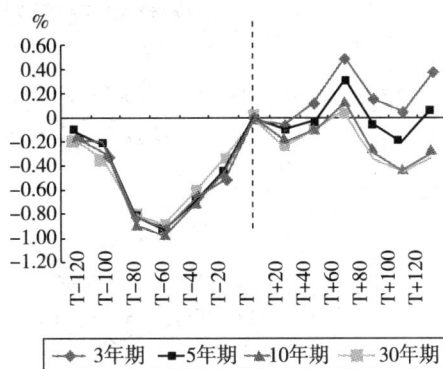

图 5 - 5.3　10 年国债期货推出前后国债利率　图 5 - 5.4　5 年国债期货推出前后国债利率

图 5 - 5　美国国债期货推出前后国债利率的走势

品合约——10 年期国债期货。目前日本国债期货品种主要是在以中长期品种为主的 TSE 和以短期为主的 TFX 进行交易，活跃的品种主要包括 10 年期国债期货和 3 个月欧洲日元期货。

由图 5 - 7 可以发现，日本推出国债期货之后，国债收益率短期出现明显的大幅度上升，中长期来看，国债收益率又逐渐地回落，长期影响不显著。

（3）德国。德国于 1990 年 11 月 23 日推出了长期国债期货，1991 年 10 月 4 日推出中期国债期货，随后于 1997 年 3 月 7 日推出短期国债期货。分别

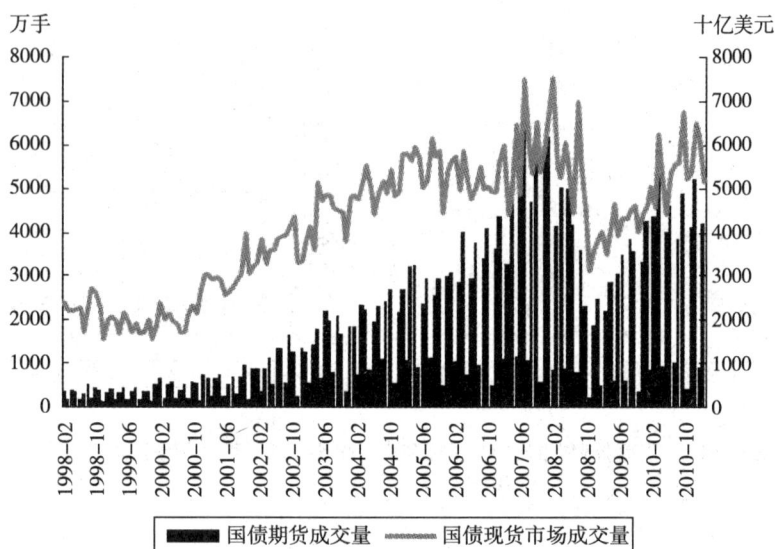

资料来源：Bloomberg。

图 5 - 6　美国国债期货及现货成交量

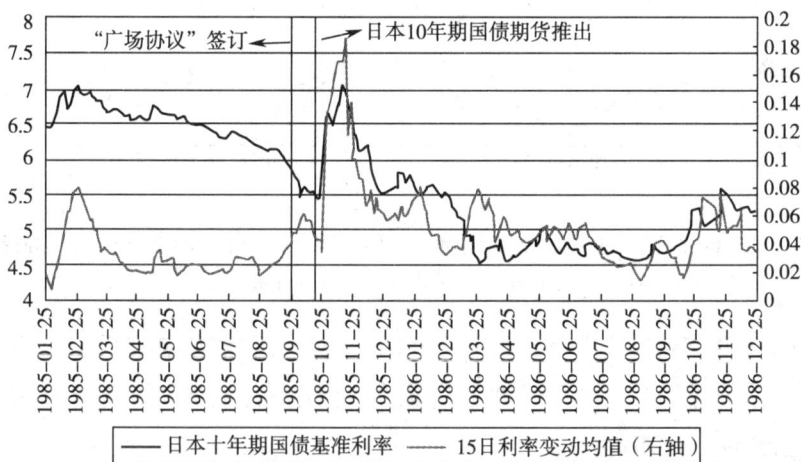

图 5 - 7　10 年期国债期货推出后日本 10 年期国债基准利率走势

研究这三只国债期货推出前后，德国国债收益率的变化情况可以发现：国债期货的推出对德国债券市场的影响和美国非常相似，即国债期货对债券市场的长期影响十分有限，但短期来看（大约 1 个月），国债利率由于受到做空因素的影响略有上升（利率上升幅度约为 0.2%），但在 2 个月之后国债利率又基本维持了原来的走势。

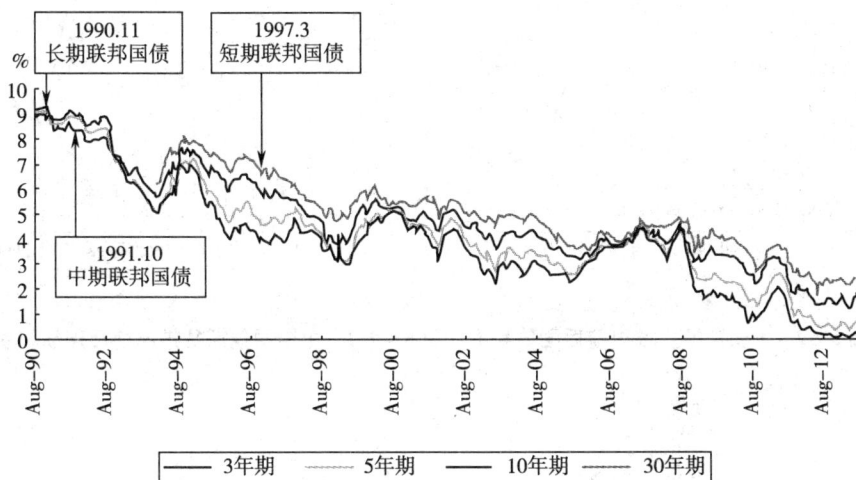

图 5-8　德国国债利率走势与国债期货推出时间点

2. 重启国债期货对我国国债收益率的影响分析。和日本推出国债期货的情况非常类似，目前我国也正处于利率市场化的进程中，债券市场正在不断地发展壮大，具备了重启国债期货的市场基础。2013 年 6 月的"钱荒"导致的利率大幅波动也显现出了重启国债期货的必要性。

从投资者结构来看，我国国债市场和日本国债市场的投资者类型也非常相似，都是以银行、保险等机构投资者为主。这些机构投资者也是国债期货市场的主要投资者。

因此，我们认为，由于做空机制的引入，短期内国债价格会承受一定的压力，国债收益率可能会出现一定程度的上升。但我们认为上升幅度非常有限，且由于银行、保险等机构参与国债期货的细则还没有出台，这些机构有可能会缺席国债期货最开始一段时期的交易，因此，我国国债期货最开始可能很难发挥价格发现的功能，国债期货的价格可能会更多地受国债现货价格的影响。长期来看，国债期货对国债收益率的影响有限，国债收益率的变化主要受经济基本面和资金面变化的影响。

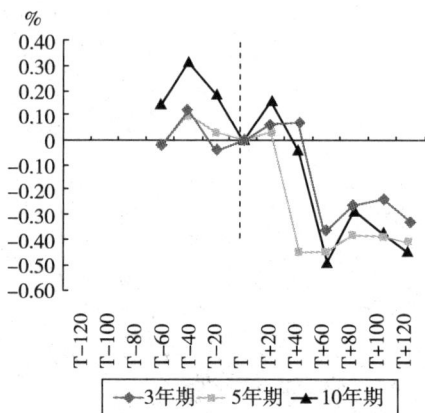

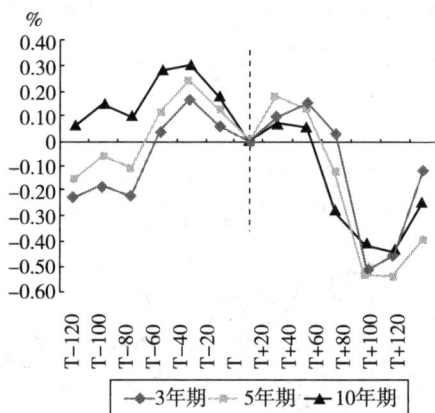

图 5-9.1　长期期货推出前后国债利率　图 5-9.2　中期国债期货推出前后国债利率

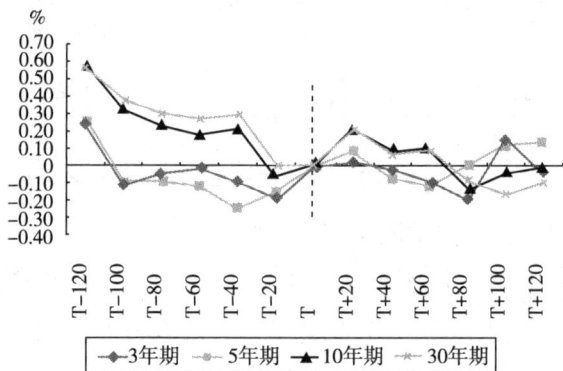

图 5-9.3　短期期货推出前后国债利率

图 5-9　德国国债期货推出前后国债利率的走势

（三）重启国债期货对债券市场的影响分析

1. 重启国债期货对债券一级市场的影响。国债期货的推出可以发挥期货合约价格发现和套期保值的功能，改善债券一级市场发行效率。

（1）国债期货的套期保值功能，为承销商承销期间的利率风险提供对冲工具，从而增强承销商的投标积极性。在我国，国债的承销商主要是大型商业银行。由于流动性等原因，一些银行往往会被动持有一部分没有承销出去的国债，从而被动承担利率风险。重启国债期货之后，商业银行可以运用国债期货进行套期保值，规避这一部分风险，因此，会增强承销商的投标积极性。

（2）目前，我国国债现货市场被人为分割成银行间债券市场与交易所市场，影响了国债现货市场定价效率的提高。国债期货是一个横跨交易所和银行间市场的衍生产品，市场投资者可以通过国债期货和现货两个市场的套利操作，实现现货市场在期货空间上的连通。

（3）国债期货所反映的债券远期价格能较好地反映债券市场供求关系，从而为债券发行定价提供重要参考。

2. 重启国债期货对债券二级市场的影响。国债期货的推出有利于提高债券二级市场的流动性水平。

（1）国债期货交易提供了期限套利的机会，期限套利需要投资者同时在国债期货和现货市场进行平仓或者开仓操作，从而吸引更多的投资者进入债券市场，增强债券市场的流动性。

（2）国债期货基本采用"一篮子"债券作为可交割债券，债券的空头可能会选择一些收益对空方有利但流动性欠佳的债券进行实物交割，这将会增加这些债券的流动性。

（3）国债期货的套期保值与价格发现功能增强了现货市场对信息的灵敏度，为投资者提供了更多交易机会，从而活跃债券二级市场交易。

（4）由于债券转托管机制的存在，国债期货的交割制度将会增加银行间债券市场和交易所债券市场之间的债券流动，从而吸引各类投资者根据自身需求参与国债现货交易，促进交易所与银行间债券市场的统一互联。

五、重启国债期货后对国债现货市场的影响：市场表现

（一）对国债市场利率走势的影响尚难准确判断

2013 年 9 月 5 日至 9 月 10 日交易所 5 年期固定利率国债到期收益率分别为 3.9885%、3.9878%、3.9937% 和 4.0295%。9 月 6 日国债期货重启，当天收益率略微下降后上升。

观察美国市场数据，国债期货推出不会改变债券现货市场的中长期走势，但短期内由于做空力量的出现，债券利率会有所上升。我国国债期货推出后的利率上升虽和美国市场类似，但因该段时期国债市场利率正处于上升趋势，很

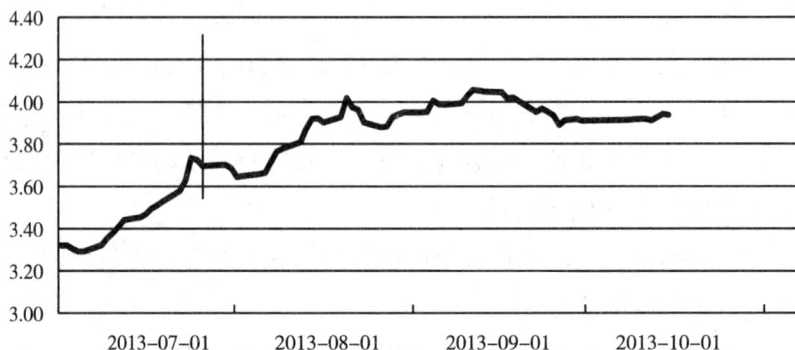

资料来源：WIND 资讯。

图 5 – 10　5 年期交易所固定利率国债到期收益率（%）

难说明国债现货市场利率上升与国债期货有所关联。

（二）从上市两月后的市场表现来看对国债现货成交量影响不大

据美国债券市场和期货市场统计数据显示，美国国债期货成交量与国债现货成交量之间存在显著正相关。但从我国国债现货成交量看，8 月份国债现货成交量为 2310.93 亿元，9 月份成交量为 2122.74 亿元，10 月份成交量为 2085.42 亿元，成交量在逐月减少。从上市两月后的市场表现来看，我国国债期货的重启并未对国债现货市场成交量产生提振作用。

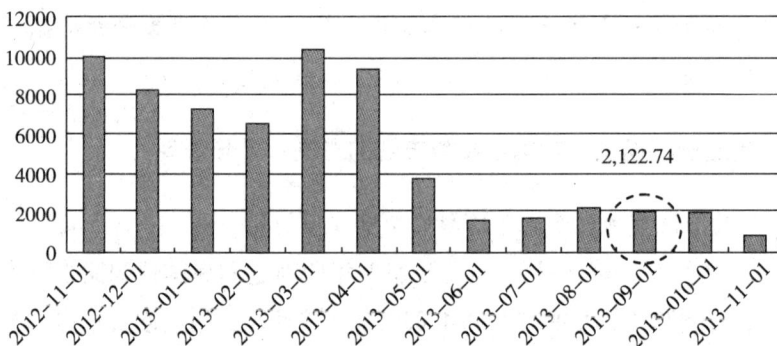

资料来源：WIND 资讯。

图 5 – 11　国债成交量（亿元）

（三）国债期货价格走势和国债现货表现出很强的相关性

从下图可以看出，国债期货价格和国债现货价格有很强的相关性，国债收益率上涨（现货价格下跌），国债期货价格下跌（收益率上涨），反之则相反。

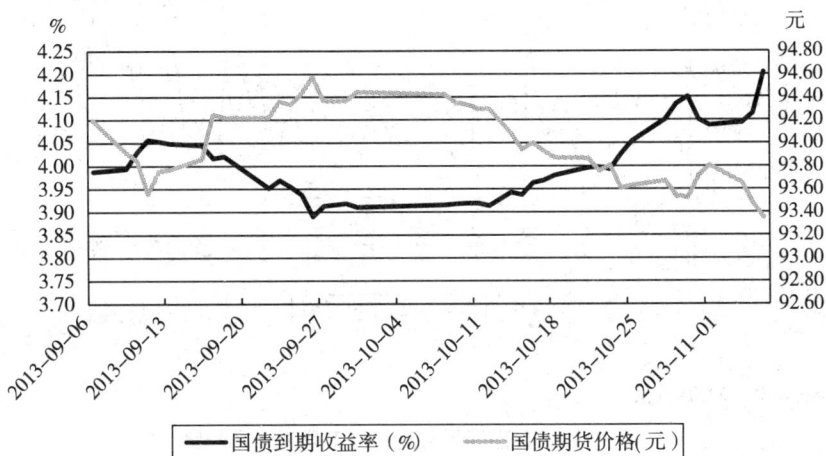

资料来源：WIND 资讯。

图 5 - 12　国债期货与国债价格关系

（四）中国国债现货市场流动性与发达国家尚有差距

从我国国债现货市场流动性来看，与欧美发达国家是有一定差距的。如果与其他国家推出国债期货时候的情况相比，我国也属于中等偏弱的水平。

从存量国债情况来看，我国国债目前存量 6.4 万亿，占 GDP 的 13.6%；而从流动性指标来看，月度换手率呈现上升趋势，2011 年全年换手率达到1.33%，现货买卖价差在 3BP 左右。总体来看，我国国债现货市场规模和流动性水平与成熟市场尚有差距，但可支撑国债期货运行。

事实上，我国国债现货市场还有其他一些特点。首先，我国国债持有者比较集中。如果与美国的情况相比，美国的国外投资者（45.7%）、州和地方政府（16.3%）、私人投资者（9.4%）持有较多国债，持有结构相对分散；而中国市场持有者集中于商业银行（65.0%）和特殊结算会员（24.0%）等。集中的持有者机构和较差的交易性，对于空方是不利的。这也许能部分解释为什么我国

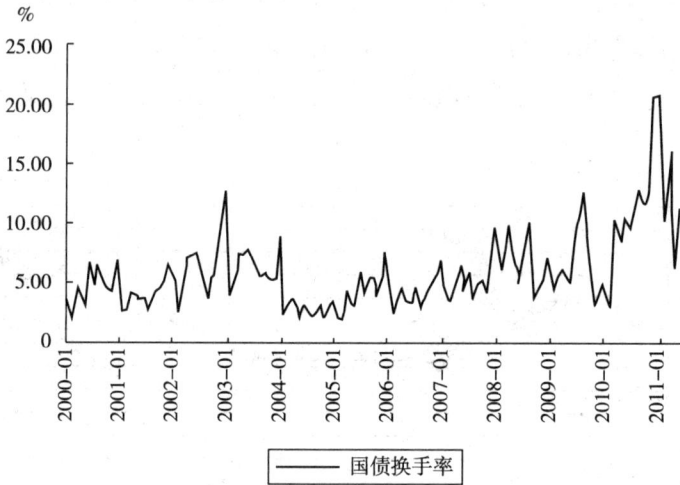

资料来源：WIND 资讯。

图 5－13　我国国债月度换手率呈现上升趋势

目前仍缺失现货的做空机制。而集中的持有者结构，客观上要求我国国债期货合约设计的时候考虑到空头的安全性。

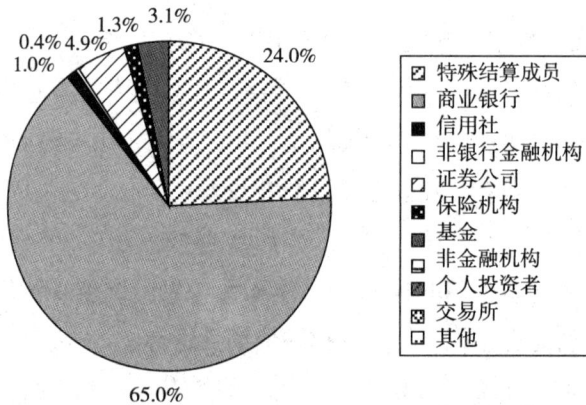

资料来源：WIND 资讯。

图 5－14　我国国债持有者结构

六、我国国债期货市场未来发展展望

根据美国经济和国债期货发展历程，可以预计中国经济未来需要更多的国债和国债期货，相信未来会有更多的国债期货期限品种的推出及以更合理的定价活跃国债期货市场。

同时更为熟练运行的国债期货体系，一方面能够减少制度和政策上的瓶颈，简政放权，更加贴近市场，扩展更多的面向市场需求的国债期货品种，另一方面更全面适度地监管，能够全面统计，掌控全局，控制风险。随着国债期货成功的起步，将允许银行等机构投资者进入国债期货市场，同时从长效机制上要制定支持国债期货的法律法规。

由于热钱的涌进、理财产品的夺金、控制人民币发行量过大会造成现金紧张、银行拆借利率上升，对国债期货产生冲击。而且未来利率市场化和汇率市场化对国债期货产生重大影响，因此设计国债期货合约品种将考虑此类因素，要更加多元化，风险监控设计更为完善。

国债期货与现货结合，将丰富利率风险管理手段。从我国的实际情况来看，目前主要的利率风险管理手段有 IRS、国债期货（推出后）等。那么，二者有什么区别呢？

如果使用国债期货，在存在基差风险的情况下投资者可以对冲利率风险。

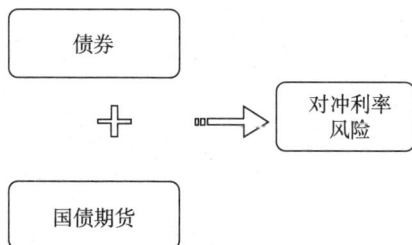

图 5 - 15　利用国债期货管理利率风险

如果使用 IRS，情形有所不同。由于 IRS 一端是固定利率一端是浮动利率（比如 Libor、Shibor），可以将接收浮动端的 IRS 看作持有一只债券，同时需要付出资金成本。因此，如果使用 IRS 采用以下方式构建 Asset Swap，则能够构建

一个收到 Shibor + 信用利差的组合，从而与资金成本相匹配，"剥离"出信用利差。

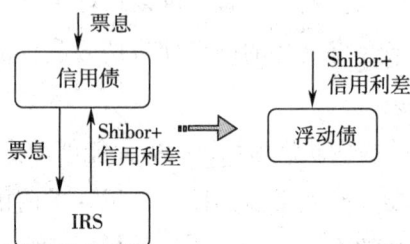

图 5 −16   利用 IRS 构建 Asset Swap

随着国债期货的推出，我们相信未来将有更多管理利率风险的手段，如利率期货、Cap/Floor 等；并促进更多金融创新手段，如结构化产品的设计；同时，随着现货流动性的改善，现货的做空等多种交易策略也将逐步成为可能。总之，国债期货的推出将仅仅是一个开始，我国的债券市场的大发展和金融创新的加速，已然曙光初现。

国债期货套期保值策略

由前所述，国债期货自 1976 年在美国上市以来，按照不同的风险偏好，其交易策略可以大致分为套期保值、套利交易、投机交易三种。根据统计，在国债期货市场中，交易占比最大的为套期保值交易，本章将对利用国债期货套期保值策略管理（对冲）利率风险进行讨论。

一、套期保值概述

（一）定义

所谓套期保值就是对现货保值，是指交易者为了配合现货市场的交易，而在期货市场上设立与现货市场方向相反的交易部位（或头寸），以便转移、规避价格风险的交易行为。具体地说，就是在期货市场上买进（或卖出）与其将在现货市场买进（卖出）的现货商品数量相同的该商品的期货合约，以期在未来某一时间在现货市场买进（或卖出）现货商品时，在期货市场上卖出（或买进）原来所买进的全部该商品的期货合约，这样，当市场价格出现波动时，一个市场上的亏损可以通过另一个市场上的盈利来补偿。

（二）套期保值基本原理

套期保值之所以能够避免价格风险，其基本原理在于：

1. 期货交易过程中期货价格与现货价格虽然变动幅度不会完全一致，但变动的趋势基本一致。即当特定商品的现货价格趋于上涨时，其期货价格也趋于上涨，反之亦然。这是因为期货市场与现货市场虽然是两个各自分开的不同市场，但对于特定的商品来说，其期货价格与现货价格的主要影响因素是相同的。这样，引起现货市场价格的涨跌，就同样会影响到期货价格同向的涨跌。套期保值可以通过在期货市场上做与现货市场相反的交易来达到保值的功能，使价格稳定在一个目标水平上。

2. 现货价格与期货价格不仅变动的趋势相同，而且到合约期满时，两者将大致相等或合二为一。这是因为，期货价格通常高于现货价格，在期货价格中包含有储藏该商品直至交割日为止的一切费用，当合约接近于交割日时，这些费用会逐渐减少乃至完全消失，这样，两者价格的决定因素实际上已经几乎相同了。这就是期货市场与现货市场的市场走势同性原理。

当然，期货市场毕竟是不同于现货市场的独立市场，它还会受一些其他因素的影响，因而，期货价格的波动时间与波动幅度不一定与现货价格完全一致，加之期货市场上有规定的交易单位，两个市场操作的数量往往不尽相等，这些就意味着套期保值者在对冲盈亏时，有可能获得额外的利润或亏损，从而使他的交易行为仍然具有一定的风险。因此，套期保值也不是一件一劳永逸的事情。

（三）套期保值的操作原则

套期保值应遵循标的品种相同、交易方向相反、数量相当、月份相同或相近等原则。

1. 标的品种相同或相近原则。在做套期保值交易时，选择的期货品种应尽量和所需套保的现货品种相同，若没有完全相同的期货品种，应选择最相近的期货品种来保值。一般情况下，期货和现货品种相同或相近时，期货价格和所需套保的现货价格之间才有可能形成紧密的联动关系，从而在两个市场上采取反向操作，有效套保，管理风险。

2. 交易方向相反原则。交易方向相反原则是指在做套期保值交易时，套期保值者应在现货和期货市场上采取相反的买卖行动，即在两个市场上处于相反的买卖头寸位置，即国债多头套期保值（未持有国债现货，担心未来价格上涨，做多国债期货）和空头套期保值（持有国债现货，担心未来价格下跌，做空国债期货）。这样可以达到风险中性的目的。

3. 数量相当原则。为达到套期保值目的，需要依据现货数量合理确定期货合约数量。尤其对国债期货而言，其期货与现货并非一对一的关系，所要进行套期保值的国债现货和国债期货价格变动幅度常常不同。因此，可以依据久期或基点价值等衡量债券价格利率风险程度的指标建立期货头寸。为了更好地实现套期保值效果，有时也需根据市场情况调整套期保值比例，进行动态套期保值。当然，成本问题也需要考虑。

4. 月份相同或相近原则。做套期保值交易时，所选用的期货合约的交割月份最好与交易者将来在现货市场上实际买进或卖出现货的时间相同或相近。因为随着期货合约交割期的到来，期货价格和现货价格趋向一致，套期保值的损益受期末期货和现货价格差异的影响较小，完全由期初建仓时期货和现货价格决定。

二、套期保值在国债期货中的地位

在海外成熟市场，国债期货是机构投资者广泛应用的一种金融衍生品，它为投资者们提供了一种有效快捷并且高效的套期保值工具。

海外机构投资者主要包括商业银行、保险公司、资产管理人、养老金、证券公司、投资银行、商业机构和政府机构等几种类型。美国商品期货交易委员会（CFTC）将向其进行报告的美国金融期货的投资者分为"经纪商/中介"（Dealer/Intermediary）、"资产管理人/机构"（Asset Manager /Institutional）、"杠杆基金"（Leveraged Funds）和"其他可报告投资者"（Other Reportables）四大类。其中，经纪商/中介包括美国本土或非美国本土的大银行和证券、互换及其他衍生品经纪商；资产管理人/机构则是机构投资者，包括养老金、捐赠基金、保险公司、共同基金以及客户主要是机构的组合投资管理人；杠杆基金主要是对冲基金及各种各样的现金管理人；其他可报告投资者指未列入上述三项可报告类别中的参与人，主要是使用期货来对冲与外汇、股票以及利率相关的商业风险（Business Risks）的参与人。

根据 CFTC 披露的各参与人净持仓情况来看，国债期货交易的主要参与人是包括养老金、保险公司和共同基金的资产管理人（Asset Manager）和以对冲基金和商品合伙人基金（Commodity Pools）为代表的杠杆基金（Leveraged Funds）。

表6-1　美国国债期货参与人结构（2006—2010 年的净持仓平均占比）

	经纪商/中介		资产管理人/机构		杠杆基金		其他可报告投资者	
	长期	短期	长期	短期	长期	短期	长期	短期
2 年期美国国债	11.00%	11.60%	30.70%	30.80%	21.90%	15.80%	4.80%	10.90%
5 年期美国国债	10.20%	9.50%	24.20%	25.00%	17.10%	9.40%	3.50%	9.50%
10 年期美国国债	9.30%	8.20%	24.70%	24.50%	12.00%	11.10%	4.60%	3.70%
美国长期国债	1.00%	42.50%	65.00%	1.00%	1.60%	33.80%	0.10%	0.10%

资料来源：美国商品期货交易委员会。

总体来看，美国国债期货参与者大多以套期保值为目标。根据 CFTC 的统计，截至 2010 年底，10 年期美国国债期货的投资者中，从事套期保值交易的投资者（Commercial）持仓份额占 63.4%，从事投机交易的投资者（Non - commercial）持仓份额为 15.7%，未报告头寸的投资者（Non - reportable）持仓份额

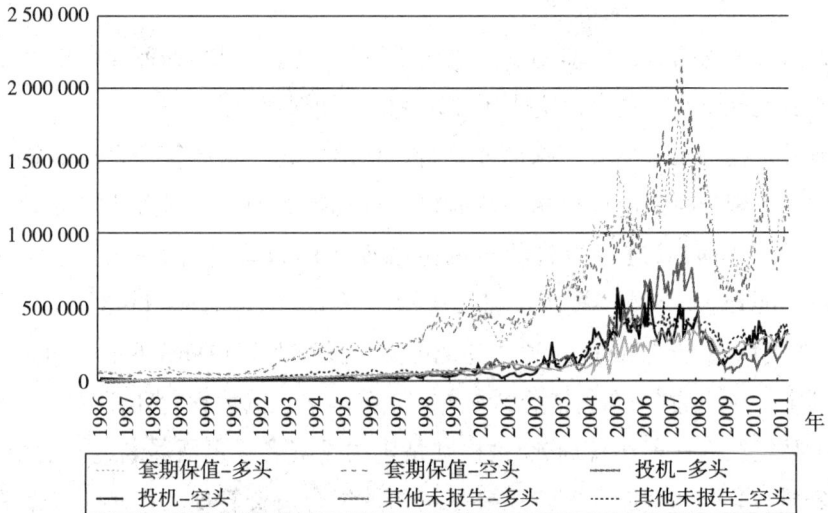

资料来源：美国商品期货交易委员会。

图6-1　10 年期美国国债期货未平仓合约数量

为 20.9%。

由此可见，套期保值在国债期货的运用中占据主导地位。相比股指期货，国债期货要复杂得多，在套期保值过程中要涉及转换因子、最便宜可交割债券、久期、基点价值等国债期货中的关键概念。为此，本章将详细剖析国债期货套期保值的方法与流程，以期帮助投资者更好地规避风险。

三、国债期货管理利率风险的方案设计

（一）债券投资组合的久期管理

对于套期保值者来说，国债期货最重要的功能就是对债券投资组合的久期管理，投资者可根据自身的需求，利用国债期货对债券组合的久期进行调整。例如投资者拥有长久期的债券投资组合，对未来的利率走势有下行预期，便可利用国债期货缩短投资组合的久期，减小利率风险敞口；对利率走势有上升预期时，也可利用国债期货放大组合久期，获取超额收益。当组合久期被调整为 0 的时候，即达到完美对冲的效果，组合完全不受利率风险的影响。下面将从久期的概念讨论利用国债期货进行组合的久期管理。

单一债券的麦考雷久期（Macaulay Duration）定义为：

$$D_{mac} = \frac{\sum_{t=1}^{n} \dfrac{tC_t}{(1+y)^i}}{\sum_{t=1}^{n} \dfrac{C_t}{(1+y)^i}}$$

式中，D_{mac} 为麦考雷久期；t 为时间；C_t 为第 t 期该债券的现金流；y 是收益率。由公式可以看出，麦考雷久期的意义是以债券现金流为权重、债券期限的加权平均值。

对麦考雷久期经过泰勒展开及其他的一些变化，可得到修正久期（Modified Duration），其定义为：

$$D_{\text{mod}} = D_{mac} \times \frac{1}{1+y} = -\frac{\Delta P}{P} \times \frac{1}{\Delta y}$$

式中，D_{mod} 为修正久期；P 为债券价格。

修正久期可看成价格对收益率的一阶导数，衡量了价格对收益率的敏感

程度。在实际的投资交易中，利用修正久期产生了更为直观的概念：每基点价值（$DV01$），即对一只债券来说，收益率变动 $1bp$，价格变化的数值，定义如下：

$$DV01 = D_{\text{mod}} \times P \times 0.0001$$

对于国债期货来说，通常认为国债期货的价格跟随当期最便宜交割债券的价格，因此，国债期货的久期以及 $DV01$ 可以认为等同于最便宜交割券的久期及 $DV01$ 除以相应的转换因子。以目前的近季合约 TF1312 为例，其久期等同于目前的最便宜交割券，13 年国债第 20 期记账式国债（130020）的久期，根据 2013 年 10 月 31 日的数据，130020 的久期为 5.9447，DV01 为 0.0593，转换因子为 1.0651。

假设目前投资者持有大量 10 年期国债（130018），规模 5 亿元，百元价格 98.1358，修正久期 7.8450，$DV01$ 为 0.0774，按照 5 亿元的规模，收益率变动一个基点，整个组合的价值将变动 38.7 万元，现在投资者认为未来的利率走势有下行预期，但又想保留一定的利率敞口，因此想使组合久期达到 2 左右，套保比例可利用如下的公式来计算：

$$HR = \frac{(D_{initial} - D_{target}) \times P_{portfolio}}{D_{future} \times P_{future}} = \frac{DV01_{initial} - DV01_{target}}{DV01_{CTD}} \times CF$$

式中，HR 为套保比例。国内国债期货合约一手为面值 100 万元，利用之前的数据计算，将 5 亿元 10 年国债组合久期减小到 2，需卖出 519.07 手国债，持有国债期货空头头寸后，组合 DV01 为 9.8 万元，利率风险敞口大大减小。

利用国债期货的多头头寸可以减小组合的久期，同理也可以利用国债期货放大组合的久期，其本质是一种增加杠杆的交易行为。此类交易一般在市场剧烈波动的时候应用较多，例如 2008 年美国次贷危机时，一些投资者一边在现货市场做空股票，一边在衍生品市场购入大量信用违约掉期（CDS），通过市场的大幅下跌在股票现货与衍生品市场均获得巨大的收益。

（二）对债券投资组合的套保分析

这里对债券组合的套期保值指的是完全套保，即持有现货多头，通过国债期货的空头，使组合价值对利率风险免疫。从久期管理的角度来看，就是使组合的目标久期为 0。根据上面的公式，基础的套保方法为：

$$HR = \frac{DV01_{portfolio}}{DV01_{CTD}} \times CF$$

实际上，该方法隐含了一个重要假设，即收益率曲线是平行移动的。我们知道国债期货的价格跟随最便宜交割债券的价格，假如被套保的债券为最便宜交割券，则上述公式成立，且具有完全套保的功能。但如被套保债券的久期大幅偏离最便宜可交割券的久期，则面临一定的风险，该风险主要来自于不同期限甚至不同品种债券收益率的非平行移动。

假设被套保的组合由多种债券组成，国债期货收益率变动 1bp，假设收益率是陡峭化上行的，那么长期限的国债收益率变化应大于 1bp，短期限的国债收益率变化将小于 1bp，而对于信用产品来说，因为其流动性水平无法与国债相比，对于国债 1bp 的变化，信用产品可能不会跟随变动。在不同期限的债券以及不同品种的债券之间，均存在着收益率非平行移动的问题。例如短期限国债的波动程度显著高于长期限国债，信用债的波动程度低于开行债的波动程度。因此，如果不对收益率变化加以修正，基础套保方法在复杂的债券组合中，效果将大打折扣。

为了衡量收益率曲线非平行移动的程度，这里引入收益率 β 系数，其定义为债券收益率变动相对国债期货最便宜交割券 1bp 的变动的关系比例。经收益率 β 调整后的套保公式为：

$$HR = \frac{DV01_{portfolio}}{DV01_{CTD}} \times CF \times \beta$$

收益率 β 的计算根据 CAPM 理论，定义为：

$$\beta = \frac{COV(y, y_{ctd})}{\delta_{ctd}^2}$$

式中，COV 表示被套保债券收益率与最便宜交割券收益率之间的协方差；δ_{ctd}^2 为最便宜交割券收益率的方差。

以最便宜交割券为国债 130015（剩余期限 6.7 年）计算，5 年国债、10 年国债、20 年国债、10 年开行债、10 年铁道债、7 年 AA 评级城投债的收益率 β 系数如下表：

表 6-2 不同债券品种收益率 beta 系数

债券品种	收益率 β 系数
5 年期国债	1.06
10 年期国债	0.99
20 年期国债	0.81
10 年期开行债	1.99
10 年期铁道债	1.10
7 年期 AA 评级城投债	1.29

数据来源：WIND 资讯。

从上表可以看出，最便宜交割券 130015 与 10 年国债的走势基本一致，而 10 年期开行的收益率 β 系数达到 1.99，即最便宜交割券变化 1bps，10 年期开行债的变动将达到 2bps，20 年期国债的收益率 β 系数最低，只有 0.8 左右，即最便宜交割券变化 1bps，20 年期国债的变化只有 0.8bp。

尽管我们可以由历史数据测算出不同债券品种相对于国债期货最便宜交割债券的收益率 β 系数，但并不代表按照该系统套期保值就能达到完全套期保值的效果，还需考虑被套期保值债券的走势与相应国债走势的相关程度，这里采用相关系数来表示，如果相关系数太低，债券收益率走势缺乏一致性，套保的效果也会不理想。

表 6-3 不同债券品种收益率 beta 系数与相关系数

债券品种	收益率 β 系数	相关系数
5 年期国债	1.06	0.8993
10 年期国债	0.99	0.9778
20 年期国债	0.81	0.6809
10 年期开行债	1.99	0.8865
10 年期铁道债	1.10	0.8832
7 年 AA 评级城投债	1.29	0.8174

数据来源：WIND 资讯。

从整体上看，高评级、中长期限的债券走势的相关性较好，而低评级或超长期限的债券则相关系数较低，对套保的效果会有一定的影响。

对于信用产品来说，其定价可解释为利率产品加上一定的信用利差，对于利用国债期货套保信用债来说，可以对冲其利率风险的敞口，但不能对冲其信用风险，在国外成熟市场中，信用风险一般通过购买信用违约掉期来对冲。鉴于国内目前信用产品无实质性违约，而且信用债缺乏流动性，大都被用来进行配置并持有到期，且信用利差在经济周期中不同时期表现也不尽相同，因此在本文中除了收益率 β，不再对信用债进行其他讨论。

四、案例分析

以国内配置型债券投资者的习惯，现假设有一长久期债券组合，在 2013 年 9 月 6 日的持仓数据如下：

表 6 - 4　　　　　　　　　债券组合持仓情况

代码	简称	持仓量（万元）	评级	收益率	估值净价（万元）	修正久期	DV01（万元）
130015	13 国债 15	7000	无	3.99	6777.127	5.93	4.0188
130011	13 国债 11	10000	无	4.04	9471.85	7.99	7.5680
130016	13 国债 16	2000	无	4.33	1996.164	13.14	2.6230
130231	13 国开 31	15000	无	4.88	14184.54	7.81	11.0781
1380008	13 安顺国资债	10000	AA	7.22	9909.36	3.43	3.3989
1380185	13 鞍山城投债	6000	AA +	6.49	5972.988	3.77	2.2518
1380241	13 铁道 01	10000	AAA	5.27	9972.55	7.57	7.5492
合计		60000			58284.579		38.4879

数据来源：中央国债登记清算有限责任公司。

以表 6 - 4 中的数据作为初始情况，用国债期货 TF1312 对其进行套期保值，期限从 2013 年 9 月 6 日至 2013 年 11 月 8 日，套期保值效果以组合每日的净值变化作为评判标准，完美套期保值所应达到的效果为组合每日净值波动趋近于 0。

为尽可能地提高套期保值效果，现对组合中的每一只债券分别计算收益率 β 系数以及套期保值手数，结果如下表：

表 6 - 5　　　　　　　　　　　　债券组合套期保值情况

代码	简称	持仓量（万元）	DV01（万元）	BETA	套期保值手数
130015	13 国债 15	7000	4.0188	1	74.5570
130011	13 国债 11	10000	7.5680	0.99	138.9968
130016	13 国债 16	2000	2.6230	0.81	39.4153
130231	13 国开 31	15000	11.0781	1.99	408.9851
1380008	13 安顺国资债	10000	3.3989	1.16	73.1452
1380185	13 鞍山城投债	6000	2.2518	1.02	42.6110
1380241	13 铁道 01	10000	7.5492	1.11	155.4580
合计		60000	38.4879		934.0000

　　套期保值这样一个组合累计共需要卖空 934 手 TF1312 合约，以 3% 的保证金计算，需占用资金约 2802 万元。下面来对套期保值的效果进行检验，组合初始净值为 58284.579 万元，并在当日卖空期货合约 934 手，从下一交易日开始计算组合净值，组合净值改变越小则说明套期保值效果越好。

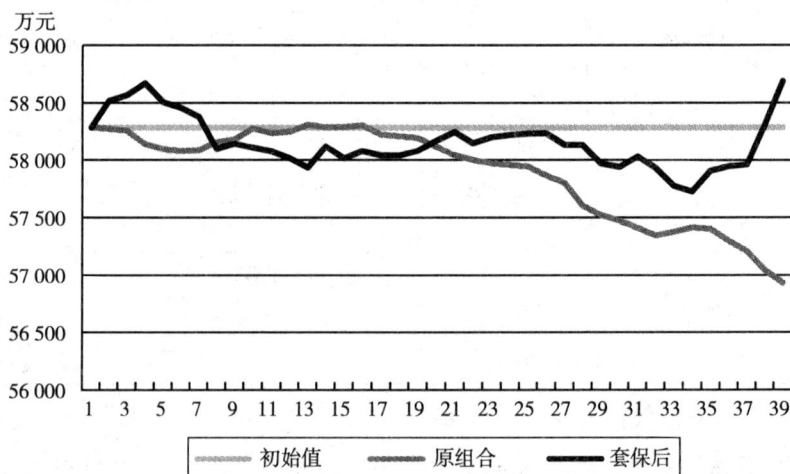

图 6 - 2　套期保值价值变化对比图

　　由图 6 - 2 可见，本次套保的效果虽然没有达到理想情况，但是在后期市场利率大幅上行、原组合净值大幅下降的情况下，确实避免了一定的损失。

五、有效实施套期保值的对策

（一）影响套期保值的因素分析

在本次套期保值的案例分析中，影响套期保值效果的因素主要有如下几个：

1. 收益率曲线蝶式变动。在以上的套期保值分析中，一个很重要的假设就是不同期限的收益率都是同向移动的，未考虑蝶式变动的情况，即在国债收益率曲线中，有可能出现 5 年期国债收益率上升，而 10 年期国债收益率下降的现象，这时应及时调整套期保值比例，避免损失。

2. 套期保值比例动态调整。在市场小幅波动的时候，我们可以只考虑债券久期，但当变化达到一定程度的时候，则需久期的变化程度，即债券的凸性，凸性较大的债券久期变动较快，如对其进行套期保值，则需根据市场变化不断地调整其套保手数。

3. 基差。所谓基差即现货与期货的价格之差，由于本次套期保值的时间段选在国债期货的上市初期，投资者类型比较单一，市场流动性尚不充分，成交量较小，导致基差大幅波动，对组合净值产生了一定的影响。

4. 信用利差。由于国债期货无法有效地对冲信用风险，因此对信用产品的套期保值效果不如利率产品，信用产品由于本身流动性较差，收益率对市场变化的反应不如利率产品快，且就信用利差来说，在经济周期中的不同时段，走势也会表现出不用利率产品的走势，使得套期保值难度加大。

（二）有效实施套期保值的步骤

这里需要重点说明两个重要概念，即完全套期保值和交叉套期保值。完全套期保值，是指套期保值者通过期货完全对冲自身所面临的风险。但是在实际的套期保值中，这种完全套期保值很难实现，更普遍的是不完全套期保值。交叉套期保值，是指用一种资产的期货对另一种资产进行对冲。当期货的标的资产和套保资产相同时，被称为直接套期保值。用国债期货进行对冲时，交叉套期保值的应用更为广泛。例如，不仅可以用 10 年期的国债期货来对冲非 10 年期的国债，还可以对非国债进行对冲，这是因为不同的债券价格之间存在高度的相关性。只要两种债券价格之间存在相关性，就可以用以一种债券为标的的期货来对冲另一种债券，即交叉套期保值。

期货的套期保值一般可以按照以下步骤进行：

首先，确定套保目标。在使用国债期货进行对冲时，这一目标就是利率，即通过套期保值来锁定利率水平。一般情况下，这一利率水平等于建仓时期货利率加上未来的基差。当套期保值在合约到期前就结束，就不能准确地确定目标利率水平。因为这里的基差在建仓时是不确定的。所以，在套期保值中，套保者将面临一定程度的基差风险。通常情况下，这种基差风险要远远小于利率风险，因此套期保值还是值得的。

其次，制定套期保值策略。套期保值策略分为多头套期保值和空头套期保值两种。多头套期保值是通过持有期货多头进行套期保值的方法。空头套期保值是通过持有期货空头进行套期保值的方法。套期保值者应该根据自身的现货头寸来确定自己采取哪类套期保值策略。套期保值者持有现货多头时，应该采取空头套期保值策略；反之，应该采取多头套期保值策略。

再次，选择适合的套期保值工具。国债期货可以分为短期国债期货、中期国债期货和长期国债期货，选择哪类国债期货来对冲自身的利率风险是一个很关键的问题。选择的国债期货合约应该与债券现货具有高度的价格相关性。通常情况下，期限相近的国债期货和现货的相关性较高。尽量选择与套期保值时间最接近的期货合约。因为两种期限越接近，基差风险越小。尽量选择流动性高的期货合约。因为流动性越高，买卖期货的冲击成本就越低，从而容易达到预定的套保目标。

最后，确定套期保值比率。所谓套期保值比率，是指持有期货合约的头寸大小与风险暴露资产大小之间的比率。

理论上来说，套期保值能够有效地规避现货的价格风险。在实际操作中，套期保值效果和具体操作方式有着很大的关系。套期保值交易具有以下几个方面的特点：第一，虽然套保交易本身也具有一定的风险，但它并不会增加市场的总体风险暴露水平。第二，套保的本质是将价格风险转移给投机者，同时也转移出了价格风险的收益机会。第三，套保交易在转移风险后将收益固定下来，也就失去了获取超额收益的机会。第四，当套保双方同时面对价格风险时，而风险的方向正好又相反时，就有可能同时降低双方的风险。

套期保值交易是一门深奥的艺术，它既需要扎实的理论知识，更需要丰富的经验和卓越的胆识。投资实践中，套期保值应注意以下几点：

1. 应合理选择期货市场与期货合约月份。套期保值者必须选择一个较为接近对象规格的市场，而且市场的交易要尽可能的活跃，以便完成交易。合约月份的选择，原则上是对冲所需要的实际时间，便于适时交割，但如果按较前月份价格计算出的基差更有利，不妨以较前月份来进行对冲。

2. 适时解除对冲交易。只要采取反向交易，即可解除对冲。但对冲结果是盈是亏，取决于解除的时机。选择的时机应在价格波动形成的基差有利于自己时加以解除。若基差的变化不利于自己时，就应该采取换月交易，将对冲移到下一个月份，等待时机再进行对冲。

3. 随时注意基差的变化情况。基差的变化对交易者至关重要。交易者应该对基差的变化作一个完整的记录，并参照最近几个月的基差变化情况及历史资料，分析现货价格、期货价格与基差三者的关系，便于寻找有利的时机进行对冲交易。

六、国债期货套期保值的风险与套期保值绩效评估

（一）国债期货套期保值交易面临着以下几种风险

国债期货和其他期货一样，能够用于套期保值的原因在于其价格和债券现货价格受相同因素的影响，导致它们的价格变动趋势是一致的。因此，套期保值者只要在期现两个市场建立相反的头寸，在市场价格发生波动时，他就会在一个市场获利，而在另一个市场受损，两者相抵就能达到套期保值目的。一旦套期保值者在期现两个市场建立相反的头寸，无论市场价格怎样变动，他都可对冲风险，实现套期保值的目的。同时，可以发现套期保值者只能对冲风险，而不能实现盈利，因为他的头寸在一个市场盈利，必然会在另一个市场上导致亏损，这样就会相互抵消。换句话说，为了避免损失，套期保值者就必须放弃盈利的机会，这种盈利的机会，就是套期保值者为了实现套保目的而付出的代价。同时，国债期货套期保值还面临着以下几方面的风险：

1. 收益率风险。影响国债价格最重要的因素是市场收益率，因此套期保值的过程必然会面临收益率波动的风险。

进行套期保值的目的是利用期货价格变动对冲现货的价格变动。最好的套

期保值效果是期货现货的总损益为零。由于国债期货和现货的价格存在凸性，当收益率变动时，期货和现货的价格并不是线性变化，套期保值难免会出现期货现货价格变动不匹配的情况，从而对套期保值效果造成影响。

2. 套期保值比例的计算风险。市场通用的计算套期保值比例的方法，是久期中性法与基点价值法。这两种计算方法分别需要计算期货的修正久期和基点价值。根据市场普遍使用的计算方式：

Ⅰ期货的修正久期等于 CTD 券的修正久期。

Ⅱ期货的基点价值等于 CTD 券的基点价值除以其转换因子。

这两种计算方式在大部分的时候是正确的。但是，当市场收益率接近期货的票面利率时，转换期权的价值会影响期货的修正久期和基点价值，上述两种计算结果在这种情况下会变得不准确，从而导致套保比例也会变得不准确。

3. 数值舍入风险。在进行套期保值的时候，需要计算套期保值比例。一般情况下，计算出来的套期保值比例的小数部分都比较复杂，在实际使用时需要进行四舍五入。这样操作后，实际的套期保值比例和理论的套期保值比例之间必然存在一定的偏差，从而造成风险。

4. 套期保值比例的调整风险。严格意义上，套期保值比例只是在套期保值的瞬间是准确的，当市场收益率发生变动的时候，套期保值比例就会改变。因此，如果我们使用固定的套期保值比例进行操作，就会出现套期保值过渡或套期保值不足的情况，对套期保值绩效造成影响。

为了实现更好的套期保值效果，需要对套期保值比例进行动态调整。调整套期保值比例的方式有很多种。增加调整套期保值比例的频率，可以有效增强套期保值效果，但过于频繁的套期保值比例调整会增加套期保值的复杂性和交易成本。因此，交易者需要在两者之间进行取舍。

5. 资金成本风险。在计算套期保值损益的时候，需要计算国债现货的持有收益。持有收益是国债现货的利息收入减去资金成本后得到的。资金成本的变动会对持有收益造成影响，并进一步影响基差交易的损益。

由于套期保值损益的绝对值相对较小，资金成本的影响会相对较大。这一点和基差交易的情况不完全相同。

（二）套期保值的绩效评价

经套期保值的资产组合是由套期保值工具（国债期货合约）和其所保护的资产（债券现货）所组成的一个新的资产组合，按照套期保值比例 h^* 进行套期保值后，该新资产组合的对数收益率可以表示为：

$$r_h = \Delta S_t - h^* \Delta F_t$$

式中，ΔS_t、ΔF_t 分别表示采用套期保值的现货和期货的对数收益率。为了对套期保值的绩效进行评价，学者们先后提出以下两种标准：

1. 风险最小化。由于套期保值本质而言仍然是一个资产组合管理问题，根据 Markowitz 资产组合理论，就是要对这一跨期、现两市场的资产组合寻求固定收益下的最小风险，这就是套期保值过程所遵循的"风险最小化原则"。令 $\delta_\mu^2 = Var(\gamma_\mu) = Var(\Delta S_t)$ 表示套期保值前现货组合对数收益率的方差，而 $\delta_\mu^2 = Var(\gamma_\mu)$ 表示套保后资产组合对数收益率的方差，则套保绩效（HE）可表示为：

$$HE = \frac{(\delta_\mu^2 - \delta_h^2)}{\delta_\mu^2}$$

即"风险最小化原则"要求使套保后 γ_h 的方差较套保前现货组合收益率 γ_h 方差减少程度最大，套保绩效 HE 越大说明套期保值绩效越好。

2. 效用最大化。除了追求较低的收益率波动，投资者也会追求较高的收益率绝对值。采用"基于效用"的比较方法（Gagon 等，1998），可以综合考虑收益率大小、波动程度以及投资者风险厌恶程度。该原则要求选取最优的套期保值率，使得以下的效用函数最大化：

$$MAX\left[E\left(\gamma_h \middle| \Omega_{t-1} - \frac{1}{2}\Phi Var(\gamma_h | \Omega_{t-1}) \right) \right]$$

其中，风险厌恶系数 Φ 反映了投资者不同的风险偏好，因具体的投资者而异；Ω_{t-1} 为截至 t－1 期所有可得的信息集。根据"效用最大化原则"，对于相同的 Φ，使上式最大的套期保值策略越成功。

基金经理一般根据指定的基准来衡量其绩效，基准常常为固定收益债券指数（如中债综合指数等），该基准回报率可确定为与投资组合相关的"β"回报率。此外，基金经理拥有有限的自由度，在预期利率下跌和价格上涨的情况下，可将投资组合存续期向上调整有限幅度，或者在预期利率上涨且价格下跌的情况下将存续期向下调整，试图超越基准，获得超额回报 Alpha。

七、应用国债期货管理利率风险的几个关键问题

（一）市场交易者结构及流动性分析

1. 国债及国债期货市场交易者结构。根据中国人民银行发布的《2012 年金融市场运行情况》，我国债券市场的托管总额达人民币 26.0 万亿元，同比增加 17.6%，银行间市场债券托管额为 25.0 万亿元，同比增加 16.7%。截至 2012 年末，我国国债市场总额约 7.4 万亿元。

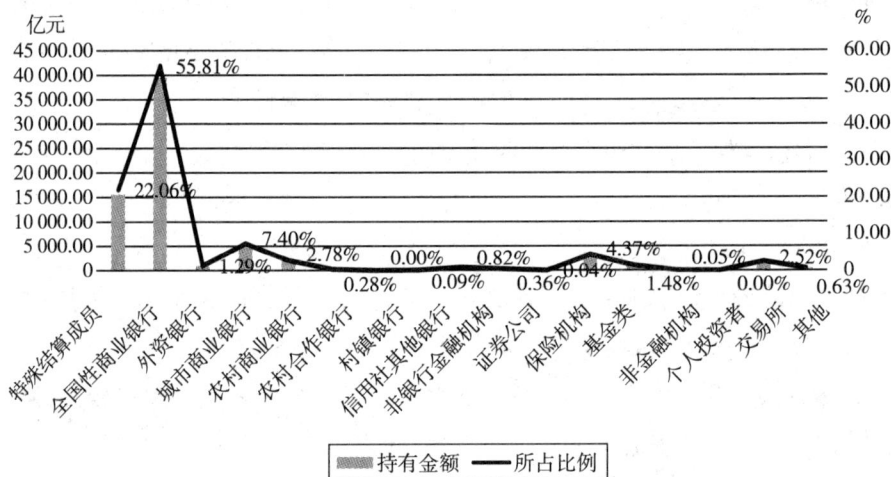

数据来源：WIND 资讯。

图 6-3　国债投资者持有结构（截至 2012 年末）

国债投资者中，银行间债券市场的特殊结算成员（包括财政部、人民银行、政策性银行、交易所、中央国债登记清算公司和中国证券登记清算公司等机构）占 22.06%、全国性商业银行占 55.81%、其他类银行占 11.85%、保险机构占 4.37%、基金类占 1.48%、证券公司只占 0.04%。从比例上看，商业银行是国债投资者的绝对主力，持有现券的绝大部分。但是，商业银行的相当一部分债券持仓均在持有到期类账户下，平常交易相对其规模来说并不算活跃；相比之下，证券公司、基金类机构虽然在债券持有量上不如商业银行，但交易非常活

跃，这与其公司机制相对灵活，对收益率的要求较高有关。

期货品种的投资者结构，主要分为套期保值、套利和投机三类。

表6-6 期货品种的投资者类型

投资模式	投资目的	主要投资者	收益风险特征	投资方法
套期保值	对冲债券现货风险	银行、保险	和现货共同构成的投资组合不再承担利率风险	同时持有债券现券和国债期货，保持较低的组合对利率风险的暴露
套利	获取无风险收益	证券公司、私募	风险较低，无风险收益	根据期货、现货之间的价差，进行价差交易
投机	利率走势方向投机	私募、个人	风险较高，取决于投资经理判断的准确性	根据投资者对利率走势的判断进行方向交易

目前参与国债期货的仅有券商、基金等少数机构和个人，这些参与者的目的主要是套利和投机而非套期保值，所以目前国债期货市场行情并不一定能完全反映当银行及保险等机构参与进来时的市场行情。当银行等持有债券现货量较大的机构参与国债期货交易时，对市场是否有较大影响都需要论证。

2. 国债期货市场流动性情况。参与机构的局限性预示着初期国债期货的流动性不足。国债期货在2013年9月6日上市交易刚满两个月，就出现了交易收缩、关注度降低的情况，随后的发展并没有因为商品市场旺季的到来而有所改变，截至2013年11月4日，国债期货成交量只有上市初的二十分之一，两个月里价格变动不到1%。

表6-7 国债期货上市以来成交情况（截至2013年11月4日）

代码	简称	区间交易天数	区间成交量	区间成交额（亿元）	日均成交量	日均持仓量
TF1312. CFE	TF1312	35	185776.00	1748.3223	5307.89	3761.46
TF1403. CFE	TF1403	35	6256.00	58.9424	178.74	247.43
TF1406. CFE	TF1406	35	1976.00	18.6397	56.46	110.09

数据来源：WIND资讯。

国债期货成交不活跃、关注度有限、价格变化不大，可以概括其整体表现。2013年10月国债期货一个月主力合约TF1312的成交量在2000多手徘徊，只有上市首日成交量的二十分之一，而价格变动只有 0.38%，其间无论投资者是做多还是做空，均没有太多的收益。

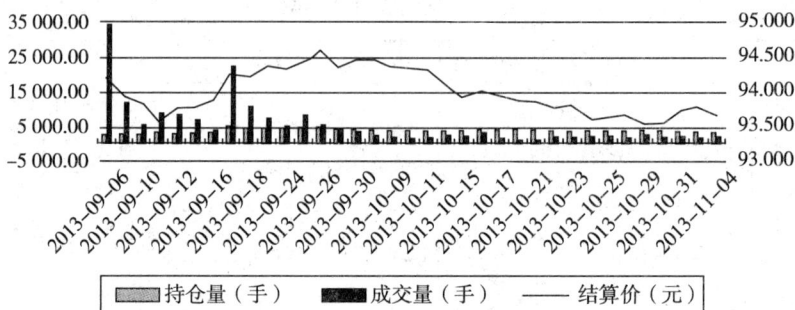

图 6-4 国债期货合约 TF1312 交易情况

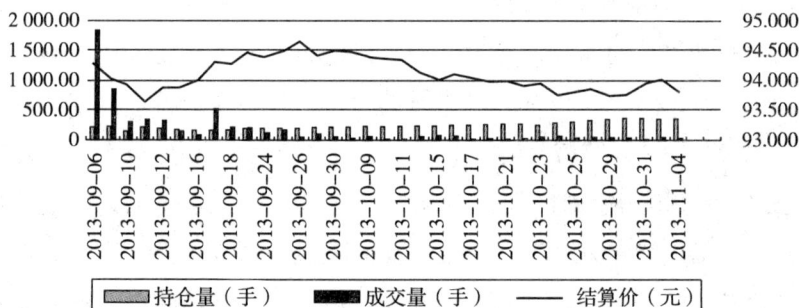

图 6-5 国债期货合约 TF1403 交易情况

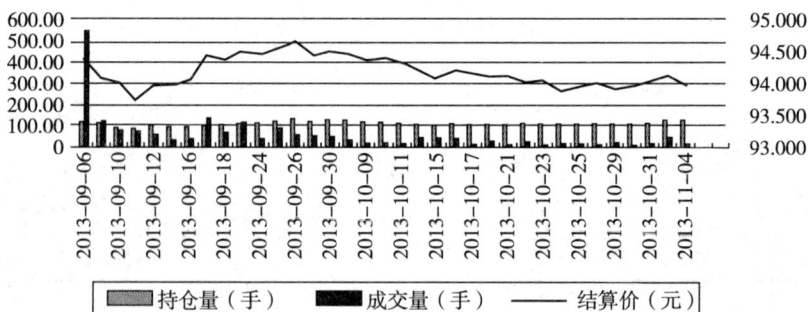

数据来源：WIND 资讯。

图 6-6 国债期货合约 TF1406 交易情况

我们认为，目前国债期货的流动性缺乏主要是三点原因：一是投资者不够多元化；二是制度设计本身原因；三是利率市场化程度不高。

（1）目前银行系投资者持有了超过一半的国债，与海外相比，国债持有者结构比较单一和集中。如果银行没有限制地直接参与，可能会影响市场走势，对国债期货的价格发现功能不利。且由于目前银监会、保监会对于商业银行、保险机构参与国债期货的部分细节问题尤其是风险控制制度还在完善，国债现货的两个最大持有者仍未参加国债期货的交易。

（2）由于国债"327"事件，中国金融期货交易所（简称中金所）制定了一系列国债期货风险防范措施，确保风险可测可控，守住不发生系统性和区域性风险底线是设计当前国债期货合约的根本性目标，但这在一定程度上影响了流动性和活跃度。

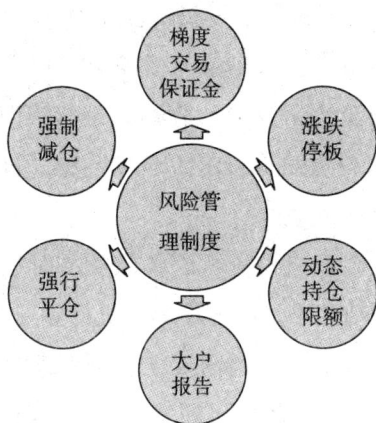

图 6-7　中金所国债期货风险管理制度

例如，为切实防范结算风险，中金所从审慎性角度出发，将 5 年期国债期货合约的保证金标准由征求意见稿中的 2%、3%、4% 调整为 3%、4%、5%，目的是保障国债期货的安全平稳运行。但是由于国债期货价格波动性很小，国际市场上 5 年期国债期货保证金水平低于 1.5%，是国际平均水平的 2 倍。这导致交易者机会成本的增加，影响市场交易的积极性和活跃度。

表 6 - 8   境外国债期货保证金水平

期货合约	CME 的维持保证金比率 （2012 年 12 月底）	EUREX 的保证金比率 （2012 年 12 月底）
10 年期国债期货	1.49%	2.03%
5 年期国债期货	0.74%	1.07%
2 年期国债期货	0.30%	0.36%

数据来源：CME 及 EUREX 网站。

此外，在制度设计上未引入做市商，做市商制度是一种市场交易制度，是由具备一定实力和信誉的法人充当做市商，不断地向投资者提供买卖价格，以其自有资金和证券与投资者进行交易，从而为市场提供即时的流动性。做市商制度对市场的活跃功不可没。做市商制度不仅为市场提供了流动性、促使了国债期货价格发现功能的实现，同时，做市商都是具有一定资质和实力的大型机构，他们的报价相对合理，对抑制过度投机也起到一定作用。

当前利率市场化程度不高，市场参与者缺乏参照系。目前市场对于中长期银行间市场基准期限的资金价格及国债收益率定位依旧十分模糊，这在很大程度上使得期货市场上对相关合约价格定价基础不稳、价格博弈不够充分，市场交投活跃度因此也受到影响。

市场流动性不足可能会造成投资者因缺乏交易对手而无法交易或需承担较大交易成本，而且目前流动性不足同样会影响机构参与的积极性。

国债期货市场流动性水平的提高需要依靠国债期货合约的合理设计、投资者结构的多元化以及债券现货市场的不断发展等各方面的因素。

（二）套保策略与信用债违约风险

信用债的收益率可以视作由两部分组成：无风险收益率和信用利差。国债的利率一般视为无风险收益率，从历史数据看，信用债收益率和国债收益率走势大部分时间是一致的。信用利差则容易受到宏观经济及市场供需影响。

以银行间固定利率企业债为例，在图 6 - 8 中可以看到不同信用等级的债券利率的变化情况。2009 年以来信用利差大体和经济增长呈现出较明显的相关性，2011 年 7 月出现的云投集团企业债风险事件引发的系统性恐慌则导致低等级的信用利差的运行中枢明显上移。

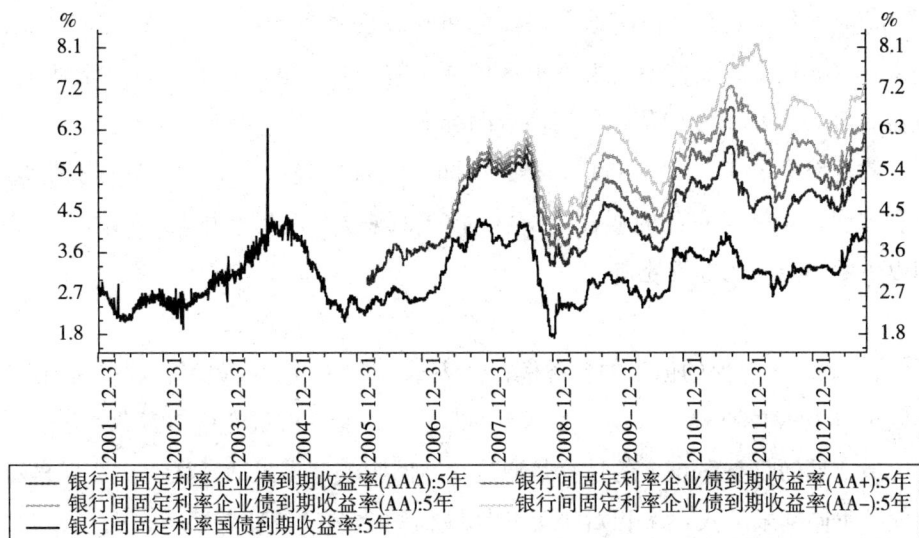

图例：
- 银行间固定利率企业债到期收益率(AAA):5年
- 银行间固定利率企业债到期收益率(AA+):5年
- 银行间固定利率企业债到期收益率(AA):5年
- 银行间固定利率企业债到期收益率(AA-):5年
- 银行间固定利率国债到期收益率:5年

数据来源：WIND 资讯、中国债券信息网。

图 6 - 8　不同等级债券到期收益率

信用利差，是用以向投资者补偿基础资产违约风险的，高于无风险利率那部分的溢价。在具体到一个公司债券的信用风险的时候，一般要通过各种模型求得公司的违约概率，然后根据违约概率和信用风险的关系来计算信用利差。但在一个充分分散化的信用债组合中，更关心的或许是整体的信用利差受到宏观因素影响的演变过程。

一般情况下，信用利差反映经济环境和流动性状况。经济环境向好，企业的盈利状况改善，信用风险则会大幅降低，信用利差将有效缩小；而流动性状况则涉及到债券的供需变化。在因子分析的逻辑框架下，经典理论认为信用利差不仅包含信用风险，还应该隐含着税收溢价和流动性效应，后来的实证研究中又发现了系统性风险的重要性。

在 2011 年下半年发生的云投企业债事件后，信用利差先是急剧扩大，后又慢慢变小，最后的结果是信用中枢的上移。在这段时间内，无论是因为降低杠杆，还是因为宏观经济逐渐由滞胀过渡到衰退，都导致了无风险利率的下行，因此，二者在这段时间的走势呈现反向关系，无法进行套保。因此，在数据整理的时候，需要剔除这段时间的数据。

但是，信用利差是信用债和国债之间的减法关系，而信用债和国债是比值关系。因此在实际操作中，很难根据信用利差推导出套保的张数，一般倾向用收益率 Beta 作为套期保值中信用溢价的标准。

收益率贝塔（Yield Beta）的概念，即用 Beta 来表示每次被套保的债券组合其利率变动 1 个基点的时候，期货合约 CTD 现券变化几个基点。具体的来讲，用以下的回归公式进行处理：

$$y_i = \alpha + \beta_i \times y_{ctd} + \varepsilon$$

式中，y_i 表示被套保的债券的收益率；y_{ctd} 表示 CTD 债券的收益率，这里回归系数 β_i 则可以显示 CTD 债券移动一个基点的时候，被套保的现券移动多少个基点。

最常见的收益率 beta 的计算是通过线性回归模型求出的。从历史数据来看，国债各不同期限的收益率相对于五年期国债的比例一般比较稳定，而且回归模型的解释度较高；但信用债不同等级的收益率相对于五年期国债的收益率贝塔受信用利差的影响大幅波动。以月度的平均值为例，回归模型的解释度随着信用债等级的变低而变小。

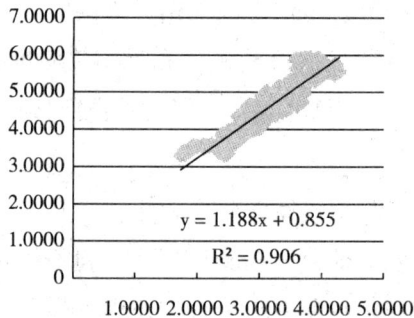

图 6－9　5 年期的 AAA 级企业债和国债的收益率 Beta 计算

可以看出随着信用评级的降低，简单的回归效果变得越来越差。原因可以简单归纳为信用利差随着评级的降低会越变越大。因此，对于信用债的头寸，尤其是高评级信用债，由于受利率风险影响较大，国债期货作为利率对冲的主要工具；对于一般评级信用债，则主要集中于对于低评级信用利差的变化判断，用国债期货进行信用利差交易。

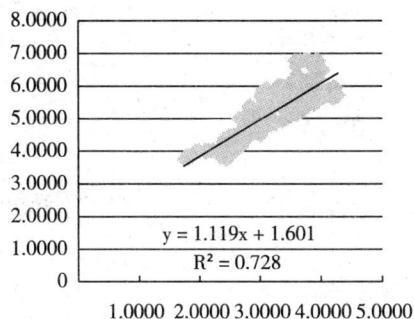

$$y = 1.119x + 1.601$$
$$R^2 = 0.728$$

图 6 – 10　5 年期的 AA + 级企业债和国债的收益率 Beta 计算

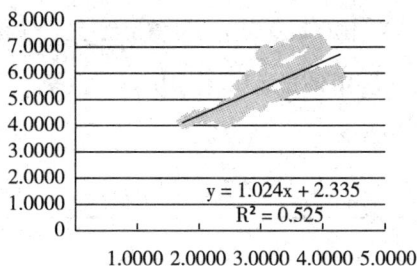

$$y = 1.024x + 2.335$$
$$R^2 = 0.525$$

资料来源：WIND 资讯。

图 6 – 11　5 年期的 AA 级企业债和国债的收益率 Beta 计算

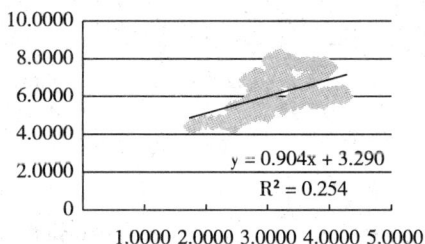

$$y = 0.904x + 3.290$$
$$R^2 = 0.254$$

资料来源：WIND 资讯。

图 6 – 12　5 年期的 AA – 级企业债和国债的收益率 Beta 计算

根据 2013 年前三季度报，基金投资组合中，企业债占基金净值比为
13.64%，占债券投资部分市值比的 47.78%，较 2012 年年报，分别增加了
3.14% 和 6.26%。投资信用债的目的是赚取信用利差，由于国债期货无法对冲

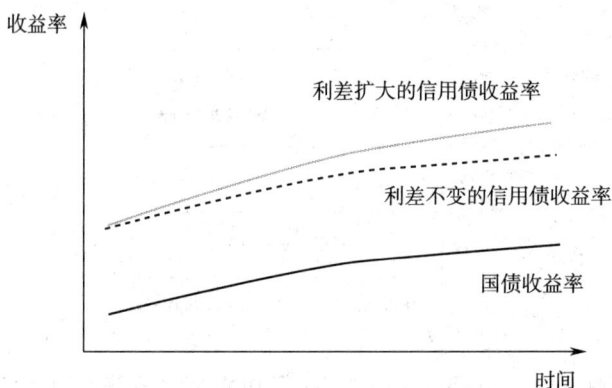

图 6 - 13　国债期货无法对冲信用利差变化的部分

信用利差变化的部分，对信用债的套保作用不是很强，而且一旦套保，由于需要支付保证金，收益也会减少。

表 6 - 9　　　　　　　　全部基金债券组合券种比例

券种名称	2013 年三季报				2012 年年报			
	市值（万元）	占净值比（%）	占债券投资市值比（%）	市值增长率（%）	市值（万元）	占净值比（%）	占债券投资市值比（%）	市值增长率（%）
国债	3 001 317.07	1.10	3.84	23.78	2 723 753.65	0.95	3.88	22.53
金融债	17 148 338.06	6.26	21.94	12.53	13 363 025.77	4.66	19.03	8.92
可转债	5 122 375.38	1.87	6.55	3.25	4 962 352.49	1.73	7.07	6.64
企业短期融资券	15 002 268.01	5.48	19.20	- 20.16	17 524 665.83	6.11	24.95	16.70
企债	37 335 012.48	13.64	47.78	- 0.99	29 162 073.18	10.17	41.52	26.38
央行票据	164 192.47	0.06	0.21	- 89.33	2 323 565.69	0.81	3.31	- 59.21
债券汇总	78 146 994.25	28.55	100.00	- 3.59	70 233 732.36	24.50	100.00	11.47

资料来源：WIND 资讯。

投资者可以用国债期货对冲信用债的利率风险，只面临信用利差风险，并在信用利差缩窄时通过国债期货放大收益。

因此，我们认为，当利率市场因为央行的行为发生明显的涨跌时，信用债和国债保持了较高的一致性，因而国债期货可以起到很好的风险管理作用；而当缺乏明显的指引时，市场受到了信用债配置需求的影响，这种影响是决定性

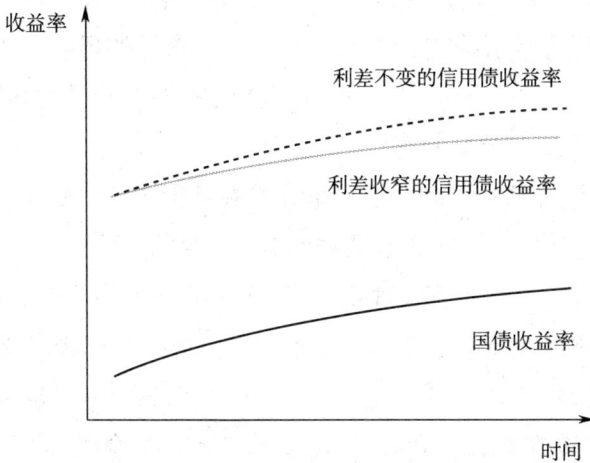

图 6 – 14　信用利差收窄时对冲利率风险可获得正收益

的，导致做套期保值的意义很小。

（三）国债期货在资产配置中的作用

1. 运用国债期货在资产配置中的优点。中长期国债期货可以用来构建与国债现货表现非常相似的资产头寸，因此国债期货对于资产组合管理者而言是一个强大的工具。采用国债期货进行资产配置主要的优点是：交易成本更低、保持核心资产组合不变、信用风险比远期交易更低等。

（1）交易成本低。国债期货采用保证金交易，目前保证金比例为3%，这可以有效降低交易者的套期保值成本。同时，国债期货在中金所交易，采用集中撮合竞价方式，交易透明度高，降低了寻找交易对手的信息成本。

（2）保持核心资产组合不变。机构可能因为某些原因不愿立即卖出债券；承销商可能需要管理新发行证券的分销；机构可能由于税务方面的考虑而不愿卖出证券；可能现货市场流动性相比期货市场不强，而无法卖出现货；机构可能为找到资产组合中的中长期债券而进行了大量的研究，已经付出了较大的成本。在这些情况下，只需卖出国债期货，就能在保持资产组合不变的同时，更好地管理流动性，提高交易效率。

（3）信用风险更低。相对于场外市场，场内交易的国债期货的信用风险较低，国债期货由中央对手方提供清算和结算，清算机构提供整套的金融服务。

2. 国债期货可以管理资产组合久期。如果对债券市场后市看多，可以通过期货增加现货组合的久期和基点价值，在未来的市场如预期上涨时获得更大的收益；如果对债券市场后市看空，则通过期货减少现货组合的久期和基点价值，在预期下跌时避免资产的损失。

如果将现货组合的久期和基点价值控制在近似为 0，相当于进行了套期保值。因此，套期保值可以看作调整久期和基点价值的一种特殊形式。

假设机构持有 1 亿元的国债现货组合，其修正久期为 5.32，机构看好后市，计划将修正久期调整为 6.41。CTD 券的修正久期是 4.8，所以期货的修正久期也是 4.8，期货的价格是 101.13，则 1 手期货合约市值是 1011300 元。因此，调整久期所需要的期货数量是：$(6.41-5.32) \times 100000000 / (4.8 \times 1011300) = 22.5$，即只需要做多 23 手国债期货便可。

3. 替代现货投资。如果将套期保值进行反向操作，仍然持有套保比例的期货头寸，但头寸的方向与现货相同，则期货与现货具有大体相等的损益。因此我们可以用期货来替代现货，这为投资者提供了一种资产配置的工具，这也成为投机交易。

由于套保的比例会随着市场收益率的变动而变动，为了实现更好的配置效果，期货的数量也需要进行调整，类似于动态套保的操作模式。

期货是保证金交易，因此利用期货进行资产配置，与直接持有现货相比，可以节省大量的资金。如果这些资金是从外部借入的资金，则可以减少资金的信贷规模，减轻资金压力，并节省资金成本。如果这些资金是自有资金，则交易者可以将节省的资金用于其他投资，获得额外的收益。

需要注意的是，期货是虚拟券，相比现货，没有利息收入，另外，期货的保证金比例非常低，也不用支付资金成本，因此使用国债期货进行资产配置，与直接持有现货相比，会损失现货的持有收益。

国债期货套利策略

一、国债期货套利基本思路

国债期货的定价源于一价定理，即用现货端和期货端进行资产投资其净现金流应该相等，如果不等，即存在套利机会。转换因子在合约之初即已固定，故而当现货市场利率发生变化时，一定有债券被期货市场高估或低估，这样就产生了基差，那么作为期货市场的空头，就一定会选择现货市场中最便宜的可交割券（CTD），购入，持有，以待平仓或交割。

与其他期货品种一样，国债期货也存在一系列套利交易策略，包括现期、跨期和跨品种三大范畴。不过，我们所说的套利交易策略通常并非教科书上定义的无风险套利，而大都是有风险的；或者更为确切地说，我们讨论的其实是对冲交易策略，也即通过多空组合（买入某种资产并卖空另一种资产）来谋取不同资产间相对估值变动收益（Relative – value Trades）。

套利/对冲交易策略产生的原因是资产之间相对估值出现偏差，其有效的前提是估值偏差能为市场所纠正。换言之，套利机会的存在需要两个条件，一是当前的相对估值偏离了历史规律，二是未来的相对估值仍能回归到历史规律。

但是，我们并不知道这种回归何时发生——如果把时间置之度外，那么均值回归迟早会发生；但正是由于时间的捉摸不定，纳入时间维度的套利/对冲交易策略才显得真实而有风险。

二、国债期货套利类型

（一）期现套利

期现套利策略指的是，通过期货和现券之间的相对估值偏差来获利。该类策略存在两种模式，一是不同期限品种间的利差关系，也即收益率曲线交易（Yield Curve Trade），包括增陡/变平和波动率交易；二是现货和期货间的价差关系，也即基差交易（Basis Trade）。

1. 收益率曲线交易。通过收益率期限结构，以及债券的久期和凸度，构建一定的组合以获取利差变化或者收益率波动收益。在一个可卖空的市场中，我们除了做方向性的涨/跌交易，还可以通过收益率期限结构的变化以及债券的估值特征（久期和凸度）来构建特定风险的交易策略。其中，前者主要针对的是期限结构的增陡/变平交易，后者则主要通过构建蝶式组合来获取收益率波动（凸度）收益。

假设有长中短三只不同久期的债券，其估值特征（久期和凸度）分别为 (D_L, C_L)、(D_M, C_M) 和 (D_S, C_S)，价格（全价）分别为 P_L，P_M 和 P_S。一般而言，若市场无卖空机制，我们只能做单向投资，比如在收益率上升的时候配置短久期券 D_S, C_S，而在收益率下降的时候配置长久期券 D_L, C_L；但若可卖空，我们可选择的策略要丰富得多，主要可采取变平交易和波动率交易两种策略。

（1）变平交易：多头长久期 + 空头短久期。假设长短久期品种的仓位比为 1:w，则 $w = D_L / D_S$，使得组合久期 $D_H = D_L - w \times D_S = 0$。但当长短端收益率变动不一致时，组合价值变动

$$\Delta H = -D_L \times \Delta y_L + w \times D_S \times \Delta y_S = -D_L \times (\Delta y_L - \Delta y_S) = -D_L \times \Delta y_{L-S}$$

期限结构平坦化使得 $\Delta y_{L-S} < 0$，从而导致组合价值上升。

反之，即是增陡交易：多头短久期 + 空头长久期，原理从略。

（2）波动率交易。最常见的是蝶式策略（Barbell vs Bullet），即构建"多头长久期 + 多头短久期 + 空头中久期"组合，以通过收益率的波动获益。蝶式策

略相当于一个变平交易（蝶之长翼）和一个增陡交易（蝶之短翼）的结合体；一般来说，该策略的久期为零，并通过长中短三种不同久期的组合尽量规避收益率斜率风险。假设其仓位比为 $1:w_M:w_S$，则 $D_H = D_L - w_M \times D_M + w_S \times D_S = 0$。为简便起见，令 $w_S = 1$，则 $w_M = (D_L + D_S)/D_M$，于是：

$$\Delta H = -D_L \times \Delta y_L - D_S \times \Delta y_S + (D_L + D_S) \times \Delta y_M = -D_L \times \Delta y_{L-M} + D_S \times \Delta y_{M-S}$$

可知在蝶式策略中，久期为零使得组合对收益率水平因子免疫，而期限结构出现平坦/陡峭化的风险也能得到大部分对冲；理论上组合收益主要源于收益率的波动性，也即债券的凸度：

$$\Delta H = (C_L \times \Delta y_L^2 + C_S \times \Delta y_S^2 - w_M \times C_M \times \Delta y_M^2) + (-D_L \times \Delta y_{L-M} + D_S \times \Delta y_{M-S})$$

不过，如果 $(D_L \times \Delta y_{L-M})$ 和 $(D_S \times \Delta y_{M-S})$ 是非对称变化，将会导致蝶式组合的波动并不仅仅由前半段的凸度决定。

2. 基差交易。基差交易是指通过现货（包括但不限于可交割券）和期货的多空组合来获取期现价差变化收益。期货合约的价格由其标的决定，因此其同标的之间应该具有稳定的统计规律（临近交割时收敛）。而对于国债期货而言，一篮子可交割券的合约设计使得其同现货的关系相对复杂。

基差交易最常见的是 CTD 券基差收敛交易（Convergence Trades）。国债期货合约的实物交割制度使得其在交割月时，CTD 券和期货的基差应收敛至零附近。因此，当两者出现比较大的基差时，我们便可以通过买卖基差来获取相应的套利。在美国市场中，交割期权的存在使得在非交割月 CTD 券基差大多为正且存在套利空间，因此比较常见的是卖出基差交易，即"空头现货 + 多头期货"组合。

（二）跨期套利

跨期套利的对象为不同到期月份的国债期货合约之间的价差，广义上可视为基差交易的拓展。理论上而言，国债期货合约的公允价值 = CTD 券远期净价/CTD 券转换因子 =（CTD 券当期净价 − CTD 券公允基差）/CTD 券转换因子。因此，3 个期货合约同时交易时，若不同月份合约间的价差（跨期价差）出现套利空间，也即意味着 CTD 券远期净价或者 CTD 券基差公允价值出现了偏差。

跨期套利主要可采取牛熊市跨期和基差跨期两种策略。

1. 牛熊市跨期。牛熊市跨期是指依据 CTD 券估值变化趋势的跨期套利。期货（尤其是商品期货）市场中的一个经验法则是，近月合约（Front Month Contact）的波动性高于远月合约（Outer Month Contact），也即较于远月合约，近月合约涨起更快，跌起来也更快。据此，我们即可得到两种基本的市场跨期套利策略：若市场处于牛市（收益率下降），则近月合约估值的上升速度要高于远月合约，跨期价差会收窄，我们可以通过"多头近月合约 + 空头远月合约"的组合来谋取收益，此即牛市跨期（Bull Spread）套利，如 TF1206 – TF1209；反之，即是采用"多头远月合约 + 空头近月合约"的熊市跨期（Bear Spread）套利组合去获取跨期价差扩大的收益，如 TF1209 – TF1206。进一步地，我们也可以将牛市跨期和熊市跨期结合起来构建蝶式跨期组合，如 TF1206 + TF1209 – 2TF1209。牛市跨期套利机会的存在与期货的实物交割制度是息息相关的，因为现货估值的上升将导致近月合约交割/平仓的难度增加，从而使得其估值的升速高于远月。熊市跨期套利机会则在市场由高点回调时将会比较显著，因为之前的交割期权价值快速下降。

但是，我们发现，CBOT 的 10Y 期 1203、1206 和 1209 等期货合约之间的跨期价差关系与前文所说的经验法则相反。牛熊市跨期套利建立在跨期价差正常的基础之上，即远月合约处于升水状态；反之，若远月合约处于贴水状态，跨期价差的变化可能与前文所述相反，组合构建需反其道而行之。由前可知，期货价格 =（CTD 券净价 – CTD 券基差）/CTD 券转换因子，其中基差除了持有收益外便主要是交割期权的价值。当远月合约出现贴水时，也即其 CTD 券基差大于近月合约；换言之，远月合约的交割期权价值大于近月合约，这意味着市场预期空头方可能寻找到更便宜的可交割券。此时，若收益率下降（现货价格上升），一方面通过 CTD 券估值的上升来提升近/远月合约估值，但远月合约估值可能上升的更快。因为收益率下降使得交割期权（如转换期权）价值下降，远月合约 CTD 券基差可能以更快的速度下降。此时若我们依然按照之前的经验法则构建牛市跨期组合，则可能在基差的上升过程中受损。对于熊市跨期策略，其原理是相一致的，不再赘述。

2. 基差跨期。基差跨期指依据 CTD 券公允基差偏离的跨期套利。由国债期货定价公式可知，期货合约间的跨期价差主要受 CTD 券价值和其公允基差决定。若两个合约的 CTD 券相同，则其跨期价差即是 CTD 券公允基差之差。因此，若期货合约 CTD 券基差的理论差值，和其实际跨期价差出现较大偏离，则即意味着存在跨期套利机会；换言之，若期货合约理论跨期价差和实际跨期价差出现分歧，我们即可构建相应的跨期套利组合来谋取两者收敛的收益。

（三）跨品种套利

跨品种套利主要利用的是不同类资产之间的相对估值偏差。跨品种套利的范围理论上很广，因为只要资产估值与利率相关，理论上我们就可以据此构建对冲组合。

金融债国债利差收窄交易。在所有非国债资产中，恐怕金融债与其的关系最为紧密稳定。因此，我们可以根据金融债国债之间的利差关系来构建对冲组合。如当前的利差水平处于历史高位，我们可以构建"多头金融债＋空头期货"组合来获取利差收窄收益。假设我们买入的是 12 国开 08（2012/2/21 起息的 7Y 期浮息债），卖出 TF1206 合约以对冲收益水平变动风险，而只承受两者利差变动风险。从实际结果来看，若利差真如期初预判那般呈收窄趋势，则该对冲组合将会取得显著收益。

三、最便宜可交割债券的确定

国债期货的定价源于一价定理，即用现货端和期货端进行资产投资其净现金流应该相等，如果不等，即存在套利机会。转换因子在合约之初即已固定，故而当现货市场利率发生变化时，一定有债券被期货市场高估或低估，这样就产生了基差，那么作为期货市场的空头，就一定会选择现货市场中最便宜的可交割券 CTD 购入并持有，以待平仓或交割，于是找寻 CTD 券成为套利的关键。

（一）CTD 券的因素分析

之所以出现一些可交割券相比另外一些更便宜的情况，是由于债券价格的实际贴现因子与计算转换因子时的贴现因子不同。那么使得贴现因子产生差异的因素必然就是影响 CTD 券的主要因素。

第一，债券剩余期限（其实严格地说应该是"久期"，因"久期"本身包含了票息因素，且理解起来也不够方便，故本文一些地方用债券剩余期限代替

"久期"，不影响结论）。当市场到期/即期收益率大于（小于）3%时，运用转换因子折算出的所有债券被高估（低估），此时，在其他变量相同的情况下，剩余期限越长（短）的个券其最后一期现金流（影响最大的一期现金流）被高估（低估）的程度越大（小），因此剩余期限越长（短）的个券越有可能成为CTD券。同理，在其他变量相同的情况下，票息越低（高）的债券受折现因子的影响越大（小）（因为现金流集中在末端），因此票息越低（高）的债券越有可能成为CTD券。

由于剩余期限与票息是影响债券久期的两个核心因素，因此可以归纳为：当市场到期/即期收益率大于（小于）3%时，剩余期限越长（短），票息越低（高）的个券越容易成为CTD券。

表 7 – 1　　　　　　　　　　最可能 CTD 券情景对照表

市场收益率	运用转换因子折算出的债券	CTD 券规则	最可能 CTD 券
大于 3%	被高估	被高估最多的	剩余期限长的券、票息低的券
等于 3%	平衡	—	都是 CTD 券
小于 3%	被低估	被低估最少的	剩余期限短的券、票息高的券

从国债期货定价的原理上也可以理解这个关系，上文已提到，国债期货的定价是根据一价定理确定的，等式为：

期货价格（净价）×转换因子 + 期货应计利息 = 现货价格（净价）+ 现货应计利息 – 融资成本 – 现货利息再投资收益

那么，当把等式右侧现货市场看成一个定量的话，等式左侧的期货价格和转换因子之积需要保持平衡，即当市场利率高于3%，可交割券被高估时，期货价格应当降低；当市场利率低于3%，可交割券被低估时，期货价格应当升高，两者反向变动。

第二，市场即期收益率曲线。在计算折算因子时，我们假设收益率曲线是平坦的，各期现金流均以3%的利率折现，然而市场上即期收益率曲线是不平坦的，国债现券理论价格是根据当时的即期收益率曲线确定的，市场真实成交价不会与之大幅偏离。具体来讲，当市场到期收益率曲线向上倾斜时，越远时间得到的现金流相对折算因子实际折现率越大，现值越小。按照标准券利率3%作为贴现率得到的转换因子高估现券的程度就越大，继而导致久期越长的债券越有可能成为 CTD 券。同理，当市场到期收益率曲线向下倾斜时，CTD 券则切换为久期短的可交割券。

（二）模拟分析及测算

以上我们从逻辑上推理出债券久期和国债收益率曲线的形状是影响最便宜可交割券的两大核心因素，下面通过构造三个不同久期的可交割债券以及不同的收益率曲线形状来模拟一些典型的市场情况，并解释上述的结论。构造的三只债券信息如表 7-2 所示。

表 7-2　　　　　　　　　　模拟分析中的三只假定国债

证券简称	起息日	到期日	剩余期限（年）	每年付息次数	票面利率	转换因子
低久期	2009-10-22	2016-10-22	4.099	2	3.80%	1.030597
中久期	2002-9-20	2017-9-20	5.011	2	2.65%	0.983835
高久期	2011-9-15	2019-9-15	6.997	2	3.50%	1.031317

从上表的转换因子可以看出，低久期债券选取了剩余期限在实际允许范围内最小，且票面利率较高的债券，高久期债券选取了剩余期限在允许范围内最大，且票面利率较低的债券。从转换因子一栏中可以验证，票面利率高于 3% 时转换因子大于 1；反之，转换因子小于 1。

1. 情形一：当收益率曲线平坦时久期与 CTD 券的关系

首先控制收益率曲线的形状这一变量，分析最便宜可交割券与债券久期之间的关系。假设收益率曲线是平坦的，因此债券现金流的折算因子为同一个市场到期收益率，在这基础上观察标准化后的现券价格与市场到期收益率之间的关系。

图 7-1 描述了 CTD 券与市场到期收益率之间的关系。在期货交割日，理论上基差应当等于 0，否则在不考虑摩擦成本的前提下存在无风险套利空间。因此，在期货交割日，期货的价格近似等于 CTD 券价格除以该券对应的转换因子。图中纵轴为现券价格除以转换因子，横轴为市场到期收益率。由于我国虚拟券票面利率为 3%，选取的利率变化范围从 1% 到 5%，相邻数据点差 0.02% 计算出每只债券的价格。

价格/转换因子

高久期国债

期货价格

低久期国债

中久期国债

收益率

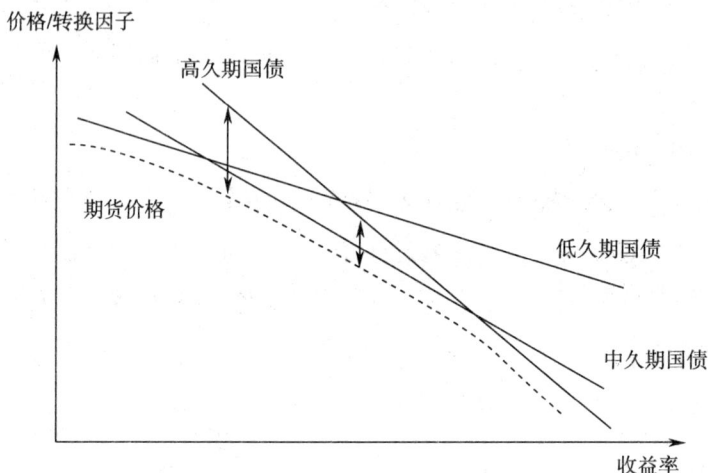

图 7 - 1 即期收益率曲线平坦下的 CTD 券及期货价格

从图 7 - 1 中可以观察出以下结论：

第一，在不考虑收益率曲线形状的前提下，CTD 券切换的敏感性仅在市场 YTM 位于 3% 的时候极为敏感，而在市场 YTM 大于（小于）3% 时，久期最高（最低）的券永远是 CTD 券。

第二，高久期债券与低久期债券在图中的交叉点正好穿过中久期债券，可称此交汇点为 CTD 券切换点，也就是说当市场 YTM 位于 3% 的水平，且收益率曲线平坦时，无论哪只可交割券都是 CTD 券，而当市场 YTM 在 3% 的基础上左移或右移时，CTD 券发生切换。

第三，以 3% 为临界点，随着市场 YTM 的升高（降低），CTD 券与其他债券的实际价差在不断扩大，且可交割券的便宜程度排序与债券久期排序严格一致，即当 YTM 大于（小于）3% 时，最高（低）久期的可交割券为 CTD 券，随着可交割券的久期下降（上升），其与 CTD 券的调整后价差随之增大。这将导致若选错 CTD 券则国债期货的定价误差随之增大。

2. 情形二：收益率曲线向上或向下时久期与 CTD 券的关系

在实际市场环境下收益率曲线绝非平坦，且是不断变动的，因此需要在真实的市场环境下再次检验结论。为此，构建了 4 种收益率曲线情形，前 3 种情形均取自 2006—2012 年经济周期中具有代表性的历史数据点，最后一种情形为人为构建的利率倒挂，在复杂市场环境下，考察 CTD 券切换对市场收益率变动的敏感性。

表 7 - 3　　　　　　　　不同陡峭程度的即期收益率曲线

指标名称	1 年	3 年	5 年	7 年	对应历史日期
向上 1	2.1428	2.5599	2.8124	3.0786	2010 - 6 - 21
向上 2（陡峭）	2.6695	3.4092	3.7734	4.1554	2007 - 6 - 15
向下 1（较平坦）	3.9998	4.0199	3.9734	4.0608	2011 - 9 - 15
向下 2（倒挂）	4.044	3.9333	3.7628	3.5557	虚拟构造

　　具体测试方法是控制各情形下的利率曲线形状不变，根据 5 年即期利率确定其他期限即期利率，将各构造券的现金流按照发生时间对应的收益率曲线上的点进行折现，依次得出的债券价格与收益率曲线平坦时将有显著的差异。考察新定价环境下 CTD 切换点的移动。

　　在指标 1 环境下，收益率曲线向上倾斜，CTD 券与 5 年即期利率的关系（假设收益率曲线随 5 年即期利率平移，形状不变）。由于收益率曲线陡峭向上，高久期的债券折现价值降低幅度较低久期债券大，这使得高久期的可交割券更容易成为 CTD 券，各个久期债券的相交点不再汇合于横轴 3% 的点位，而前移至 2.2% 附近。从而高久期债券成为 CTD 券的概率更大。

　　在指标 2 环境下，收益率曲线较历史平均值更陡峭，各个可交割券的交汇点加速前移，在收益率曲线较陡峭的情况下交汇点发生在 1.92% 附近，较指标 1 左移。

　　在指标 3 环境下，国债收益率曲线较为平坦，该情形发生在 2011 年 9 月 15 日，该时期实际已经处在经济过热的尾端与衰退前期的临界点上（利率债从 10 月初开始启动）。各个可交割券的交汇点发生在 2.80% 附近，仍低于之前 3% 的临界点，而当时 5 年即期收益率在 3.9734%，表明长久期的可交割券为 CTD 券的状态仍会大概率保持下去。

　　指标 4 环境下利率出现倒挂，由于在实际中未曾发生，这一倒挂的环境为模拟值。在收益率倒挂的环境下，各个可交割券的交汇点终于发生在横轴大于 3% 的点位，具体为 3.72%，即当市场 5 年期利率大于 3.72% 后，长久期券才可能成为最便宜可交割券。根据国外经验，利率倒挂环境对应的经济周期应属于经济过热晚期。但在 2011 年年初到 11 月以前，5 年期即期收益率绝大部分时间位于3.5%以上，也就是说即便在收益率曲线倒挂的环境下，高久期可交割券仍有相当概率成为CTD券。

（三）最便宜交割债券的切换

从整体上来看，IRR指标与基差指标基本是一致的，应该说最便宜交割债券在短期内基本是稳定的，但随着市场的改变，最便宜交割债券可能也会发生变化。由于可交割债券的转换因子是不会随时间改变的，从IRR指标与基差指标角度上来考虑，最便宜交割债券改变的主要原因就是债券市场的变化。

之所以要谈及最便宜交割债券的变化，是因为在其后的基差交易中主要是采用CTD进行交易，而CTD转换将影响基差交易。从隐含回购利率的角度来看，由于最便宜交割债券即是使隐含回购利率最大的可交割债券，由于CF是固定的，对于同一个券，现货价格越小，则隐含回购利率越大，也最容易成为最便宜交割债券；而对于不同券，转换因子与价格的比值即为衡量隐含回购利率的主要因素。

以2012年3月12日当天为例，仅对11附息国债21、09附息国债32、09附息国债13三只国债进行分析。11附息国债21的票息率为3.65%，到期日期为2018年10月13日，09附息国债32的票息率为3.22%，到期日期为2016年12月17日，09附息国债13的票息率为2.82%，到期日期为2016年6月25日。当到期收益率高于3.25%时，三只国债中11附息国债21为最便宜交割债券，而当到期收益率低于3.25%且大于0时，09附息国债13为最便宜交割债券，而09附息国债13要成为最便宜交割债券到期收益率必须在0以下。DP/CF与到期收益率曲线的斜率与到期时间的长短有关，到期时间越短曲线越平坦，到期时间越长，曲线越陡峭；而曲线的相对上下位置与票息率有关，票息率越大，曲线相对靠下，票息率越小曲线相对靠上。由于仿真交易合约的到期时间集中于4至7年期，而4至7年期国债的票息率集中于2.5%至4%之间，而11附息国债21的票息率与到期时间在4至7年期的批次国债中都处于较高位置，如果到期收益率下行不大，11附息国债21的最便宜交割债券的地位可持续；但随着时间的推移，新的可交割债券进入后，其到期时间与票息率皆可相对高于11附息国债21，最便宜交割债券可能将发生转换。

从分析的结构来看，票息率与到期时间皆可纳入久期来衡量，这是分析结构的外生性，而内生性就在于到期收益率。

总结起来，有两条规律可循：

久期规律：对于收益率在3%以下的国债而言，久期最小的国债是最便宜交割债券；而对于到期收益率在3%以上的国债，久期最大的国债是最便宜交割债券。

到期收益率规律：对于相同久期的国债，到期收益率最高的国债是最便宜交割债券。

由于影响久期的两个重要因素票息率与到期时间其影响趋于稳定，其最大的不稳定性在于新债券的加入，而到期收益率受市场影响较多，在短期内也是变化的，是影响最便宜交割债券转换的最不稳定因素。

四、国债期货的期现套利：基差交易的无风险套利案例

基差交易，开仓进场的时机来自于投资者对各个债券基差未来走势的判断，这对投资者的专业知识和预测模型的稳定性要求较高，是比较复杂的交易方式。获利前提是期货与现货的价格处于非均衡状态，被错误定价后，出现了一定程度的套利空间，待这种错误得到市场的纠正后，套利空间消失，然而随着市场的有效性加强，这种套利机会比较少，对现货、期货的流动性、交易的及时性要求较高。因此，在进行基差交易时，投资者并非一定要选取CTD券，从流动性和便利性方面考虑，投资者更倾向于选择流动性较好的可交割国债或其他非可交割债券或国债ETF。

随着我国各种期货合约的推出，相信投资者对期现套利已经非常熟悉了，其基本原理同基差交易，均是在期货与现货的价格出现差异时，通过买卖基差来获利。

（一）期现套利的特殊之处

与其他期货类似，期现套利策略，作为国债期货投资最常用的套利策略之一，是指利用国债现货和国债期货之间的价格差异，买入其中价格低的、同时卖空价格高的，持有至到期后进行交割来进行套利，以获取无风险收益，是基差多头交易的无风险套利。

与其他期货的期现套利不同之处主要体现在以下两方面：

一方面，国债期货的标的是名义标准国债，是虚拟的，无法利用名义标准

国债来进行期现套利交易，理论上国债期货的价格将围绕最便宜可交割国债（CTD）的价格上下波动，到期时国债期货与 CTD 券的基差将收敛于 0。因此，国债期货的期现套利通常是指 CTD 券与国债期货的套利交易，即当 CTD 券与国债期货的基差在扣除持有期收益和交易成本后仍然小于 0（大于 0）时，可以通过买入 CTD 券（做多期货）、同时做空国债期货（卖出 CTD 券），到期进入交割以获取套利收益。

另外，国债期货的可交割国债为"一篮子"债券且为实物交割，名义标准国债与可交割国债通过转换因子（CF）来转换，这使得期初构建套利组合时，现货与期货的面值比为 1:CF，但在进入交割时，二者又必须相等，这时候就要求投资者在市场上买入国债或平掉多余的期货（CF > 1），来满足该要求。其他期货的期现套利策略不存在这些要求。

考虑到国债现券缺乏卖空机制，做空现券非常困难。虽然可以通过买断式回购的逆回购对现货进行做空，但卖空国债现券买入国债期货的方式在交割时较为被动，风险较大。因此本章的期现套利仅仅指买入国债现货、卖空国债期货的多头基差交易。

期现套利与基差交易的投资原理均是一价定律，在市场定价错误时，进场套利，待二者的市场价格回到均衡状态时，平仓出场，或者利用期货现货的价格到期收敛性来获取基差收益。并且，从以上分析中可知，期现套利是基差交易的一种特殊情况，与一般的基差交易有相同之处，也有一定的差异，主要体现在以下几点：

（1）投资期限有所不同。期现套利一般是持有至到期，而一般的基差交易更多的是波段操作，投资期限相对较短，是根据基差的变动情况进行平仓操作，赚取基差波动收益。

（2）风险不一样。在构建期现套利组合时，其交割后的收益较为确定；而基差交易的风险相对较高，基差的多头方风险相对有限，但基差的空头方风险无法通过交割来控制。

（3）现券选择范围不同，通常情况下，期现套利选取 CTD 作为现券，而基差交易的现券对象可以是所有可交割国债、国债 ETF，甚至是非可交割债券。

（4）投资的难易程度不同。期现套利是基差交易的一种特殊情况，相对较为容易，找到 CTD 券，买入 CTD 券、同时做空国债期货，持有至交割进行获利；而基差交易与基差的影响因素和投资者的判断能力、预测模型的稳定性等均具有较大关系，投资较为复杂，难度较高。

（二）国债期货的期现套利策略损益

由于 1 张国债期货合约的面值为 100 万元，为方便起见，我们假定 100 万元面值的国债现货为 1 张现货。

期现套利本质上是基差交易，即通过买卖基差来进行套利，依据期现套利原理，在期货与现货的基差与仓储成本（包括融资利息成本和持有期收益）偏离较大时，可以进行无风险套利。

本文所指的期现套利是基差的多头交易。根据国债基差的公式，国债的基差＝国债现货价格－CF×国债期货价格，因此，在进行期现套利过程中，期初构建期现组合时，国债现货与期货合约的数量比为 1 : CF。我们从持有至交割和提前平仓两种情况进行分析。

1. 情景一：持有至交割。在持有至交割情况下，由于在交割时期货合约的张数与现货的张数应该为 1 : 1，因此，当 CF 大于 1 时，在进入交割前投资者需要平掉 CF－1 张期货合约或者买入 CF－1 张现货；当 CF 小于 1 时，在进入交割前需要投资者买入 1－CF 张期货或者卖出 1－CF 张现货。与国债现货相比，国债期货的流动性较好，因此可以在进入交割前平掉 CF－1（或买入 1－CF）张期货合约。

为了使投资者更直观地了解国债期货的期现套利过程及其资金流情况，我们按照下表，构建期货现货组合：

表 7－4　　　　　　　国债期货的期现套利过程及其资金流情况

时间	操作	现货期货数量比	现货价格	期货价格	资金流入
T_1：开仓日	开仓买入国债，同时卖空国债期货	1 : CF	BP_1	FP_1	$-1 \times (BP_1 + I_1)$
T_{12}：距离交割很近的时间	在交割前某时刻，平掉 CF－1 张国债期货	1 : 1	BP_{12}	FP_{12}	$(CF-1) \times (FP_1 - FP_{12})$
T_2：最后交易日	将持有的国债现货进行交割	0 : 0	BP_2	FP_2	$CF \cdot FP_2 + I_2 + (FP_1 - FP_2)$

从表 7 - 4 可知，在不考虑交易成本时，国债期货的期现套利的净现金流为：

资金净流入 = $-(BP_1 + I_1) + (CF - 1) \times (FP_1 - FP_{12}) + CF \times FP_2 + I_2 + (FP_1 - FP_{12}) = -(BP_1 - CF \times FP_1 + I_2 - I_1) + (CF - 1) \times (FP_2 - FP_{12})$

其中，$(BP_1 - CF \times FP_1)$ 是国债在 T_1 时刻的基差 B_1；I_1、I_2 分别为国债上一付息日至 T_1、T_2 时刻的利息收益，因此 $T_1 - T_2$ 为 T_1 至 T_2 时刻的 期间利息收益 CR。当 T_{12} 与 T_1 很接近时，FP_{12} 与 FP_2 的差值接近于 0。因此，期现套利的资金净流入近似于 $-B_1 + CR$。

另外，可以将期现套利的资金净流入分解国债现货和期货的投资收益：

在 T_1 时刻买入 1 张 100 万元面值的国债，支付价格为 $BP_1 + I_1$，待交割时将国债以发票价格 $CF \times FP_2 + I_2$ 卖给期货多头方，国债现货投资收益为 $CF \times FP_2 - BP_1 + CR$；

在 T_1 时刻买入 CF 张合约，其中 1 张合约持有至 T_2，而（CF - 1）张合约持有至 T_{12}，国债期货投资收益合计为：$[(CF - 1) \times FP_1 - (CF - 1) \times FP_{12}] + (FP_1 - FP_2)$；

现货多头与期货空头总收益为 $-B_1 + CR$

从净基差的计算公式可知，国债的净基差（Net Basis，NB）为：

$$NB = 基差 - 持有期收益 = BP - CF \times FP - CR = B - CR$$

因此，期现套利组合持有至交割后，总收益为 T_1 时刻国债净基差的负值，即 $-NB_1$。从以上分析可知，只要国债净基差小于 0 且其绝对值大于交易成本（包括固定交易成本和冲击成本）和机会成本，开仓并持有至交割后投资者均可获得正收益。

2. 情景二：提前平仓。基差多头交易在基差进一步扩大后可以获得正收益，因此在 T_1 时刻构建期现套利组合后，如果在 T_2 时刻发现其净基差扩大了，且基差收益可覆盖交易成本，投资者可以考虑提前平仓，提前平仓的资金流情况见表 7 - 5。

表 7 - 5　　　　　　　　　　　期现套利组合提前平仓的资金流情况

时间	操作	现货期货数量比	现货价格	期货价格	资金流入
T_2：开仓日	开仓买入国债，同时卖空国债期货	$1:CF$	BP_1	FP_1	$-1 \times (BP_1 + I_1)$
T_2：平仓日	卖出国债现货、平掉国债期货	$0:0$	BP_2	FP_2	$BP_2 + I_2 + CF \times (FP_1 - FP_2)$

从表 7 - 5 可知，期现套利组合提前平仓的收益分布为：

国债现货投资收益：$BP_2 + I_2 - (BP_1 - I_1) = BP_2 - BP_1 + CR$；

国债期货投资收益：$CF \times (FP_1 - FP_2)$；

总收益：$BP_2 - BP_1 + CR + CF \times (FP_1 - FP_2) = B_2 - B_1 + CR$。

假定交割日为 T，T_2 时刻至 T 日的国债利息收益为 I，那么根据净基差定义可知，T_1 日的净基差为 $NB_1 = B_1 - (I_2 - I_1 + I)$，$T_2$ 日国债的净基差为 $NB_2 = B_2 - I$，

因此期现套利提前平仓的总收益为：$NB_2 - NB_1$。

因此，在净基差扩大后，投资者可提前平仓，实现收益，减少资金的占用时间，等待下一次开仓机会。

（三）国债现券与国债期货套利流程

假定：①投资者在期现套利时的总成本为 C，包括期现套利组合的开仓、平仓交易佣金、交割费用、市场冲击成本、机会成本等；②投资者资金充足，稳健型投资者，不会频繁换仓平仓，除非换仓平仓后的收益更高。

基于期现套利的损益分析，我们设计了国债期货的期现套利策略的开仓平仓条件，详情如下：

1. 开仓条件：净基差小于 0 且其绝对值大于 t_0 时刻，最便宜可交割国债 CTD_0 的净基差满足，开仓建仓，买入 CTD_0 券同时卖空国债期货，数量比为 $1:CF$，可以预测持有至交割时投资者收益为 $-NB_0 - C$。

2. 提前平仓条件。t_1 时刻，CTD_0 券的净基差为 NB_1^0，最便宜可交割国债 CTD_1 的净基差为 NB_1，此时存在三种情况：

（1）不管 CTD 券改变与否，根据期现套利的损益分析可知，如果此时平仓，

CTD_0 券的套利收益为：

$$NB_1^0 - NB_0 - C$$

由于投资者的资金很充足，频繁的平仓将导致大量的成本，降低投资者收益。那么：

在 $NB_1^0 - NB_0 - C > -NB_0 - C$ 时，即 $NB_1^0 > 0$，投资者才有动力平仓，实现收益；

在 $NB_1^0 \leq 0$，投资者会继续持有套利组合，等待平仓机会或持至交割。

（2）CTD 券改变，即 $NB_1 < NB_1^0$。从（1）中可知，在 $NB_1^0 > 0$ 时，投资者会选择平仓。但如果 $NB_1^0 \leq 0$，换仓与否要取决于新的 CTD 券能否带来更大收益。如果此时投资者选择换仓，并将 CTD_1 券持有至交割，则总收益为：

$$-NB_1 - C + (NB_1^0 - NB_0 - C)$$

由于国债的流动性较差，换仓相对较为麻烦，造成的市场冲击成本等隐性成本、交易佣金较大，吞噬投资者的收益。利用 CTD_0 券进行期现套利并持有至交割的总收益为（$-NB_0 - C$），那么只有在换仓后总收益大于（$-NB_0 - C$），$NB_1^0 > NB_1 + C$ 时，投资者才会选择换仓，否则投资者会继续持有原套利组合。

（3）持有至交割。到最后交易日仍然没有平仓机会，投资者需要调整期货现货仓位，使国债现货与期货的面值相等，进入交割，获得无风险套利收益。

综合上述三种情况，国债现券与期货的套利策略流程见图 7－2。

（四）国债期货的期现套利策略实证研究

1. 选取国债现券的考虑因素分析。考虑到上交所和深交所的国债交易极为不活跃，因此我们仅考虑银行间市场的国债与期货的套利机会。获取国债期货的价格较为容易，可以实现实时监控，迅速捕捉二者的套利机会。

然而，银行间债券市场是场外市场，主要通过一对一询价方式进行交易，一方面这些债券的成交价格比较难获取；另一方面很多老券没有交易，没有价格数据。这给历史回测国债现货与期货的套利机会及其损益带来了较大困难，如果国债没有交易，即使是 CTD，除非投资者持有该券，否则无法完成期现套利交易。因此，为了还原历史交易情况，我们只选取有交易的国债作为研究对象，在较为活跃的国债中选取净基差最小的国债来进行期现套利交

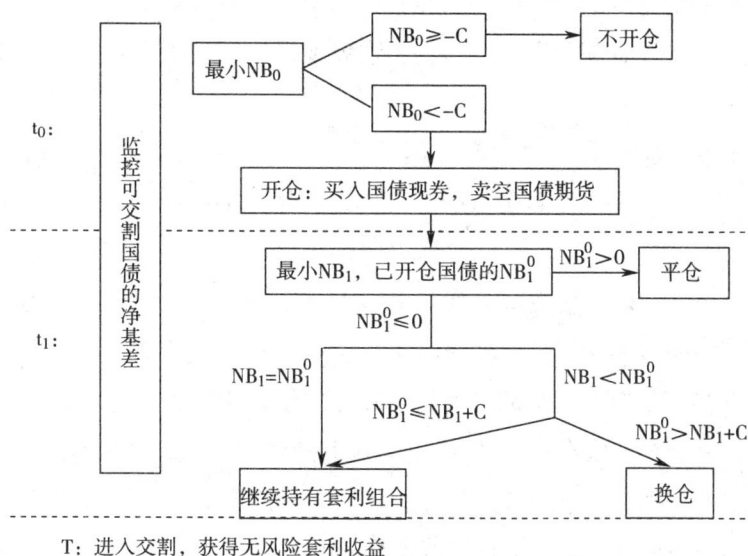

左侧纵轴标注：
t_0：监控可交割国债的净基差

流程图内容：

最小NB_0 → $NB_0 \geq -C$ → 不开仓

最小NB_0 → $NB_0 < -C$ → 开仓：买入国债现券，卖空国债期货

t_1：

最小NB_1，已开仓国债的NB_1^0 → $NB_1^0 > 0$ → 平仓

$NB_1^0 \leq 0$

$NB_1 = NB_1^0$，$NB_1 < NB_1^0$

$NB_1^0 \leq NB_1 + C$ → 继续持有套利组合

$NB_1^0 > NB_1 + C$ → 换仓

T：进入交割，获得无风险套利收益

图7-2　国债现券与期货套利策略流程

易，并以 WIND 数据库上的银行间现券报价数据作为国债现券买卖的参考价格。

首先，以数量加权的报价卖出净价作为投资者获得国债现券的买入价格，以该价格计算国债净基差，实现每日监控现券与期货的套利机会。然后，以交易日国债的均价作为国债现券的卖出价格，用于计算提前平仓的损益。

统计显示，从 2013 年 9 月 6 日到当前，银行间市场较为活跃的国债有 8 只，它们是：12 附息国债05、12 附息国债10、12 附息国债16、13 附息国债01、13 附息国债03、13 附息国债08、13 附息国债13 和 13 附息国债15。这些国债的流动性较好，获取国债的难度较小，产生的市场冲击成本较低，如果利用这些国债来进行套利交易仍然可以获得收益，那投资者会倾向于选择这些流动性好的券来套利。因此，我们在其中选取 CTD 券作为期现套利的现券具有一定的意义。

2. 期现套利参数设置。

（1）现金管理。国债期货是保证金交易，每日结算制度，为避免强行平仓的情况发生，在构建期现套利组合时，初期需要预留足够的保证金。国债期货的最低保证金比例为2%，在进入交割后从2%增加到3%、5%，考虑到国债期货价格的上涨将对期货空头造成亏损，这就要求投资者充分预测未来期货价格的振幅。

目前市场上能充分反映大部分国债价格波动的国债指数有上证国债指数（000012），它是以上海证券交易所上市的所有剩余期限在1年以上、固定利率国债为样本。

同时，中证指数有限公司于2012年9月12日正式发布上证5年期国债指数（000140），它选取满足以下条件的国债作为样本债券：（1）在上交所挂牌交易；（2）在国债期货交割月的全部可交割日满足国债转托管条件；（3）在国债期货交割月首日其剩余期限在4~7年的固定利率付息国债。指数样本每季度调整一次，实施时间分别为国债期货交割月的第二个周五后首个交易日。5年期国债指数能较好地反映可交割国债的价格波动，因此，充分考察上述两只国债指数的历史价格波动，可以较准确地预测国债期货的价格波动，这两只国债指数的历史价格及其振幅情况见表7-6。

表7-6　　　　　　　　　　国债指数历史振幅统计

指数名称	指数代码	3个月最小振幅	3个月最大振幅	3个月平均振幅
上证国债指数	000012. SH	0.4927%	2.3587%	1.0917%
上证5年期国债指数	000140. SH	0.3082%	3.7659%	1.4200%

数据来源：WIND资讯。

统计显示，3个月平均振幅不超过1.5%，最大振幅不超过4%。为保证期货空头顺利交割，投资者至少需要预留5%的保证金，如果期货价格未来最大涨幅为4%，此时保证金比例将增加0.2%，同时期货价格的上涨将造成空头方损失4%，此时必须预留9.2%的保证金才能保证在期货价格上涨时不被强行平仓并顺利完成交割。因此，预留10%的保证金完全可以确保未来期货价格上涨时不会被强行平仓。

（2）交易成本。不考虑市场冲击成本，各市场的交易费率说明见表7-7，并以此来确定期现套利的交易费率，我们选取的交易费率较高，主要是为了考察国债期货的期现套利交易在高交易成本下的收益情况。

表7-7 国债期货期现套利交易成本

证券	交易费率说明	交易成本（双边）
银行间债券市场国债	1000万元的交易额成本大约为400～500元	0.01%
国债期货	中金所规定每手合约3元，交割时每手合约5元，期货公司在此基础上可增加0.5～5元	不参与交割：0.0016% 持有至交割：0.0018%
国债ETF	二级市场上买入ETF佣金为0或者0.001%；ETF赎回债券所需赎回费0.1%	0.101%

在开仓时，现货、期货以1:CF的数量开仓，从中金所公布的可交割国债的CF可知，均不超过1.1，为了考察期现套利成本，我们假定期初时现货、期货价格均为100元，交割时期货价格为100元：

①提前平仓的情况，开仓平仓成本 = 100 × （0.01% + CF×0.0016%），成本不超过0.01167元。

②持有至交割的情况，开仓成本 = 100 × （0.005% + CF×0.0008%），调整期货数量的成本 = 100 × （CF - 1）× 0.0008%，交割成本 = 100 × 0.001%，成本总计将不超过0.00696元。

可知，所有交易成本将不超过0.01167元，考虑到国债现货、期货的价格不可能为100元，国债现货、期货的最高涨幅不超过4%，则以上成本将不超过0.01214元。因此，我们采取保守的做法，严格控制开仓、平仓条件，设置策略流程中的成本 C 等于0.02元。只有在净基差的绝对值大于0.02时，才可考虑开仓。

（3）最小交易单位。中金所规定投资者至少持有10手国债期货合约（净持仓）才可以进入交割，因此我们在实证研究时，也将严格按照该要求来建仓。

银行间债券市场是询价交易，理论上1笔交易至少为1000万元，如果交易额没到1000万元，但交易双方协商妥当，也可以成交。

3. 国债期货期现套利实证结果。利用银行间现券卖出报价数量加权均价作为现券价格、国债期货每日均价作为期货价格，计算以上7只国债每日的净基差，作为开仓信号，7只国债的开仓净基差见表7-8。

表 7 - 8　　　银行间债券市场国债买入套利组合的净基差每日监控数据

日期	12 附息 国债 10	12 附息 国债 16	13 附息 国债 01	13 附息 国债 03	13 附息 国债 08	13 附息 国债 13	13 附息 国债 15
2013 - 09 - 06	0.6808	0.1859	1.7641	0.0828	- 0.2039	1.4805	- 0.3511
2013 - 09 - 09	0.9072	0.5559	2.2027	0.3852	0.2965	1.8566	- 0.2794
2013 - 09 - 10	0.8149	0.5920	2.1630	0.3626	0.2372	1.8447	- 0.2560
2013 - 09 - 11	0.8837	0.6756	2.3887	0.2525	0.1288	1.9790	- 0.2047
2013 - 09 - 12	0.5824	0.5165	2.3147	- 0.0876	- 0.1262	1.8851	- 0.3804
2013 - 09 - 13	0.4664	0.3698	2.2555	- 0.1193	0.0352	1.9096	- 0.3937
2013 - 09 - 16	0.4049	0.1991	2.2295	- 0.0773	- 0.0545	1.8095	- 0.4481
2013 - 09 - 17	0.2162	- 0.0095	1.8609	- 0.2702	- 0.4050	1.5236	- 0.6006
2013 - 09 - 18	0.3687	0.1334	1.9340	- 0.0146	- 0.1624	1.5838	- 0.3365
2013 - 09 - 23	0.6075	0.4611	1.9978	0.1850	0.0069	1.6493	- 0.2904
2013 - 09 - 24	0.5805	0.3929	2.0175	0.1359	- 0.1571	1.7042	- 0.3217
2013 - 09 - 25	0.4558	0.2917	2.0009	0.0502	- 0.1740	1.6570	- 0.4256
2013 - 09 - 26	0.6020	0.3380	2.0728	0.0387	- 0.0377	1.7481	- 0.3663
2013 - 09 - 27	0.6518	0.5449	2.2992	0.2434	0.0569	1.9890	- 0.1663
2013 - 09 - 30	0.5060	0.3659	2.2716	0.1408	0.0686	1.9137	- 0.2437
2013 - 10 - 08	0.5675	0.4049	2.2643	0.0991	- 0.0285	1.9108	- 0.2024

资料来源：WIND 资讯。

然而在期现套利组合开仓后，换仓或平仓已否的净基差，应该用买入报价净价的数量加权均值来计算，作为卖出国债现货的价格。国债现货、期货套利组合平仓净基差见表 7 - 9。

表 7 - 9　　　银行间债券市场国债套利组合平仓净基差每日监控数据

日期	12 附息 国债 10	12 附息 国债 16	13 附息 国债 01	13 附息 国债 03	13 附息 国债 08	13 附息 国债 13	13 附息 国债 15
2013 - 09 - 06	- 0.0305	- 0.1291	1.4752	- 0.4170	- 0.6918	1.2831	- 0.5074
2013 - 09 - 09	0.2778	0.2698	1.8575	- 0.1020	- 0.0279	1.6570	- 0.1377
2013 - 09 - 10	0.3359	0.1561	1.8835	- 0.1147	0.0661	1.7034	- 0.3894
2013 - 09 - 11	0.3127	0.2823	2.0759	- 0.1434	- 0.3398	1.7770	- 0.2806
2013 - 09 - 12	0.0502	- 0.0878	1.7866	- 0.4531	- 0.5505	1.6406	- 0.7250
2013 - 09 - 13	- 0.0183	- 0.1132	1.8204	- 0.5601	- 0.2407	1.7006	- 0.7151
2013 - 09 - 16	0.0082	- 0.1679	1.7391	- 0.5401	- 0.3447	1.5836	- 0.7471

续表

日期	12 附息国债 10	12 附息国债 16	13 附息国债 01	13 附息国债 03	13 附息国债 08	13 附息国债 13	13 附息国债 15
2013 - 09 - 17	- 0. 0997	- 0. 2949	1. 4773	- 0. 6003	- 0. 5532	1. 2993	- 0. 8264
2013 - 09 - 18	0. 0230	- 0. 1930	1. 4947	- 0. 4780	- 0. 4660	1. 3811	- 0. 7023
2013 - 09 - 23	0. 1061	- 0. 0310	1. 6077	- 0. 2221	- 0. 4769	1. 4662	- 0. 5304
2013 - 09 - 24	0. 1504	- 0. 1166	1. 6778	- 0. 2665	0. 2372	1. 5446	- 0. 5345
2013 - 09 - 25	- 0. 0430	- 0. 2218	1. 6347	- 0. 4882	- 0. 5407	1. 4733	- 0. 6628
2013 - 09 - 26	0. 0181	- 0. 1290	1. 7349	- 0. 4234	- 0. 2143	1. 5963	- 0. 6107
2013 - 09 - 27	0. 1457	- 0. 0016	2. 0100	- 0. 2808	0. 1021	1. 7821	- 0. 5582
2013 - 09 - 30	0. 0288	- 0. 1002	1. 8332	- 0. 3335	- 0. 5745	1. 6904	- 0. 6684
2013 - 10 - 08	0. 1342	0. 0220	1. 9084	- 0. 2942	- 0. 4801	1. 7160	- 0. 4797

资料来源：WIND 资讯。

回溯期现套利策略时，我们只考虑 CTD 券与期货的套利机会，在实际投资中，如果投资者资金充足，为分散风险，可以考虑国债组合与期货的套利机会，其原理与单一国债的期现套利一样。

按照国债期货的期现套利流程进行开仓→提前平仓→下一次开仓→交割等步骤对国债现货与期货的套利进行建仓、平仓等操作：

（1）开仓进场。从表 7 - 8 中可以看到，监控到 2013 年 9 月 6 日，CTD 券为 13 附息国债 15，净基差为 - 0. 31205，其绝对值大于 0. 02，可以开仓进场进行套利交易。

13 附息国债 15 的转换因子 CF 为 1. 027，假定 100 万元面值的国债现券为 1 张国债现货，那么国债现货与期货的比应该满足 1∶1. 027，近似于 37∶38，即现货与期货的开仓数量分别为 37、38 手。买入国债的交易费按 0. 005%、卖出国债期货的交易佣金按 0. 0008% 计算。

13 附息国债 15 和 TF1312 的开仓价格分别为 96. 9705、94. 3432，国债买入方支付应计利息 0. 5403 元，因此购买 13 附息国债 15 所需成本为 97. 5108 元，购买国债现券所需资金为 3607. 8992 万元，预留 10% 的保证金作为现金资产，即 358. 0431 万元，现货、期货开仓成本分别为：0. 1804 万元、0. 0287 万元，交易费用总计 0. 2091 万元，因此开仓前至少需要准备 3966. 6126 万元的资金，开仓后持有 37 张国债现货和 358. 0431 万元的现金，资产总额为 3966.4035 万元。

开仓交易细节见表 7-10。

表 7-10 13 附息国债 15 与 TF1312 在 2013 年 9 月 6 日开仓进场的交易细节

日期	名称	净基差	操作方向	开仓价格	开仓数量（手）	交易金额（万元）	开仓交易费用（万元）	初场成本（万元）
2013-09-12	13 附息国债 15	-0.31205	买入	97.5108	37	3607.8992	0.1804	3608.0796
2013-09-12	TF1312		卖出	94.3422	38	3685.0431	0.0287	358.5330

（2）继续持有套利组合，等待平仓机会或者持有至交割。观察每日净基差监控数据，截止到 2013 年 10 月 8 日，13 附息国债 15 作为 CTD 的地位一直没有改变，同时从表 7-9 可知，平仓净基差均为负，没有达到平仓条件，则继续持有 13 附息国债 15 多头和 TF1312 合约空头，等待平仓机会或者持有至交割。

2013 年 10 月 8 日，13 附息国债 15 和 TF1312 的收盘价分别为 97.7611 元（全价）、94.4120 元，13 附息国债 15 的浮动盈亏为 9.2615 万元，TF1312 合约是以日结算的，浮动盈亏为 -2.6129 万元，导致现在资产下降为 355.8914 万元，期末总资产为 3973.0521 万元。扣除开仓交易费用后，浮动盈亏 6.4396 万元，收益率为 0.162%，年化收益为 2.537%。见表 7-11。

表 7-11 CTD 券与 TF1312 套利过程中的资产总额及浮动盈亏统计 单位：万元

	日期	国债持仓价格	期货持仓价格	国债资产	现金	交易费用	资产总额
期初	2013-09-06	97.6108	94.3432	3607.8992	368.5043	0.2091	3966.4035
期末	2013-10-08	97.7611	94.4120	3617.1607	355.8914	0	3973.0521
国债浮动盈亏							9.2615
期货浮动盈亏							-2.6129
套利组合浮动盈亏							6.4396

资料来源：WIND 资讯。

开仓后，随着净基差的进一步缩小，现货的日累积亏损也在扩大，使得套利组合总收益不断下降，并在 2013 年 9 月 18 日达到最大。之后，净基差逐渐扩大，套利组合收益也由负收益变为正收益，在期末收益达到 0.162%。

从以上分析可知，自国债期货推出以来，截止到计算期末，CTD券一直没有改变，在期间内也没有平仓的机会，期间的浮动收益也相对较小，且随着净基差的进一步缩小，其收益可能变为负收益。这表明，利用CTD券与期货合约的套利交易，CTD券的稳定地位将影响套利收益，在没有出现新的CTD券出现时，其净基差可能会一直为负，无法达到平仓条件，可能只有持有至交割时才能获得期初净基差的负值，这将占用较大资金，使得机会成本大大增加。

4. 非CTD券与TF1312的套利机会。我们注意到，在2013年9月6日，13附息国债08的净基差也为负值且绝对值大于0.02，为 -0.2039，但不是CTD券，因此在上面期现套利自动排除了该券。但根据期现套利的损益分析可知，持有至交割后期现套利的收益为期初净基差的负值，那么只要期初净基差为负值，且其绝对值大于0.02，持有至交割后均能获得正收益。因此有必要进一步研究非CTD券与国债期货的套利收益。同样的，我们按照期现套利策略流程来对非CTD券与TF1312合约的开仓、平仓等操作：

（1）开仓进场。2013年9月6日，13附息国债08的净基差为 -0.2039，小于0且绝对值大于0.02，满足开仓条件。该国债的CF为1.0164，则13附息国债08与TF1312合约的开仓数量比为1:1.0164，即约等于60:61，因此13附息国债08和TF1312的开仓数量分别为60手、61手。

此次开仓，13附息国债08的全价买入价和TF1312的开仓价格分别为97.2949元、94.3432元。期初国债资产、现金总额、手续费、期初所需资金总额等信息见表7-12。

表7-12　13附息国债08与TF1312所有套利机会及其开仓平仓价格、持仓资产

3次套利国债现货、期货的开仓平仓信号、价格									
第1次套利过程	第2次套利过程			第3次套利过程					
	开仓前资产总额	期初	期末	开仓前资产总额	期初	期末	开仓前资产总额	期初	期末
日期		2013-09-06	2013-09-10		2013-09-12	2013-09-24		2013-09-25	2013-09-27
开仓、平仓净基差		-0.2039	0.0661		-0.1262	0.2372		-0.1740	-0.1021
现货开仓平仓价格		97.2949	97.1153		96.7844	97.8134		97.5353	97.7509
期货开仓平仓价格		94.3432	93.8705		93.7322		94.4479	94.3460	

续表

3次套利的国债资产、现金资产、交易费用统计（单位：万元）									
第1次套利过程		第2次套利过程			第3次套利过程				
国债资产		5637.6924	0.0000		5807.0627	0.0000		5852.1197	0.0000
现金		575.4938	6430.9120		623.5133	6456.5166		604.0582	609.9378
交易费用		0.3379	0.3372		0.3361	0.3395		0.3387	0.3393
资产总额	6413.5241	6413.1862	6430.9120	6430.912	6430.5759	6456.5166	6456.5166	6456.1779	6474.9918

资料来源：WIND 资讯。

（2）达到平仓条件，提前平仓离场。从损益分析中可知，开仓以后，应该以平仓净基差信号来判断是否平仓或换仓。2013 年 9 月 6 日套利组合，即 13 附息国债 08 多头和 TF1312 合约空头组合，开仓后，通过表 7 - 8 来监控套利组合的平仓信号，发现在 2013 年 9 月 10 日，平仓净基差为 0.0661，大于 0，满足平仓条件，进行平仓。13 附息国债 08 和 TF1312 的平仓价格分别为 97.1153 元（全价）、93.8705 元，平仓后资金总额为 6430.912 万元。

（3）下一次开仓机会。9 月 10 日平仓后，通过表 7 - 8 的开仓净基差信号，发现在 9 月 12 日，13 附息国债 08 的开仓净基差为 - 0.1262，小于 0，且绝对值大于 0.02，期现套利组合可重新开仓。在 6430.912 万元的资金下，现货、期货开仓的数量比仍然为 60、61 手。监控 9 月 10 日以后的平仓净基差（见表 7 - 9），在 9 月 24 日时，其平仓净基差为 0.2372，大于 0，套利组合平仓。

同理，2013 年 9 月 25 日至 9 月 27 日又是一次期现套利过程。

（4）2013/09/06 至 2013/09/27 期间的所有套利及其收益统计。综合（1）、（2）、（3），发现在 2013/09/06 至 2013/09/27 期间，13 附息国债 08 与 TF1312 之间的套利机会总共出现了 3 次，分别为：2013/09/06—2013/09/10、2013/09/12—2013/09/24、2013/09/25—2013/09/27，这三次套利的开仓、平仓价格，交易费用，现金资产，套利收益等指标见表 7 - 12。

表 7 - 13 统计了 13 附息国债 08 与 TF1312 合约的 3 次套利收益、累积收益等，3 次套利的收益分别为 17.3879 万元、25.6046 万元、18.4752 万元，有效交易天数分别为：3 天、7 天、3 天，总收益为 61.4677，已实现的累积收益率为 0.9584%，3 次套利总交易天数为 13 个交易日，年化收益为 18.4309%。

表 7 – 13　　　　13 附息国债 08 与 TF1312 合约 3 次套利的收益统计　　单位：万元

套利区间	2013/09/06—2013/09/10	2013/09/12—2013/09/24	2013/09/25—2013/09/27
每次套利国债收益	– 11.3585	61.1562	12.8417
每次套利期货收益	28.7464	– 35.5517	6.1728
每次套利总收益	17.3879	25.6046	18.4752
套利累积收益	17.3879	42.9925	61.4677
套利累积收益率	0.2711%	0.6703%	0.9584%

资料来源：WIND 资讯。

从非 CTD 券与国债期货合约的套利实证分析可以发现：

（1）开仓后，只要达到平仓条件，套利组合都能获得正收益。

（2）通常，选取非 CTD 券进行期现套利，持有至交割的收益要低于 CTD 券与期货的套利收益，因此，主要是通过净基差的变化来获利，不需要持有至交割，这便可以通过回购操对国债现券加杠杆，以减少期初资金成本，杠杆操作可以放大收益，但也要注意防范风险。

（3）非 CTD 券与国债期货的套利机会较多，且其基差波动较大，通过多次波段操作，可以获得较高的收益。

5. 实证结论。从以上实证分析，我们可以得到以下结论：

（1）国债现券与国债期货是有套利机会的。

（2）CTD 券的稳定性，使得其净基差波动较小，在没有出现新的 CTD 券前，可能都无法达到提前平仓条件，导致 CTD 券与期货的期初套利收益较低，可能只有持有至交割，才能获得无风险收益。这就使得投资者无法采取回购操作来增加现券的杠杆，利用 CTD 券与期货的期现套利将占用大量资金，机会成本等隐性成本将变大。

（3）非 CTD 券与期货之间的套利空间相对较高。非 CTD 券其价格波动较大，致使其净基差波动较大，可以通过波段操作来进行基差套利，资金占用时间较短，增加套利机会和套利空间。同时，由于不会将套利组合持有至交割，因此可以采取回购操作来加大现货的杠杆，放大收益，但风险也等比例扩大了。

（4）由于国债 ETF 的成分券都是相对较贵的券，它与国债期货暂时没有套利机会的出现。

相信随着投资者参与度的提高，较老国债的交易也会慢慢活跃，这将进一步扩大可套利国债的范围和套利机会。

（五）套利过程中需要注意的问题

在期现套利交易过程中，投资者需要注意以下问题：

（1）期现套利的最低资金额。根据中金所规定，交割时净持仓量的最低标准为10手，国债现货与期货的数量比为1：CF，而CF其整数后的小数点有3位，这可能导致国债期货的数量较大，即使不考虑CF的小数点，现货与期货的数量比约为1：1，也需要1000万元面值的国债，加上预留10%的保证金，那么最终期现套利的最低资金额也需要1000多万元。

（2）充分考虑期货现货数量调整风险。期现套利组合在进入交割后，需要调整期货、现货的数量，这将增加交易费用，同时可能会对最后的收益产生一定的影响。选择只调整期货数量时，尽量在最后交易日进行，使交易价格与最后结算价格的差值降到最低。

（3）利用回购对国债现货进行杠杆操作可行，但有一部分券是被质押的，无法进入交割。现货高杠杆下，收益高，同时风险也等比例加大。在期现套利过程中，如果基差进一步缩小，将给投资者带来较大亏损。

（4）充分考虑国债的流动性问题，预防流动性风险。

（5）开仓顺序。资金额较大的机构投资者在询价交易中话语权相对较大，在捕捉到套利机会时，可以对国债期货进行建仓，同时与交易对手协商国债现券的价格。但对于小机构，在国债交易中，处于弱势，话语权相对较小，可以慢慢购买市场上较便宜的国债，待出现套利机会时，卖空期货来进行期现套利交易，也可以以相对较高的价格卖给需要的投资者，赚取差价。

国债期货风险管理

国债期货虽然是作为一种避险工具推出的，但它自身的特点使其又成为一种投机的工具，蕴含着很大的风险，会给市场带来不利的影响。若不能对国债期货的风险进行有效控制与管理，其非但可能摧毁期市，甚至连现货市场也会受其影响。应该说风险管理是金融衍生市场中永恒的主题。尤其是20世纪90年代以来，国际金融衍生市场动荡加剧，接二连三与金融衍生产品交易联系在一起的令人触目惊心的事件的发生，使人们对金融衍生产品市场上存在的巨大风险的控制制度和完善监管机制越来越注意，以保证金融衍生产品功能的正常发挥，防范对证券市场乃至整个金融市场产生负面影响。

一、国债期货交易风险的定义

所谓风险一般是指：人们对未来决策的客观条件的不确定性可能引起的结果与预定目标发生偏离的综合。还有的学者认为某种行为能否产生有害的后果应以其不确定性界定，如果某种行为具有不确定性时，其行为就反映了风险的存在。

国债期货交易的风险是指由于预期国债利率的变化而使市场参与者（交易

所、结算所、经纪公司、交易者）直接或间接地遭受损失或失去所期待利益的可能性。

国债期货市场的风险具有客观性，风险存在于国债期货交易的全过程，它虽然可以被分散、转移，但不会消失。所以我们控制风险的目标就是把国债期货市场的风险降到最低点，以维护交易的安全和市场的稳定。

二、我国国债期货交易存在的风险

根据国外发展国债期货的经验和我国市场现状，可以预测到我国开设国债期货可能会存在下列风险：

（一）交易风险

国债期货交易中的"保证金制度"决定了它比现货市场具有更特殊的风险。在国债期货市场上，参与者在交易时只需缴纳少量的保证金（一般为合约价值的 5%～10%），即可进行全部价值合约的交易。也就是说，在保证金的"杠杆作用"下，交易者可以用一些资金进行相当于数倍价值的合约的买卖。如果盈利，其利润将成倍扩大；如果亏损，其损失也会成倍放大。正如期货经纪公司向客户出具的"风险揭示说明书"中所必须提及的那样，"采用较少的保证金以获得较高利润这一杠杆作用使你获利的机会与你亏损的机会一样大"，因此利用杠杆原理交易时，保证金水平投入的多少可以使你承担更大的亏损或获取更大的利益。

（二）合约设计风险

合约设计风险主要是指由于交易合约设计不当，致使交易不畅，导致有行无市的窘境。在不考虑其他因素的情况下，合约价值的高低，是直接影响期货市场流动性的关键因素。一般而言，合约价值越高，流动性就越差。若合约价值过高，超过了市场大部分参与者的投资能力，就会把众多参与者排除在市场之外；若合约价值过低，又势必加大保值成本，影响投资者利用国债期货避险的积极性。因此，合约价值的高低是影响其流动性的重要因素，合约设计不当，会增加市场的流动性风险。

（三）市场管理风险

期货交易所的规则缺陷以及期货交易者的内部控制缺陷导致的风险是造成

国债期货巨大风险的重要原因，目前，我国重开国债期货交易将要面临的市场管理风险有以下几条：

1. 金融体系的效率导致的操作风险。

（1）期货交易的特点是每日结算制，国债期货也同样，要求作为国债期货交易信用担保的保证金要根据交易状况随时追加到位。一般情况下，各交易所收市后在晚间发出追加保证金通知，要求在第二天开市前必须到位，否则就要强行平仓，更不要说继续交易开新仓。但我国的金融系统资金流动速度非常慢，无形中给国债期货交易带来巨大风险。

（2）国债期货交易需要一个健全的资金市场作后盾，以比较快捷的资金融通保证交易的安全。在我国，资金市场运作很不规范，加之国家规定银行不准贷款作期货，更加大了期货的风险性，同时也导致了诸如非法借贷、不正规抵押等违规案件层出不穷。

2. 期货交易者的内部控制缺陷导致的风险。这里以英国巴林银行的倒闭案来说明。巴林银行倒闭的直接肇事者交易员里森未经授权进行期货交易，都是通过他在新加坡国际货币交易所的账户进行的，他还有动用巨额资金的权力，而造成的高额损失还可以在很长时间内不被发现。可见巴林银行内部监管之差、管理措施之不严格，同时也反映出内部监管在防范期货交易风险中的重要性。巴林银行的倒闭说明以下内部控制缺陷将成为重大风险隐患，而这些问题都是我国开展国债交易可能存在的：

（1）从业人员的专业技能差，因为本身过失而给公司及市场带来巨大损失。

（2）内部约束机制不完善，部门之间没有形成严格的监控关系，使像里森这样的人孤注一掷，造成难以挽回的损失。

（3）对员工的职业道德教育不够。期货从业人员不仅要具有较高的业务技能，还要有非常良好的职业道德。这是因为期货交易涉及金额巨大，价格波动带来的盈亏变化也比其他交易显著，这很容易诱使从业人员丧失职业道德或者基本的警惕性，做出不当决定甚至违法违规交易，这样不仅会造成公司的巨大损失，还会给期货市场带来动荡。

3. 市场被操纵风险。市场的超级投机者就可通过内幕交易、自买自卖、串通买卖、欺诈客户等方式，操纵国债期货价格走势，利用期货市场的杠杆作用获取高额利润，加大了市场风险，损害了投资者的利益。1995 年我国国债期货试点失败的一个重要原因就是大户联手操纵市场，打压期指，所以要建立相应的制度来规范国债期货市场。

（四）投资者因缺乏必要的专业知识而盲目投机带来的风险

以亚当·斯密为代表的古典经济学家认为自由竞争的市场经济是完美的。在这种市场中，每个人都是理性人，可以自由获得利益最大化，从而使社会的效益达到最佳状态。政府不要干预市场，其职能限于守夜人的角色。在现代主流经济学中，一个基本或关键的假定是：任何经济主体都是追求利益最大化的理性经济人，但是，经济人的理性是很有限的。

国债期货是一种技术性很强的产品，同时又具有极大的风险性，并不是每个投资者都能对它有充分的理解，即便有专业知识和经验的人才和机构也都难免出现决策错误。我国的投资者特别是中小散户对基本的证券知识都不太理解，更何况是国债期货的套期保值等更为高深的理论，他们的投资行为往往缺乏理性的分析。目前数量有限的机构投资者进行组合投资的效果也不好。所以出现投资者决策风险的可能性极大。

（五）法律政策性风险

在我国主要体现为政策风险，表现在：首先，政策多变、管理部门力量薄弱，对我国期货市场缺乏深入了解和研究，致使制定政策缺乏原则性和一贯性，只是就问题解决问题，临时政策太多；其次，行政干预太多。我国期货市场不能按照市场规律发展和有规则运行，一旦发生风险，频繁地变化规则，例如，取消交易品种，宣布某段时间交易无效，实行协议平仓等，不适当的行政干预严重损害了市场规则的严肃性和权威性，不仅使交易者和代理者受到损失，而且也危及了国债期货市场本身的顺利发展和投资机构的健康成长，过多的行政干预，不仅没有达到防范风险的目的，反而带来了新的风险；最后，政策信息具有不确定性，国家的一些政策信息的不确定性和传播渠道的违规性，为投机者提供了期货市场的炒作题材，加大了国债期货市场运作的风险。

三、我国著名的国债期货风险案例：国债"327"事件

（一）事件背景

1. 20世纪90年代通胀高企，保值贴补率诞生。改革开放初期，经济出现大起大落。80年代末经济增速大幅下滑，随后货币政策转向宽松，各项改革逐步推进，经济明显回升。经济回暖后，投资增速快速上升，特别是1992年邓小平南方谈话后，投资加速上行，至1993年投资增速一度达到70%，对GDP贡献率接近80%。

90年代初期，货币政策相对宽松，固定资产投资高企伴随着货币投放大量增加，1991—1995年M2平均增速超过30%。货币超增推升经济的同时也带来了诸多问题，首当其冲是高通胀席卷重来。而且此轮通胀伴随着价格改革，因而通胀幅度远高于80年代末期，1993年CPI接近15%，1994年突破20%。

这一时期，CPI上升速度非常快，1992年7月同比值超过一年期存款利率，之后两者利差快速扩大。央行于1993年5月和7月两次加息，一年期和三年期定存利率分别提升至10.98%和12.24%，但仍明显低于当时16%左右的通胀。因此，1993年7月加息同时，央行再次启动保值贴补率。

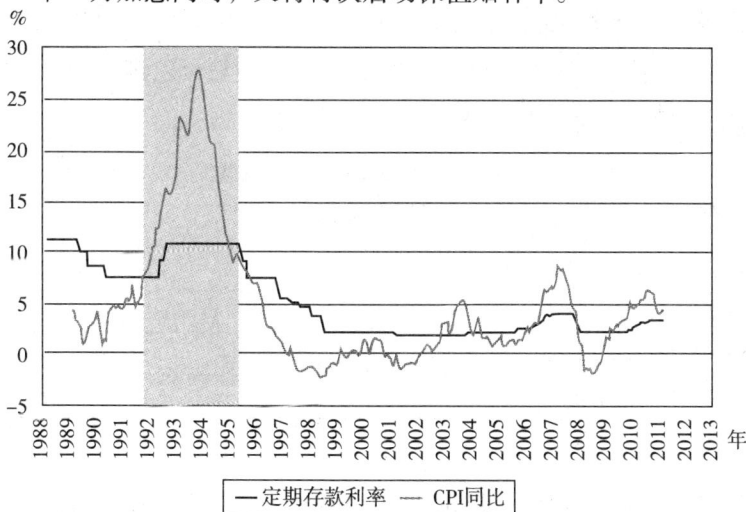

资料来源：WIND资讯。

图 8－1　定期存款利率、CPI 同比

所谓的保值贴息指的是，由于通货膨胀带来人民币贬值，从而使国债持有者的实际财富减少。为了补偿国债持有人的这项损失，财政部会拿出一部分钱作为利息的增加，称之为保值贴息。从经济学的角度来看，保值贴息应该与通货膨胀率的实际值相等，而在国际惯例上，大多数国家（包括现在的中国）已经取消了这一补贴，原因在于，国债购买者在购买时应当自行预见金融产品收益的不确定性。

保值贴补率工具产生于高通胀时期，主要为缓解负利率矛盾，改善居民通胀预期。央行和财政部分别于20世纪80年代末和90年代中实施了保值贴补率。

根据中国人民银行1988年9月发布的有关三年以上居民定期存款保值贴补的规定，三年期以上居民储蓄存款利率加上保值贴补率，应相当于同期的物价上涨幅度。

由于1993—1996年CPI变动非常剧烈，因此保值贴补率调整频率较高，幅度较大。保值贴补率从1994年3月的1.19%，上升至1995年7月的13.01%，并维持在高位至1995年12月，之后快速下行至1996年9月的3.61%。

政府对储蓄存款进行保值贴补的同时，为顺利发行国债以及保护国债投资者利益，决定对部分国债进行保值贴补。

根据1993年7月财政部关于调整国债发行条件的公告，1993年发行的国债基准利率调升至高于同期限存款利率，而并未明确是否上调1992年发行的国债基准利率，仅提及从即日起实行保值。

表8－1　　　　　　　　　　财政部调整国债条款信息概览

品种	最初票面利率	调整后票面利率
1992年3年期	9.5%	9.5% + 保值贴补率
1992年5年期	10.5%	10.5% + 保值贴补率
1993年3年期	12.52%	13.96% + 保值贴补率
1993年5年期	14.06%	15.86% + 保值贴补率

资料来源：WIND资讯。

1993年发行的国债票面利率除上调基准票面利率以外，还需补偿保值贴补率。但对1992年发行的国债，财政部并未调整基础票面利率（最初票面利率），仅补偿保值贴补率。

根据人民银行的规定，保值贴补率等于通胀与存款利率之差。因此若存款利率上调，保值贴补率反而下降，因此92（3）国债本质上并未享受到保值。

因而，市场的关注点就落在1992年国债的基础票面利率是否会跟着存款利率上调而上升。

2. 国债期货的推出。国债期货始于1992年底，最初的品种由上海证券交易所推出，标的为91（3）、92（3）、92（5）三个国债现券按3、6、9、12月到期的12种期货合约，最初仅限于机构投资者参与。"327"是"92（3）国债06月交收"国债期货合约的代号，对应1992年发行1995年6月到期兑付的3年期国库券，该券发行总量是240亿元人民币。

当时我国国债发行极难。1990年以前，国库券一直是靠行政分配的方式发行的。国债的转让流通起步于1988年，1990年才形成全国性的二级市场。个人投资者普遍把国债作为一种变相的长期储蓄存款，很少有进入市场交易的兴趣。

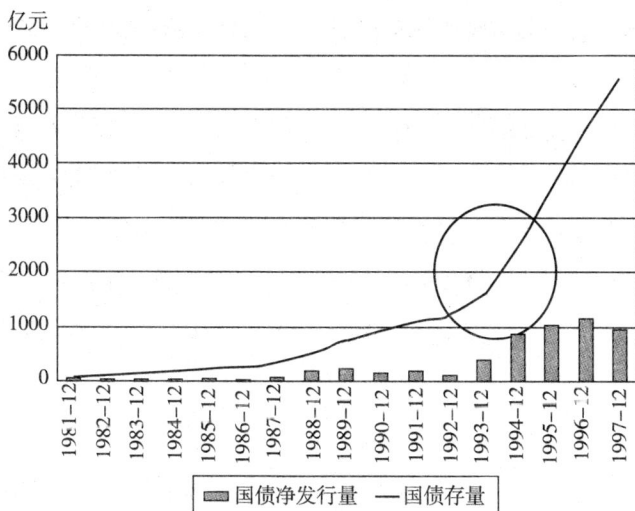

资料来源：WIND资讯。

图8-2　国债净发行量、国债存量

通过多次国际考察，决策者对国际金融市场有了较多的了解，感觉应当有金融工具的创新。在当时的体制框架内和认识水平上，搞股票指数期货是不可能的，而国债的发行正在受到国家的大力鼓励。借鉴美国的经验，1992年12月

28 日，上交所首次设计并试行推出了 12 个品种的期货合约。

期初国债期货成交并不活跃，试行的两周内，交易清淡，仅成交 19 口。1993 年 7 月 10 日，情况发生了历史性的变化，这一天，财政部颁布了《关于调整国库券发行条件的公告》，公告称，在通货膨胀居高不下的背景下，政府决定将参照中央银行公布的保值贴补率给予一些国债品种的保值补贴。国债收益率开始出现不确定性，国债期货市场的炒作空间扩大了。

由于期货价格主要取决于相应现货价格预期，因此，影响现货价格的因素也就成了期货市场的炒作题材。影响 1992 年三年期国债现券价格的主要因素有：

（1）基础价格：92（3）现券的票面利率为 9.5%，如果不计保值和贴息，到期本息之和为 128.50 元。

（2）保值贴补率：92（3）现券从 1993 年 7 月 11 日起实行保值，因而，其中 1995 年 7 月份到期兑付时的保值贴补率的高低，影响着 92（3）现券的实际价值。

（3）贴息问题：1993 年 7 月 1 日，人民币三年期储蓄存款利率上调至 12.24%，这与 92（3）现券的票面利率拉出了 2.74 个百分点的利差，而 1994 年 7 月 10 日财政部发布的公告仅仅规定了 92（3）等国债品种将与居民储蓄存款一样享受保值贴补，并未说明 92（3）现券是否将随着储蓄利率的提高进行同步调整。因此，92（3）现券是否加息成为市场一大悬念，直接影响 92（3）现券的到期价值。

（4）1995 年新券流通量的多寡也直接影响到 92（3）期券的炒作，由于上交所采用混合交收的制度，如果新券流通量大，且能成为混合交收的基础券种，那么，空双方将将有更多的选择余地，市场将有利于空方，如果相反，则对多方有利。

基础票面利率和保值贴补率的极大不确定性导致国债价值和国债期货的巨大波动。对基础票面利率和保值贴补率的不同预期，成为多空双方对"327"国债期货的主要分歧。这些价格的不确定因素，为 92（3）国债期货的炒作提供了空间。

（二）发展经过

1995 年时，国家宏观调控提出三年内大幅降低通货膨胀率的措施，到 1994 年底、1995 年初的时段，通胀率已经被控下调了 2.5% 左右。众所周知的是，在 1991—1994 年中国通胀率一直居高不下的这三年里，保值贴息率一直在 7% ~ 8% 的水平上。根据这些数据，时任万国证券总经理、有中国证券教父之称的管金生预测，"327" 国债的保值贴息率不可能上调，即使不下降，也应维持在 8% 的水平。按照这一计算，"327" 国债将以 132 元的价格兑付。因此当市价在 147 ~ 148 元波动的时候，万国证券联合辽宁国发集团，成为了市场空头主力。

而另外一边，当时的中国经济开发有限公司（简称中经开），隶属于财政部，有理由认为，它当时已经知道财政部将上调保值贴息率。因此，中经开成为了多头主力。

1995 年 2 月 23 日，财政部发布公告称，"327" 国债将按 148.50 元兑付，空头判断彻底错误。当日，中经开率领多方借利好大肆买入，将价格推到了 151.98 元。随后辽国发的高岭、高原兄弟在形势对空头极其不利的情况下由空翻多，将其 50 万口做空单迅速平仓，反手买入 50 万口做多，"327" 国债在 1 分钟内涨了 2 元。这对于万国证券意味着一个沉重打击——60 亿元人民币的巨额亏损。管金生为了维护自身利益，在收盘前八分钟时，做出避免巨额亏损的疯狂举措：大举透支卖出国债期货，做空国债。下午 4：20，在手头并没有足够保证金的前提下，空方突然发难，先以 50 万口把价位从 151.30 元轰到 150 元，然后把价位打到 148 元，最后一个 730 万口的巨大卖单把价位打到 147.40 元。而这笔 730 万口卖单面值 1460 亿元。当日开盘的多方全部爆仓，并且由于时间仓促，多方根本没有来得及有所反应，使得这次激烈的多空绞杀终于以万国证券盈利而告终。而另一方面，以中经开为代表的多头，则出现了约 40 亿元的巨额亏损。

2 月 23 日晚上十点，上交所在经过紧急会议后宣布：23 日 16 时 22 分 13 秒之后的所有交易是异常的、无效的，经过此调整当日国债成交额为 5400 亿元，当日 "327" 品种的收盘价为违规前最后签订的一笔交易价格 151.30 元。这也就是说当日收盘前 8 分钟内多头的所有卖单无效，"327" 产品兑付价由会员协议确定。上交所的这一决定，使万国证券的尾盘操作收益瞬间化为泡影。万国证券亏损 56 亿元人民币，濒临破产。

2月24日，上交所发出《关于加强国债期货交易监管工作的紧急通知》，就国债期货交易的监管问题作出六项规定，即（1）从2月24日起，对国债期货交易实行涨跌停板制度；（2）严格加强最高持仓合约限额的管理工作；（3）切实建立客户持仓限额的规定；（4）严禁会员公司之间相互借用仓位；（5）对持仓限额使用结构实行控制；（6）严格国债期货资金使用管理。同时，为了维持市场稳定，开办了协议平仓专场。

（三）事件尾声

1995年2月23日，为规范整顿国债期货市场，中国证监会和财政部联合颁发了《国债期货交易管理暂行办法》；2月26日，中国证监会又向各个国债期货交易场所发出了《关于加强国债期货交易风险控制的紧急通知》，不仅提高了交易保证金比例，还将交易场所从原来的十几个收缩到沪、深、汉、京四大市场。

3月份全国"两会"召开之际，全国政协委员、著名经济学家戴园晨发言，要求对万国证券的违规予以严肃的查处。

1995年5月再次发生恶性违规事件，即"319"事件。上交所国债期货"319"（对应1992年发行的五年期国债）合约在连续几天价格上涨后，在5月11日突然上涨到最高183.88元，当日的国债期货日成交金额达到924亿元。5月11日，上交所在监管中，又发现有四五家会员公司超额持仓，当日"319"合约的仓量达57.85万口，比5月10日的持仓数27.34万口净增111.59%，其他较活跃的品种如"339"合约也较前一交易日持仓数增加约30%。针对这一异常情况，上交所即刻对相关会员公司进行检查，发现违规超仓的公司，都是代辽国发下单所为。辽国发在下单时称有何问题由他们与有关部门交涉。为控制潜在风险，上交所在5月12日开市时决定当日起国债期货交易品种暂停开设新仓，所有期货账户内的持仓余额在当日同比例压仓至原持仓的50%。事后上交所对于接受辽国发超额开仓的5家公司：农行甘肃信托、大连国际信托、江西省证券公司（均系空方超额持仓）和属于多方违规的宁波证券、湖南国际信托投资公司（超额持仓、保证金不足），给予停止国债期货交易资格并处罚款的处罚。

1995年5月17日下午5时40分，中国证监会召开紧急会议，鉴于中国当时不具备开展国债期货交易的基本条件，发出《关于暂停全国范围内国债期货交易试点的紧急通知》，决定暂停国债期货交易。各交易场所从5月18日起组织会员协议平仓；5月31日，全国十四个国债期货交易场所全部平仓完毕。中国证监会开市仅两年零六个月的国债期货无奈地画上了句号，我国首次国债期货交易试点以失败而告终。

1995年9月20日，国家监察部、中国证监会等部门都公布了对"327"事件的调查结果和处理决定，决定指出，"这次事件是一起在国债期货市场发展过快、交易所监管不严和风险控制滞后的情况下，由上海万国证券公司、辽宁国发（集团）公司引起的国债期货风波。"决定认为，上交所对市场存在过度投机带来的风险估计严重不足，交易规则不完善，风险控制滞后，监督管理不严，致使在短短几个月内屡次发生严重违规交易引起的国债期货风波，在国内外造成极坏的影响。经过四个多月深入调查取证，监察部、中国证监会等部门根据有关法规，对有关责任人分别作出了开除公职、撤销行政领导职务等纪律处分和调离、免职等组织处分，涉嫌触犯刑律的移送司法机关处理，对违反规定的证券机构进行经济处罚。

1995年4月，管金生辞职。挂职两个月后，其经济犯罪问题开始败露。1995年5月19日，管金生在海南被捕，罪名为贪污、挪用公款40余万元，但并没有违反期货交易规则。

而同年8月发生的长虹转配股事件和其后的银广夏事件使得中经开走入了一个下降通道。信托业务、房地产投资都不景气，而证券的承销业务又往往因为恶性竞争变得几乎无利可图。1997年，中经开对外支付几次出现危机，78亿元债台高筑。2000年6月，中经开经由国务院批准，成为清理整顿后首批确定保留并移交中央金融工委管理的中央级信托投资公司之一。公司将实业投资剥离给中经投公司，信贷资产委托给公司的资产管理总部继续清收。

（四）国债期货关闭的原因及教训

国债期货作为一种新型的金融衍生工具，虽然在我国仅存在不到三年的时间便夭折了，但其作用还是不容否认的：促进了当时国债的发行及流通市场建设，对证券市场千百万投资者进行了国债期货的启蒙教育。更为重要的是，可以总结失败的原因，为恢复和发展国债期货市场提供宝贵的经验教训。从表面上看，是一种偶然事件导致了国债期货的关闭，这种偶然事件的发生似乎是部分规则制度不合理造成的，而实际上有着更深层次的原因。

在整个国债期货试点时期，我国的国债现货市场规模较小，利率市场化尚未进行，政府没有建立起相应的法律法规以及监管体系，交易所的风险管理制度及合约设计存在重大缺陷。在这种情况下，如果国债期货市场的政策环境发生重大变化，这些隐藏在国债期货背后的矛盾就迅速激化，使国债期货很快演变为少数投机者操纵市场、获取暴利的工具和牺牲品。因此，国债"327"事件的发生，表面上看是由少数大户违规造成，实际上是当时我国经济运行过程中各方面深层次矛盾的反映。归结起来，主要有以下几个方面的教训：

1. 国债期货市场赖以存在和发展的基础——债券现货市场规模过小。从国际经验来看，国债期货的顺利进行，必须有一个具有合理市场规模的债券市场为基础。市场容量过小（如图 8-3 所示），一方面使得国债期货套期保值需求不足，影响期货市场的健康发展，另一方面也容易导致市场操纵和过度投机，造成"多逼空"的市场格局，助长投机气氛。

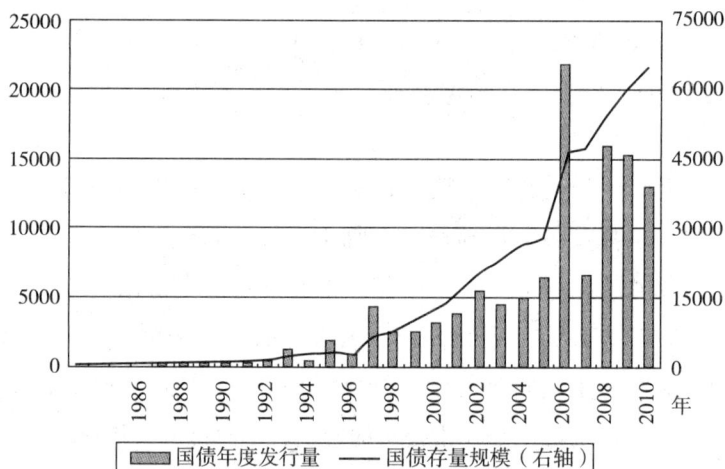

资料来源：WIND 资讯。

图 8-3　国债发行量对比（亿元）

在我国国债期货市场发展过程中，曾先后发生过"314""327""319"等三次国债期货风险事件，"多逼空"是其共同的特点。以"327"国债期货品种为例，其对应的现货（1992 年发行的 3 年期国债）只有 246.79 亿元，即便是混合交收，由于当时国债的实际流通量不过 650 亿元，也远远不能满足国债期货交割的需要。我国历年国债发行量如图 8-3 所示。

按上交所初始保证金2.5%计算，在不考虑持仓量限制的情况下，1000 亿元国债仅需保证金25 亿元，而当时上交所国债期货保证金最多时达 140 多亿。在这种情况下，市场被操纵的可能性大大增加。在国债"327"事件之前，上交所就曾经出现了"314"品种在临近交割时，持仓总量超过了 1992 年国债的实际发行量的情况，从而形成了逼空行情，使该品种无法顺利交割。

2. 利率机制僵化，社会对国债期货的需求不足。1995 年，我国的利率市场化改革尚未起步，货币市场利率和银行存贷款利率都处于国家的严格管制之下。尽管国家也曾根据宏观经济形势的变化多次调整存贷款利率，但调整频率低，调整幅度大，远不能及时、灵活地满足宏观经济运行的需要。以一年期存贷款利率为例，1992—1995 年 4 年间，我国一年期储蓄存款利率只调整了一次，一年期贷款利率调整了两次，每次调整幅度平均分别为 180 和 135 个基点。

由于利率体制僵化，1993—1995 年间国债投资者面临的主要风险不是利率风险，而是通货膨胀风险和政策风险。社会对国债期货的需求，不是来自于市场利率的波动，而是对未来通货膨胀以及相应的国家政策调整的预期。在现货市场不发达、信息披露不规范以及政府对市场的调控方式非市场化情况下，国债期货很容易演变为多空双方对赌的工具，而不是源于规避利率风险的需求，使国债期货成为"政策市""消息市"的牺牲品。

3. 信息披露不规范透明。金融市场从根本上说是一个信息市场。国债现货市场信息的透明度以及信息披露是否规范，对期货市场的规范性具有直接的影响。国债期货价格的变化不仅取决于宏观形势的变化，而且与重大信息的披露及有关财政金融政策、信息密切相关。在证券市场比较成熟的国家，重大信息的披露及有关政策的公布均具有严格的程序和保密性，泄密者将受严惩，以保证交易具有"公开、公平、公正"性。但在我国的国债市场中，国家的国债利息政策、发行计划和保值贴补率的信息在正式公布之前就被少数人提前知晓，从而引发了这场事态严重的国债"327"事件。

4. 法律法规不健全。我国对国债期货市场的试点缺乏统一规划和部署，对国债期货市场的发展没有按照先立法后发展的顺序而是采取"先发展后管理"的办法，在没有全国统一的国债现货和期货管理法规和期货主管部门的情况下就大规模地开展国债期货交易。实践证明，这样的发展顺序是一个严重的失误。

期货市场是个高风险的行业，要求国债期货市场在一个完善的法律框架下运行，新兴市场基本都遵循先立法后运行的规律。由于缺乏法律法规的强有力约束，政府监管部门对违规投机者缺乏威慑力，对于操纵市场、内幕交易等严重违规行为往往不能及时有效地查处，市场中的过度投机行为不能得到有效遏制，结果演变成"327"事件恶性违规事件的发生。

5. 宏观管理失控，交易所之间恶性竞争。在"327"事件爆发之前，并无明确的主管部门和监管部门，交易所为属地管理或行业管理，地方色彩较重。尽管财政部和证监会要求上交所建立风险控制制度，但由于没有明确的隶属关系，交易所没有认真考虑。此外，交易所自主性强，上市品种无须审批，各地一哄而上，不管条件是否具备都纷纷挂牌交易，抢占市场，不到一年，我国的国债期货交易场所一下子发展到14家，不同的交易所为了各自利益，仓促推出国债期货合约交易，为了招揽客户，设计的合约和交易规则五花八门，为以后的恶性竞争埋下了伏笔。

6. 交易所风险管理制度不完善，合约设计存在重大缺陷。我国国债期货市场之所以屡次发生风险事件，上交所的规则不完善、监督管理不严和风险控制不力是重要原因。首先，风险控制制度不完善。一是保证金制度不合理。交易所虽然规定的是2.5%的保证金，但实际执行的是完全的信用交易。下单时不用计算保证金，收市后按净头寸计算保证金，所以在没有资金的情况下也能抛出巨额仓单，信用风险很大。二是没有涨跌停板制度。涨跌停板制度对抑制期货价格过度波动，维护市场的稳定运行有重要作用。上交所曾经试用过涨跌停板制度，但后来因故取消，助长了交易者的投机心态。三是对会员和特别席位的持仓限额没有统一的标准和依据，也没有各品种持仓比例的规定，致使交易大户在一个品种上就超出总持仓量。对超仓报单没有明文禁止，也没有设置超仓报单的自动停报系统。可以说是信用制度下的现货交易方式。四是没有大户报告制度，使交易所不能及时掌握持仓大户的交易情况。在这种情况下，如果市场环境发生变化，很容易酿成风险事件。

其次，合约设计方面有缺陷。当时，上交所在合约设计方面采取了很多与国际通行惯例不同的做法。在保证金设置方面，国际上对保证金都是按照期货合约市场价格的一定比例收取，而上交所则是按票面价值计算。按照当时的《上海证券交易所国债期货业务试行细则》规定，对于会员自营，只收取1%的保证金，而且是按票面价值计算，若按市场价格计算只有0.7%左右。对于一般投资者，只收取2.5%的保证金，也是按票面价值计算，实际只有1.5%左右。以面值计算保证金的方式使得当债券价格上涨时，实际收取的保证金比例下降，结果是放大了市场风险。

在标的物选择方面，国际上，国债期货合约允许交割的债券并不仅限于一种国债，凡是到期期限符合规定的债券都可以用于交割。期货合约的卖方，可通过转换因子制度，从各种不同的可交割债券中选择出最便宜可交割债券（CTD）进行交割。这样的一种合约设计可以克服单一资产市场容量太小的弊端，最大限度地避免市场操纵问题的发生。而我国国债期货试点时期的各种国债期货是以某一年度发行的国债作基础资产，甚至以某一特定的国债（如1992年发行的3年期国债）为交易品种。由于单一品种现货市场的容量非常有限，很容易在期货市场上产生"多逼空"的现象。如图8-2所示。

表8-2　　　　"327"国债期货合约和交易规则的不合理要素

项目	内容
合约标的	1992年发行的三年期固息国债
标的券利率	票面利率＋保值贴补率
交割方式	单一券种交割，后为多券种混合交割
保证金比率	机构自营户为1%，个人投资者为2.5%
交易规则	无持仓限额、无涨跌停板限制

7. 没有把套期保值功能放在发展期货市场首位。发展期货市场的初衷主要在于搞活二级市场，发现价格，并通过二级市场的活跃来推动一级市场的发展。由于主观上没有把期货市场的主要功能——套期保值放在首位，这就使得国债期货市场的建立和发展一开始就偏离了正常轨道。国际经验表明，国债期货存在最基本的原因就是套期保值功能。如美国利率期货的产生，就是因为70年代开始，金融市场放松管制，取消对利率的限制，市场利率开始急剧波动，使得一级市场和二级市场的交易者面临前所未有的利率风险。为了规避利率风险，利率期货便应运而生了。

虽然期货市场的发展必然伴随着市场投机行为，但投机本身并非目的，且过度投机会加大期货市场运作风险，不仅会使其价格发现功能失效，也会使期货市场和现货市场的相关性和收敛性失效，从而不利于套期保值的进行。只有存在大量的套期保值者时，价格波动才会减缓，才能反映真正价格。从当时我国国债期货市场情况来看，大多数是市场投机者，真正进行套期保值者很少，再加上期货市场以小搏大的特点，使得过度投机现象屡禁不止。

四、国债期货风险管理的国际经验

美国期货市场的发展已有一百六十多年的历史，国债期货市场也有三十多年发展的历史，积累了大量的经验教训，形成了一套防止产生过度投机现象的办法，对我国国债期货市场有很好的借鉴作用。

（一）风险控制制度

1. 保证金制度。所有在商品交易所参与买卖期货合约者为了确保合约的如期、正常的履行，都必须按规定交付保证金，并在交易所指定的账户中存入，作为履行合约的财力保证，其目的在于保持合约结构的完整性，防止交易者在交易发生亏损时，不能交出款项而违约。保证金金额的确定主要取决于以下要素：（1）合约交易对象成交额的高低。（2）市场价格波动的幅度。（3）交易方式是套期保值还是投机。（4）交易客户的资金及信誉程度。

2. 佣金及佣金商制度。佣金是指经纪行代客户进行金融期货交易时所收取的报酬，其金额一般由成本及利润目标两方面来决定。其成本内容包括交易席位费、通讯费、市场调研费、行政管理费等；其利润目标包括交易所标的、成交合约的数量及金额、交易风险程度等因素。

佣金商的作用是代表那些不拥有交易所会员资格的客户利益，下达交易指令，征收客户的履约保证金，提供会计记录，传递市场信息，充当客户交易顾问等。

3. 价格报告制度。为了保证交易所价格的公开性、及时性和权威性，美国的各期货交易所都制定了严格的价格报告制度，以便及时准确地将场内的每笔交易的成交价格进行汇总、公布，并使之成为公开交易价格的基本保证。美国的价格报告制度包括即时报价制和交易盘报价制。

即时报价制度，是指交易场内的交易员在彼此进行期货交易买卖时，以公开喊价的方式进行讨价还价。一旦交易成功，场内的价格记录员随时将成交价抄入卡片，送到有关计算机系统进行记录和汇总，同时向场外的终端系统发送最新的合约成交价格。

交易报盘价制是指交易所按某一特定时间划分，在这一时期结束后最后的成交价即为最终成交价格，分别送到相应计算机系统给以记录、汇总并予以公布。

4. 制裁交易违法行为制度。为了保证交易所内交易的正常进行，美国各交易所对违法交易规则的具体行为都作了明文规定，当交易所会员出现违法行为时，交易所有权进行停止交易、罚款、取消会员资格或向刑事法庭起诉等措施。

5. 价格限制制度。美国金融期货期权交易所为避免金融期货期权交易场内价格受外界政治、经济形势的影响而发生暴涨暴跌，对各种期货期权合约都规定了最大最小波动值来控制交易价格波动幅度。

最大波动值，是指某一期货期权合约每日价格的最大波动范围，它是在某一期货期权合约交易结算价格的基础上，增加或减少一定金额而最终确定的。最大波动值通常在合约中都有明文规定，交易者不得在这一波动值外进行交易。

最小波动值，是指在某一期货期权合约交易中，每次报价的最小变动金额。

价格涨跌幅限制。为了抑制过度投机，减少市场价格波动，对国债期货价格规定涨跌幅限制。

6. 交易头寸限期制度。它是指由交易所限定每个交易者最多可持有的期货期权合约数量。当交易者持有的合约数量达到或超过规定数量时，交易者必须逐日向交易所报告。交易头寸限期对投机交易和套期保值者都适用，但适用的"度"有差别。交易所限定每个交易者可持有的期货合约数量对套期保值者可持有期货合约数量较多，而对投机者相对较少。

美国的金融期货期权法规的设立，起到了保持市场的公平竞争，维护正常的交易程序的作用。

（二）信息披露制度

美国目前拥有世界上最具流动性、效率最高的市场。其完善的经济指标披露制度功不可没。例如，美国每周公布的数据主要有一周内失业申请人数（包括初次申请和连续申请两种数据）等。每月公布的数据更是十分丰富，在生产方面有房屋开工和完工数、耐用品定单、未交付定单、生产者价格指数等；在消费方面有零售销售额、消费者价格指数和小时工资率等；宏观方面则包括货币供应量、国际贸易收支等。每季公布的主要是 GDP 增长率以及对于宏观经济的综合分析。每一种数据事先有预测值，在期末公布真实值，而在下一期又会公布修正值。这样，在这些信息源源不断地流入市场的过程中，价格的大波动被化解为无数次小起伏，即使某些特权人在某些信息的获得上拥有优先权，他们借此信息特权进行炒作的机会并不大。

在一些年份，美联储一连几次加息，但都没有在宣布当日或前几日在市场上引起轩然大波。事先的种种迹象，如经济增长逼近适度区域上限，小时工资率，失业率接近"自然失业率"底限等足以让美联储担忧经济增长过速引起通胀抬头；而消费方面数据的相对疲软更使美联储觉得有必要让经济软刹车，以免生产消费不平衡累积到一定程度引起经济增长的突然停顿。两方面的因素让市场有理由、也有信心认为美联储宣布政策而使预期转化为事实——这就是一个连续的过程。在这个过程中，即使某些人比另一些人在一部分信息上捷足先登，也不会影响大局。

（三）逼空案例

在英国的国债期货市场中，1997 年 9 月初，2 个交易者通过持有 CTD 券流通中的 27% 的份额开始了逼空活动。1997 年 10 月中旬，几个自营商通过远期回购交易（FTR）开始进行逼空，当其中一个自营商开始大量持有 FTR 头寸时，期货价格变动十分明显，市场被操纵的迹象越来越明显。

到 1997 年 11 月初，对所有市场参与者来说，逼空的情况越来越明显。价格扭曲程度从 1997 年 10 月 30 日的 0.24% 上升到 11 月 4 日的 0.70%。

1997 年 12 月，不少客户开始加入到逼空者的一方，而且手中持有的 FTR 头寸有 21 亿英镑，CTD 债券超过 50 亿英镑。

在 1997 年 12 月和 1998 年 1 月这两个月里，另一方市场投资者——对手方开始活跃起来，他们在空头上平均下了 55 亿英镑赌注。到 1998 年 2 月末，价格偏离度从 0.70% 提高到 1.00%。

在 1998 年 1 月 16 日，英格兰银行宣布缩小 CTD 券的回购政策目标区，英格兰银行从 1 月 23 日起，以隔夜回购的方式，仅仅向出现交易失败或无法返还债券，或其客户出现类似情况的金边债券做市商（GEMM）补充债券库存。财政部扩大库存债券的发行，相关库存债券的融资利率也被定为 0，自此市场上的逼空结束了。价格偏离度从 1998 年 2 月高峰期的 1.00% 回落到 3 月初的 0.20%。

尽管在 1998 年 1 月份的逼空行动失败，但逼空者获得了累计 2.35 亿英镑的利润，而其对手方遭受了 1.74 亿英镑的损失。CTD 券的价格大幅上涨，从 1997 年 9 月 1 日的 114.8 的价格上涨到 1998 年 3 月 4 日的 122.2。

五、我国国债期货市场可能产生的风险问题

（一）市场参与者蓄意违规操纵市场

一些机构为了牟取暴利无视法律法规，故意采取违规手段操纵市场。国债期货市场是一个高收益的市场，一些机构、大户为了牟取暴利，利用其在资金、信息等方面的优势，故意违反国家有关期货交易规定和交易所的交易规则，违背期货市场公开、公平、公正的原则，单独或合谋使用不正当手段、严重扭曲期货市场价格，扰乱市场秩序，其采用的主要手段有：

1. 分仓。市场操纵者为了影响价格，规避交易所持仓限量规定，借用其他会员席位或其他客户名义在交易所从事期货交易，使其在各个席位上总的持仓量超过了交易所规定的持仓限量。

2. 移仓（倒仓）。市场操纵者为了制造市场假象，或者为转移盈利，把一个席位上的持仓转移到另外一个席位上。

3. 对敲。市场操纵者为了制造市场假象，严重影响期货价格或者市场持仓量，蓄意串通，按照事先约定的方式或价格进行交易或互为买卖的行为。

4. 逼仓。市场操纵者利用资金优势，通过控制期货交易头寸或垄断可供交割的现货商品，故意抬高或压低期货市场价格，超量持仓、交割，迫使对方违约或以不利的价格平仓从而牟取暴利的行为。根据操作手法不同，又可分为"多逼空"和"空逼多"两种方式。

（1）多逼空。在一些小品种的期货交易中，当操纵市场者预期可供交割的现货商品不足时，即凭借资金优势在期货市场建立足够的多头持仓以拉高期货价格，同时大量收购和囤积可用于交割的实物，于是现货市场的价格同时升高。这样当合约临近交割时，迫使空头会员和客户要么以高价买回期货合约认赔平仓出局，要么以高价买入现货进行实物交割，甚至因无法交出实物而受到违约罚款，这样多头头寸持有者即可从中牟取暴利。

（2）空逼多。操纵市场者利用资金或实物优势，在期货市场上大量卖出某种期货合约，使其拥有的空头持仓大大超过多方能够承接实物的能力，从而使期货市场的价格急剧下跌，迫使投机多头以低价位卖出持有的合约认赔出局，或无资金实力接货而受到违约罚款，从而牟取暴利。当出现操纵市场的情况时，往往造成期货价格的剧烈波动，使广大的中小散户发生巨大亏损。为了避免更大的损失，或者保证金已经亏损到交易所或经纪公司规定的最低水平，而且又没有再追加保证金的能力时，不得不平仓认赔出局即斩仓。如果期货价格出现连续的同方向涨跌停板时，客户即使想认赔斩仓出局，也无法成交，客户的亏损进一步加大，最终保证金账户全部亏光甚至出现赤字（负数），当无力追加而成透支状态时，就出现了穿仓或爆仓的结果。

（二）从业人员素质有待提高

首先，不少从业人员对国债期货交易的专业知识缺乏了解，因而不能适时对客户提供建议，达到最好的操作效果。其次，不少从业人员只求交易量，赚手续费，对客户的资信、风险承担能力等资格条件审查把关不严，甚至为了拉客户而以放松风险控制为代价，如随便降低保证金水平或透支保证金；对客户不作最高仓位限制；对国债期货风险揭示不充分或不揭示，而只宣扬它的盈利性；在接受客户委托时，办理的各种手续残缺不全，漏洞百出。最后，未经客户允许擅自挪用客户资金，利用客户的报单为自己操作或者先自营后代理，这些都是明显地违反职业道德的行为和潜在的风险因素。

六、国债期货风险管理措施

（一）正确处理套期保值与投机的关系，抑制市场过度投机

国债期货市场最基本的经济功能就是为国债的持有者提供套期保值，以转移和减少市场利率波动而引起的风险。套期保值者转移了风险，就必须有人来承担风险，那种愿意承担风险的交易者便是投机者。套期保值者的存在决定了国债期货市场存在的必要性，而投机者的存在则决定了国债期货市场的可能性，二者缺一不可，是一种既对立又统一、既相互制约又相互补充的关系。具体来说，适度投机的作用主要有：

首先，承担风险并提供风险资金。投机者承担了套期保值者的风险，它们提供风险资金，希望市场能如其所料地变动，从而获得报酬，交换它的资金风险。

其次，平抑国债价格的波动。一般说来，国债期货合约的供给与需求总是不平衡的，由此会造成国债期货合约价格的波动。当合约供不应求时，投机者的卖空会使供给增加，从而使其价格不再上升或有所下降，而当该合约临近到期且供大于求时，投机者的平仓又会使需求增加，从而使其价格回升。反之，对于国债期货合约供过于求时，投机者便会做多，使其价格回升，该合约临近到期且供不应求时，投机者又会使价格下降，这样，合约价格提高或下跌幅度会缩小。

再次，增加市场流动性。投机者参与国债期货交易，为交易进行增添了新的对手，合约及其风险不断转手，提高了期货交易量，增加了交易机会，促进了国债期货市场的流动性。

最后，促进了信息的流动。投机者在承担了风险后，它们要迅速、详尽、合理地作出价格预测，以便尽可能盈利，这就需要广泛地收集和处理各方面的信息，密切关注金融市场的动向和货币价格的变动，因此，投机交易加速了信息的流动、传播和沟通。

然而，过度投机是十分危险的：

首先，投机量超过了市场容量的承受能力时，市场规模扩大，风险水平迅速上升。在短期内加大期价的不合理波动，套期保值所需的合理基差被破坏，风险转移功能弱化，保值者风险不是减小了，而是扩大了。

其次，过度投机导致不合理国债期货价格，反过来影响国债现货市场的供求，从而对国债现货价格的变动产生短期误导作用，进而影响国债的发行。

最后，过度投机的市场必然会伴随着大量的投机获利机会，也伴随着投机风险。当投机者追逐最大利益时，会发生市场操纵行为，并有可能引发金融风波。而当投机者损失超过其承受能力时，又会导致违约的发生，使国债保值者遭受严重损失。这些在我国国债期货试点时得到过验证。

（二）规范我国信息披露行为

金融市场从根本上说是一个信息市场，市场化的一切可归因于人们对过去信息的总结、对当前信息的理解以及基于当前可得信息对未来的预期。而国债期货是一种利率期货，其价格随基础价格——利率的波动而变动，因此有关经济形势的信息以及货币和利率的信息就尤为重要。

透明的货币和利率政策首先要求政府有明确的政策目标。广义的政策目标不外乎经济持续增长、充分就业、适度通货膨胀、国际收支平衡。这四个目标由于在大多数情况下无法同时实现而被称作"魔术四边形"。作为调节经济的杠杆之一的货币和利率政策不得不在其中作取舍。例如，在60年代，各国普遍将经济增长和就业作为货币政策的首要目标。而经历了70年代"奔腾式通货通胀"后，各国央行纷纷将控制通胀作为自己的首要职责。新西兰甚至用货币法来规定年度通胀率不得超过2%。

一旦政府决定并公布明确的政策目标（或一系列目标的优先顺序）后，应在相当的时间内保持不变。这样，投资者可以预见在一定的经济状况下政府的政策动向，从而可预见国债期货的基础价格——利率的变化趋势，进而可对国债期货价格形成理性预期。

透明的货币和利率政策的第二项要求是政策的可信度。要使投资者的决策受政府政策导向的指导，投资者需要对央行达到其目标有信心。无疑，期货是一个预期的市场。虽然未来总是充满了不确定性，但不确定性绝非不可预见性。市场上不同的投资者会有不同的预期，其行为的不完全同步带来了市场的流动性（所有的人同买同抛的市场是没有流动性的）。从这个角度说，预期的非同一性是十分重要的。但一个理性和高效率的市场仍然要求预期者在基本平等的信息基础上形成预期，差别主要来自个人判断和分析的不同。

当然，在任何市场上要彻底杜绝小部分人优先于大众得到对未来价格有重大影响力的信息都是十分困难的。因为无论信息披露制度如何完善，决策者及其关联方总是比大众更早知道政策动向，无论法制如何严厉，决策者自律如何严格，"信息特权人"总是客观存在的。在基础设施（如通讯）不发达、法律强制性较弱的社会里，这些特权人利用信息优势的动机更强，条件更优越。在这种情况下，要使得在信息上处于相对不利地位的大众仍然能够对政策和市场及时形成理性预期，就要在经济指标和政府行动之间存在有规律可循的相关性。例如，当通胀高昂，真实利率成为负数的时候，投资者（哪怕在没有任何内部信息的情况下）应该有理由预测央行会提高名义利率。但这样的联系到目前为止还不那么明显，因为除了通胀目标外可能央行还需要考虑到企业的承受能力等等。在多种目标不完全明确的调和中，内部信息的优势就显得十分重要。

为了达到上述两个目的，特别是为了实现经济指标和政策之间的相关性，政策决策者和投资决策者都需要更综合、更精确的经济、金融数据的收集和发布体系。在所有的经济指标中，投资者尤其需要掌握领先于经济周期的经济指标，如就业、定单和通胀数据等，以便预测货币政策动向。金融市场有一个经验法则，即"市场不喜欢意外"。意外的事情频频发生的市场将使投资者退避三舍，而投机者将充斥其中。应该说，市场更不喜欢的是某些事件对于大多数人是意外，而对小部分人是意料之中。在这种情况下，制止恶性投机无疑是一句空话。

衡量一个市场的恶性投机程度有一个指标，即价格的连续性。它指的是一次成交价格与上一次成交价格的合理接近程度，当时开盘价格与前日收盘价格的合理接近程度等，画在图上则表现为一条光滑、连续的曲线。现在，价格连续性正日益受到各国期货市场的重视。例如，美国期货市场的做市商在给出买卖双边报价时就有连续性要求，即报价不得偏离上次成交价上下一定范围。由于期货合约的时效性，期货市场的价格连续性比证券市场更为重要。如果一个市场基本上是连续的，则涨跌停板和交易者大面积爆仓的情况便会鲜见。如何让市场价格在变化中呈现连续性呢？一个最有效的办法就是让市场渐进地消化信息而不是突然接受新信息。也就是说，当政府真正宣布采取某种行动（如降低贴现率或银行存款利率）时，一个已经消化了这一信息的市场唯一的反应只是填补这一事件从高概率事件转向确定性事件的不确定性事件的缺口。

在先前的国债期货试验中，我们的国债期货与一般的利率期货有一定的差别。在利率大体稳定的条件下，国债期货价格唯一决定于实际息票率，即票面利率加上保值贴补率。虽然这样一来，国债期货的基础价格由利率事实上变成了通胀率，但是建立高效率市场的原理是一样的。如果保值贴补率的制订和公布从"黑匣子"状态变为一种透明、连续的信息披露过程，即明确向大众公布并解释保值率公式的组合和原理，并相应连续定期公布进入公式的每一项数据变动状况。这样，当保值率真正公布的前夕，市场价格已经根据预测大致到位，恶性投机无从兴风作浪。因此，建立信息披露机制，将我国经济信息披露工作引上一条规范的轨道，是国债期货健康发展的基础条件之一。

国债期货监管

国债期货是金融期货的一个品种，金融期货一般分为三类：货币期货、利率期货和指数期货。世界上大多数国家对国债期货的监管均囊括在金融期货监管的体系之下，对我国而言，由于金融市场尚未成熟，金融期货更是以国债期货作为最主要的品种。因此，本章对国债期货监管的研究放在金融期货监管的统一框架之下，以期得出更具有一般意义的结论。

一、国债期货监管的法理基础

"监管就是由监管者为实现监管目标而利用各种监管手段对被监管者采取的有意识的、主动干预和控制活动"（赵锡军，2000）。从现代市场经济的角度来看，市场监管是指市场监管主体对市场参与主体及其行为进行限制、约束等直接干预活动的总和。金融期货市场监管，就是指上市金融期货、制定金融期货交易规则、监控证券和期货市场交易行为、监督期货经营机构合规经营、查处违法违规案件、保护投资者利益，确保市场的公平、高效和透明。据此定义，国债期货监管应遵循以下原则。

（一）公开、公平和公正原则

公开、公平、公正既是国债期货监管的哲学基础，又是国债期货监管的基本原则。首先，在市场主体的准入条件和资格、进入程序、监管主体的监管程序以及各类市场主体之间发生纠纷时的救济程序上，必须有明确规定，让投资者获得公平交易和公正救济的机会；其次，要保持市场的竞争性和秩序性，防止价格的人为操纵，公平对待所有市场参与者与降低市场风险。公开、公平、公正的"三公"原则，是保护投资者合法利益不受侵犯的前提，也是保护投资者利益的基础。

1. 公开原则。公开原则的核心要求是实现市场信息的公开化，即要求市场具有充分的透明度。证券法要求公开上市公司年报、半年报、季报以及不定期重大事项的信息披露，《期货交易管理条例》（以下简称《条例》）要求金融期货市场公开以下几方面的内容：（1）行情公开，金融期货交易所应当及时公布金融合约的成交量、成交价、持仓量、最高价与最低价、涨跌幅、开盘价与收盘价、结算价、昨日结算价等等。（2）交易结果公开，期货交易实行每日结算制度，投资者对每日交易的实际盈亏具有知情权。（3）成交、持仓公开，每日闭市后，应当对交易活跃的合约分月份、分多空方公布当日持仓量前二十名会员名单及对应持仓量、成交量前二十名会员名单及对应成交量。

信息公开原则是公平、公正原则的前提。股指期货市场投入的是股票指数的价格，产出的是金融市场的信息。金融期货打通了证券市场与期货市场的通道，集中了大量证券机构投资者，只有金融期货信息能够公开地发布和传播，才能防止期货欺诈和舞弊行为，保证市场公正。

2. 公平原则。市场经济体制下，公平是指前提公平、分配公平、交换公平和矫正公平。换言之，契约正义的实质在于对价，即强调一方给付他方的对待给付之间，应具有等值性。从事金融期货交易行为，应当遵循公平原则，只要符合入市门槛，所有的参与者都具有平等的法律地位，合法权益能够得到公平保护。这里，公平是指机会均等，平等竞争，营造适合公平竞争的环境，排除人为操纵和垄断等非法行为。譬如，在风险管理办法中，规则赋予金融期货交易所对会员的限仓数额可以根据不同会员注册资本和经营情况来调整信用增数和业务增数，鼓励优质会员的差异化经营，实际上交易所并未动用这一规则，显示了市场的公平。另外，当市场连续出现三个涨跌停板的极端行情，《条例》、《期货公司管理办法》都赋予了监管者强行平仓的权力，避免亏损者承担穿仓后扩大损失的结局，这种赢者获利、输者出局的制度对买卖双方而言都较为公平。

3. 公正原则。公正原则作为实现公开、公平原则的保障，经常被误认为公平的同义语，实际上公正原则至少有三方面不同的具体内容：（1）在交易过程中，严格按照价格优先、时间优先和数量优先的原则撮合成交，集合竞价机制避免了其他市场经常发生的因对手实力强弱导致的价格不公正的后果。（2）监管公正。根据公正原则，监管部门应当根据法律授予的权限公正履行监管职责，对金融期货市场所有参与者和被监管对象给予公正的待遇。特别是金融期货交易规则、细则必须公正，对违法违规行为的处罚、对纠纷事件和争议的处理，都应当公正进行。（3）依法公正监管。"法律制度最重要的意义之一在于它可以被视为一种限制和约束人们权力欲的一个工具。"

《期货公司管理办法》规定："期货经纪公司应当避免与客户的利益冲突，当无法避免时，应当确保客户利益优先。"这是对投资者保护的一大亮点，期望这一国际立法和惯例能够在实践中得到充分的尊重。

（二）尊重意思自治，注重监管、自律和自治的协调原则

政府监管、市场自律、参与者自治必须具备合理性和坚实的法律基础。政府对金融期货市场的监管，最终目的是为了维护金融期货市场的社会公共利益和整体利益。"中国政府帽子转过来就是所有人，帽子转过去就是管理者"（高西庆，2003）。我国期货市场的历史问题关键在于政府有时以所有者身份去行使社会管理者的职责，有时又以社会管理者的资格和地位去保护自己作为所有者的利益。

法律调整社会经济关系的方式有两种：一种是法定调整方式，另一种是意定调整方式。法定调整方式要求当事人的行为必须符合法律概括的典型形态，否则必须承担相应的法律后果。法定调整方式在立法形式上表现为强制性、禁止性法律规范。显然，政府对金融期货市场监管依据的是强制性法律规范。政府对市场的监管必须依法行使职权，不得滥用监管权。意定调整方式——私法自治，表现为任意性法律规范，当事人在意思表示一致的基础上创设权利和义务，可以通过法律行为排除意思推定规则的适用，即当事人的约定优于法律的

任意规定。只有当事人未作意思表示或者意思表示不明确的，才推定适用任意性法律规范。私法自治原则必然意味着"承认个人在私法的领域内，就自己生活之权利义务能为最合理'立法者'，在不违背国家法律规定之条件下，皆得基于其意思，自由创造规范，以规律自己与他人之私法律关系。"

由于受重监管轻自律、轻自治思想的支配，我国金融期货市场的法律带有强制性法律规范偏多、任意性法律规范不足的特点，致使市场主体的自治和自律空间被极度压缩。最严厉的法律是最大的错误或不公正。以《期货交易管理条例》为证，我国依旧以强化监管为主线，涉及期货交易所、经营机构自律和自治的强制性规范色彩浓重。今后，随着金融期货市场市场化程度的提升，金融期货监管将朝着增加授权性规范、弱化强制性色彩的方向改革。

（三）金融期货市场的安全与效率原则

法律并不设计人们相互交往的细节，而仅仅创造权力的边界。政府的正当职能就是通过创造出的市场秩序，促进社会成员间的合作。政府监管侧重宏观层面，主要运用法律和经济手段进行监管，监管对安全价值的追求不能妨碍市场参与者对自我利益的追求。

安全在法理上就是防范金融风险，而稳定必须为调整预留空间。市场监管追求的安全是市场与经济社会的整体安全，基本目标就是控制市场风险，保障市场安全。具体到金融期货市场，安全与稳定是健康发展的主要标志，也是期货监管的重要目标。金融期货交易以保证金为基础，以小博大，投资者由于获利冲动，可能会超过自己的财力下单，从而可能导致亏损放大，并将财务风险传导给经纪商，甚至交易所，危及整个金融期货交易。随着金融期货市场的全球化，金融期货愈加呈现出高风险性和风险的全球性，一旦市场运作出现问题，不仅危及国家金融体系的安全，而且会迅速传导到各主要金融市场，引起全球性的金融动荡，进而可能引发经济社会秩序的混乱。按照经济分析法学，效率包括生产效率和分配效率，意在以价值最大化方式利用资源和获得满足。一项交易总体上的收益大于成本，就是有效率的。因此，金融期货监管制度必须有利于提高金融期货市场的效率和降低相应的成本。实现投资者的经济效益，提高金融期货市场的效率，就是金融期货监管的基本目标。

总之，中国期货市场从诞生的那一刻起，就伴随着监管者与被监管者的博弈，金融期货市场的基本经济功能得到实现后，保护投资者的合法利益就成了金融期货市场管理的首要目标。

金融期货交易是较为专业、复杂的事物，合理的监管制度可以确保信息的质量和流通，保证市场的透明度，通过宣传和提供准确、真实、适时的信息提高公众对金融期货交易相关知识的了解程度，提高他们的操作技能，经过自身思考做出正确的决策，而不是左右于经纪公司。完善的监管制度可以指导投资者行使法律赋予他们的权利，有利于保护投资者。

保护投资者合法权益、"公开、公平、公正"原则和效率原则是金融期货市场监管遵循的三个原则，理论上说三原则可以有效地统一，但在实践操作过程中，矛盾和冲突是无法避免的。譬如：打击违规行为保护了投资者的权益，坚持了"三公"原则，但客观上影响了市场的效率。对期货法律没有明文规定的予以宽容（如分仓、借码），又被认为对市场操纵大开方便之门，客观上损害了市场的公正和公平。我们认为，不同发展阶段的金融期货市场，其追求的价值目标不同，决定了监管的原则有所差异。在金融期货起步时，效率应当让位于"三公"原则和保护投资者合法权益原则。毕竟金融期货监管实现的效率目标是整体效率的改善，而不是单个利益主体运行效率的提升。

二、金融期货监管的国际经验

世界各国金融期货监管体制按监管职能划分，大致可分为以下三种：第一，专职分离型职能监管体制。这种监管体制的特点是国家设立独立于证券监管机构的专业期货市场监管机构，对金融期货市场实施统一监管。这种模式以美国为代表。第二，非专职型职能监管体制。即国家不设专门的期货监管机构，而是利用已有的金融监管部门，通过立法授权有关部门分别履行监管期货市场的职能。这种模式以日本为代表。第三，专职复合型职能监管体制。其特点是证券市场、期货市场由统一的机构监管。实行这种模式的国家和地区较多。如香港的证券与期货管理委员会、新加坡的金融管理局、韩国的调达厅、法国的财经预算部等。

（一）美国模式

美国作为全球金融衍生品交易最发达的国家，制定了较为完备的法律进行事前监管。《商品交易法》（Commodity Exchange Act，CEA）奠定了美国金融衍生品场内交易的监管基础。而对金融衍生品的场外交易，则主要由 1992 年《期货交易判例法》（Futures Trading Practices Act）和 2000 年的《商品期货现代化法》（Commodity Futures Modernization Act，CFMA）进行调整和管理。此外，在美国，衍生交易的政府监管与行业自律受到同等重视。《商品交易法》授权专门的衍生交易监管机构——商品期货交易委员会，对衍生市场和市场主体进行法律监管。另外，《证券法》《证券交易法》《商品期货现代化法》也明确了部分金融衍生品由其他专门的监管机构进行监管。美国强调交易所的自律机制，通过会员资格制、保证金制度、强行平仓和清算制度等，来履行保护投资者的一部分职能。

美国期货监管模式为分割与监管合作模式，即政府宏观管理、交易所一线监管和行业自律管理体系相结合的既有分工又有协作的监管体制。

1. 政府宏观管理。20 世纪 70 年代商品期货扩大到金融产品后，美国国会于 1974 年在原《商品交易所法》的基础上，通过系统严密的《商品交易委员会法》，成立了全国商品期货交易委员会（Commodity Futures Trading Commission，CFTC），作为独立政府部门的商品期货交易委员会，由五位委员组成，经总统提名、参院批准任命产生，任期一般为五年。

2000 年美国制定的《商品期货现代化法》重新规定了 CFTC 作为美国期货市场最高监管机构的使命，其中第三部分"CFTC 监督下的有效自律管理体系"列出四个监管目标：（1）确定和预防价格操纵或其他破坏市场公正性的行为。（2）保证该法案所涵盖的全部交易的公正性，避免系统风险。（3）保护所有市场参与者免受欺诈、盗卖和挪用客户资金行为的损害。（4）促进行业协会、其他市场和市场参与者进行有效的创新和公平竞争，改变美国金融市场交易衍生品的方式。为达此目的，CFTC 有权对股票期货交易所、结算所、经纪商等从事与股票期货交易有关的行为进行规范。此外，CFTC 负责对新上市的股票期货合约进行批准，未获得批准的合约不能在交易所进行交易。同时，CFTC 还监管全国期货协会的运作情况。

商品期货交易委员会（CFTC）和证券交易委员会（SEC）监管职责分工的主要理论依据是：美国 1999 年通过了《金融服务现代化法》，明确了以"功能性监管"为原则的监管框架，旨在按金融企业各项经营活动的性质、不同金融体系的不同功能来划分监管部门的监管权。主要根据衍生工具本身的属性，来划分 SEC 和 CFTC 的监管管辖权。证券衍生产品受 1933 年《证券法》和 1934 年《证券交易法》等联邦法规的管辖，由 SEC 行使监管职责，（在特定情形下，也受州证券法的管辖。）而广义的商品合同（包括期权）由 CFTC 根据《商品交易法》制定的联邦法规管辖。而兼具证券与商品属性的衍生产品则受 SEC 和 CFTC 的双重管辖。当出现既有证券又有商品属性的混合工具时，CFTC 和 SEC 则通过"目标测试"来决定双方的管辖权。其中，CFTC 的目标是促进价格风险的转移，负责监管"以套期保值和价格发现为功能的市场与工具"，譬如对期货合约和期货期权的管辖权；而 SEC 的目标是促进资本流动，应当监管"以基础投资为目的的市场与工具"，譬如对证券期权和证券指数期权的管辖权。具体而言：CFTC 对所有《商品交易法》规定的交易所交易的衍生品有排他性的监管权，交易所新合约的上市，必须得到 CFTC 的批准，证明符合商业需要，可以有效地用来保值，有足够的可供交割供应量以防止市场操纵，具有价格发现功能并且符合公众利益。而 SEC 监管所有在全国性证券交易所交易的证券，此外包括货币期权、股票期权、股票指数期权等。正因为 CFTC 和 SEC 的主要精力放在对产品和市场的监管上，而非对产品和市场交易者的监管上，从而使两者的权力边界有了较为清晰的认定。

2. 交易所的一线监管。美国不设专门金融期货交易所，道琼斯、标普等股指合约都是在 CBOT、CME 等主要商品交易所上市，这与期货交易所品种上市自由化、备案制的体制有关。交易所主要负责：（1）审定修改交易规则和细则，经 CFTC 核准后成为期货交易的行为准则。（2）市场准入方面，审核批准会员资格。审核的内容主要是集中调查会员申请者的信用状况、财务责任范围、个性以及廉洁性等问题。由于交易所会员的席位是有限的，如芝加哥期货交易所的正式会员只有 1402 名，购买会员席位的价格已高达 100 万美元左右，因而只有财力雄厚者才可能获得会员资格。高额的会员席位费为管理会员提供了财务保障。除财务要求外，还要求申请者的历史必须清白，即在其以往的交易历史中不能有不良记录，追溯期通常为 10 年。（3）对市场违法违规行为进行行政处罚及刑事申诉，通过仲裁协调交易纠纷，监督法律法规的执行情况。交易行为监督，即不允许场内交易人进行如下违规交易：不允许场内交易人之间私下协议买卖合约；不允许与其他场内交易人联合起来，操纵市场价格以谋取私利：不允许不顾客户的指令先交易自己的合约而延误客户指令的执行。根据规定，场内交易人应赔偿因人为错误造成的客户损失。若违反职业道德进行违规交易，可罚款10万美元或判处一年有期徒刑。（4）监控会员最低保证金及持仓限额，收集和发布期货价格信息。

为了保证期货交易所的监管职能顺利履行，期货交易所通常设立三个委员会，一是场内监督委员会，主要职能是防止场内交易人的违规交易。二是仲裁委员会，主要职能是调解会员与会员之间、会员与非会员之间的各种纠纷。三是道德委员会，主要职能是负责调查是否有操纵市场的行为。

CFTC与交易所监管分工合作的平衡艺术值得我们借鉴和思考：

一方面，CFTC与交易所监管职责的个性化表现在由于分析问题的方法、数据和资料的掌握、观察事件的角度、市场监管的层次等不同，决定了监管风格迥异。譬如：CFTC经常采用对比分析方法，比交易所掌握的情况更全面。就交易情况和市场状况而言，CFTC基本上对每个会员公司的经营方式、经营风格、属于套期保值类公司还是投机类公司、大户持仓状况和动向、现货经营状况等基本情况都了如指掌。

另一方面，CFTC与交易所的共同目标是把风险扼杀在摇篮之中。相对而言交易所侧重于日常监管，CFTC侧重于发现风险苗头，或是人为操纵的苗头，或是违规行为的苗头等。交易所侧重于日常监管的意思并不是说等到CFTC发现问题了，交易所还未意识到问题所在；CFTC侧重于宏观监管并不等于对交易所的日常运作不闻不问，经济分析处每天有专人对交易所日常数据进行分析，还经常把当天的各种数据与前一天或其他同期时间的交易情况对比，对发现的行情变化、市场供求变化等原因进行综合分析，找出合理的理由。

CFTC和交易所的日常监管工作有助于发现异常情况、风险或违规苗头。反之，要想发现异常情况或违规苗头，也离不开日常监管。他们掌握的分寸是，只要没有异常情况或违规苗头，一线监管权就在交易所，一旦发现异常情况或违规苗头，CFTC就会及时出面。

3. 行业自律管理。1974年，CFTC授权成立美国期货业协会，管理政府和交易所不便管理的事务。1981 年 9 月，美国期货业协会（NFA）注册成立，全国期货业协会由 42 位理事组成，其中 13 位来自期货经纪商及中介经纪商，10 位来自期货交易所，10 位来自其他期货业（商品交易顾问、基金经理、商业公司、银行等），3 位来自社会公众。每一理事任期为三年。

根据美国国会的特别立法，凡是在美国从事期货交易的期货公司与经纪人，都必须加入全国期货业协会，成为该协会的会员，否则不能从事期货交易。因此会员涵盖面广，包括期货经纪商、期货交易顾问、基金组织、结算银行、交易所、社会公众及有关商业机构。

NFA 的主要职责有：

（1）稽核。协会三分之二的人员和业务直接或间接与稽核部门有关。管理方式主要是对会员实施突击检查，包括财务、资本额、广告用语、电话监听等检查。根据全国期货业协会的内部稽核章程规定，任何会员或其雇员不得：欺瞒客户；与客户对做假账；虚构信息操纵市场；在知情的情况下，接受被期货交易委员会禁止期货交易的人的买卖下单；盗用客户的资金或证券，以及扣留客户资金（除非协会批准）；未经客户书面同意而分享其利润；未经期货交易委员会批准，与被取消会籍或正接受调查的会员进行交易。此外，内部稽核章程还要求：期货公司必须备有全部客户的最新交易纪录，详细列出每一个客户的交易情况，以便核查。如果会员收到客户的书面抗议，必须保存该抗议书，切实调查，具体拟定解决方案后，再将全案移送全国期货协会；任何超过 1000 美元的口头抗议，都要记录下来，然后再参照书面抗议处理。对于代理客户操作，内部稽核章程规定：必须要有客户的授权书；公司必须有专人检查每一笔代理操作的交易；公司对代理操作的交易状况必须给予特别注意。对于期权交易，内部稽核章程规定：不得向客户强行推销期权交易；宣传材料须先由期货协会批准；代理客户做期权交易，要事先向客户解释交易技巧，由经理批准才能开始交易，每一笔交易都须经核准，并注明每笔交易是否是代操作交易。

（2）提出完善现行期货规则和具体修正意见，请求 CFTC 实施。

（3）审核期货公司与经纪人的注册申请和会员资格。根据规定，凡是在美国从事期货交易的期货公司与经纪人，都需要在商品期货交易委员会注册。该会把审核注册申请的业务委托给了全国期货协会。因此，全国期货协会审核注册申请与审核加入该协会的会员资格，作为同一程序加以办理。根据期货协会的规则，下列人员不得申请会员资格：曾被任何交易所、期货交易委员会取消会籍，或正接受调查，或在法院有不良记录的人，曾在知情的情况下雇用以上人员的人，曾经犯罪并被判刑的人；在期货、证券交易上有不良记录，或曾擅自挪用客户资金的人；曾违反任何证券或期货交易所法规的人；明知交易者被市场禁入仍然接受委托而下单的人；曾纵容下属犯法或违反期货协会规章的人；曾在登记执照时申报不实材料的人。

另外，举行期货经纪考试。为了保障期货经纪人具有一定的专业能力，维护客户的利益，规定所有的期货经纪人必须通过全国期货协会举办的期货经纪考试，只有考试合格取得执照，才能作为经纪人进行期货交易。

（4）有权对违规的会员作出处罚，并受理、仲裁会员与投资者之间的交易纠纷。处罚的种类包括取消、暂时取消会员资格、禁止和某会员发生联系、警告或训诫、不超过 25 万美元的罚金等。

（5）仲裁。全国期货协会建立了行业仲裁系统，用以处理客户与会员之间或会员与会员之间的各种纠纷。仲裁由首席仲裁员指定的 1~3 名仲裁员组成的仲裁委员会主持，投资者有权选定一个由大多数与 NFA 会员或 NFA 没有利益关系的仲裁员组成仲裁委员会，较小的投诉可以由 1 名仲裁员独任仲裁。NFA 会员必须服从全国期货协作出的裁决。

期货业协会代表行业主体的切身利益，真实反映行业的呼声和要求。美国期货市场的监管体系经过 160 多年后终于形成交易所的一线监管、期货业协会的自律管理和政府的宏观管理三级管理体系，这种管理体制迄今依然发挥着市场管理的基础和核心作用。

（二）日本模式

日本金融期货起步虽晚，却已经成为世界上最活跃的市场之一，很大程度上归功于独具特色的市场监管体制。日本对金融期货的监管非常严格，散见于不同法律之中：1988 年修正的《证券交易法》，将股票及债券期货归为证券期货调整。同年 5 月 31 日，日本国会通过了专门的《金融期货交易法》，并且将金融期货置于东京金融期货交易所（Tokyo Stock Exchange，TSE）和大阪证券期货交易所（Osake Stock Exchange，OSE），标志着日本采用双轨制建立金融期货法律监管框架。其他涉及金融期货的法律法规包括《商品交易所法》《商品交易所法施行令》《交易所税法》《交易所税法施行规则》《证券交易法》《证券投资信托法》《证券及外国证券机构活动法》《确保证券交易公正法》《金融制度改革法》以及上述法律法规的历次修正案。日本通过散见于不同法律的立法方式取代专门的股指期货法律，独具特色，逐渐形成了突出政府立法和行政监管作用、辅之以各类民间协会和交易所自律、自我监管的期货市场监管体制和模式。

1. 政府监管"三驾马车"。不同于美国由全国统一的衍生品市场机构监管的模式，日本没有专门设置统一的期货市场监管机构，而是按不同的衍生产品分别由不同的政府机构监管，即采用"三省归口管理"体制对期货市场实行分散监管，内阁各部门的职责以主管大臣的名义来履行，即农产品期货市场由农林水产省大臣管理，工业产品期货市场由经济产业省大臣管理，金融期货则由大藏大臣负责管理。（1992 年，金融厅成为证券监管部门。）日本传统的金融监管制度中，大藏省拥有至高无上的权力，集金融计划立案与监督检查职能于一身。为了解决权力过度集中的弊端，日本政府将大藏省的金融监督检查职能独立出来，组建专门的金融监管机构，完善金融监管制度。1998 年日本设立了金融监督厅，由 400 多人构成，继承了大藏省官房金融检查部、银行局和证监局的金融机构监督检查部门以及证券交易等监视委员会的各项业务，强化对市场的金融检查。重视会计监督的公益性，这标志着日本金融体制改革迈出了新的一步。

金融厅的主要职权包括以下几方面：（1）有权批准金融交易所设立、会员和交易员资格申请，金融交易所管理人员职务任免，决定拟上市的金融期货品种。对不同地域的申请者以及申请的不同内容，规定不同的最低资本金的要求。（2）信息披露方面，通过《证券交易法》规定要求提供资料和报告。在必要时，有权要求交易所或会员提供与其业务或财产有关的参考报告或资料。（3）现场检查权。金融厅认为有必要时，有权对涉嫌违法及违反金融交易所条例和业务规定的行为、账簿和文件进行检查。（4）对交易所采取监管措施。金融厅有权对交易所疏于监管的行为作出处分，可以撤销交易所的管理规定，命令交易所修改章程、规则等（这种行为至今未发生过）。

2. 金融期货交易所自律管理略显不足。交易所自我管理体制大致是：交易所会员总会为最高决策机构，日常事务由会员总会选举的理事和理事长负责。另外，会员总会在主管大臣批准后对交易员的信誉、财产基础等作出严格审查，以维护交易秩序。

交易所的自我监管是风险控制的中心环节，与大多数国家的交易所管理一样，日本交易所要求能够在日常的交易管理中控制衍生品的交易风险：（1）资格和品行要求。（2）交易信息的披露。（3）对客户的了解。（4）簿记制度。（5）实时监督制度。

日本有关交易所的立法非常简单，交易所的管理权限极其有限，政府法令经常取代交易所规则发挥监管作用。日本期货交易所的自我管理体制和欧美国家相比，自主权较少。近年来，日本国内要求下放监管权限给交易所、完善交易所自律机制的呼声很高。

3. 专门期货业协会功能缺失。日本期货市场（包括金融期货市场）没有像美国那样设立全国性统一的期货协会，1990年对《商品交易所法》进行大修订以后，成立了全国商品交易所联合会和日本商品交易员协会等交易所、期货经纪商的民间自律管理组织，金融期货市场也成立了众多民间组织，对会员提供非法律约束和非正式业务咨询服务，在政府和交易所之间架起"上令下达，下情上达"的桥梁，这些组织分别协调各自团体内的关系，维护团体成员的利益，仲裁成员之间的纠纷。

由于日本政府多年来一直采取直接管理方式监管期货市场，所以日本的期货行业自我管理相对比较薄弱，自律组织甚至没有对会员的违规处罚权，引起期货界的不满。

日本期货市场的自律管理没有像美国期货业协会那样以"行业自治、协调和自我管理"的方式行使自己的职能，但是在一定程度上弥补了"归口管理"下交易所之间协调困难的不足。随着日本政府管理的放松，行业自我管理也必将加强，作用也会越来越大。和欧美国家不同的是日本没有独立的保证公司，代替它的是经主管大臣指定而设立的清偿机构，即作为法人的"商品交易受托债务赔偿基金会"。日本也没有专门的期货交易结算所，交易所内部的会计室负责处理期货交易的结算，并对会员及账户实行一定的控制和监督。

（三）香港模式

自 1986 年香港推出恒生指数期货以来，香港期货市场正式开启了农产品转金融的历史进程。经历 1987 年全球股灾和金融风暴的冲击，香港政府认识到只有加强行业自律监管，成立法定、专职和独立的机构，才能防范和化解金融风险，证券业检讨委员会应运而生。1989 年 5 月 1 日，根据委员会提交的《戴维森报告》，证券与期货事务监察委员会（简称证监会和香港金管局）正式取代证券交易事务监察委员会和商品交易事务监察委员会，主要职责是确保有关条例的条文以及其他条例中有关证券、期货合约及财产投资安排的部分得到遵守；保障投资者的利益；就所有关于证券、期货合约及财产投资安排的事宜向财政司提供意见；考虑并建议修改证券、期货及财产投资方面的法律；监管证券交易所、期货交易所及结算所的业务活动；促进香港证券及期货市场的发展；鼓励香港内外的投资者参与市场促进及推动证券及期货行业中的市场团体自律等。

亚洲金融风暴后，香港特区政府发表《证券及期货市场改革的政策性文件》，提出证券及期货市场改革计划，核心内容之一即是整合所有涉及证券监管的法例，形成《证券及期货综合条例》草案，提交立法会审议。2002 年 3 月 13 日，立法会通过《证券及期货条例》，将过去陆续颁布的十几个相关条例整合在一起，形成统一的证券期货法典。《证券及期货条例》作为主体法例，其下还有附属法例、规则、操守准则、指引及原则声明，构成了一个多层次的监管规则体系，成为香港证监会执法活动的制度基础。

1. 香港证券与期货事务监察委员会的集中监管。香港期货市场立法主要是《商品交易条例》《商品交易所禁止条例》《证监会条例》《杠杆式外汇买卖条例》等。其中，《商品交易条例》是香港期货市场的基本立法，对期货市场监管机构的组成、职责、期货交易所的成立及管理、交易商的资格和管制以及期货交易的惯例规则等作了详尽的规定。

香港证监会是受财政司证监处领导的法人团体，由行政首脑任命 7 名成员组成委员会，设有主席和执行、非执行董事，下设多个委员会监管市场运作。期货监管的职能包括：（1）批准交易所的设立以及会员、经纪商法人资格，批准确立各期货交易所制定的条例、规则，使之具有合法性基础；（2）就期货合约上市事宜，向财政司司长提供咨询意见；（3）合理怀疑期货违法违规事宜，向财政司司长报告；（4）负责香港期货交易所、期货结算公司、期权结算公司的业务监察；（5）建议有关期货法律法规的修改并提出具体方案，批准期货交易所、期货、期权结算公司有关章程和交易规则的修改；（6）推动期货行业的市场自律；（7）监督市场参与者的职业操守，采取技术手段分析市场交易状况，避免期货市场垄断、欺诈、价格暴涨暴跌等行为的发生，分析出现违法违规行为的先兆，指导交易者分清谣言，遏制期货交易过程中不正当、不合法及不名誉的行为；（8）设立监察委员会，通过赔偿基金委员会管理期货交易赔偿基金，负责弥补投资者因经纪商过失带来的损失；（9）采取一切合理步骤，保护期货交易者合法权益等。

香港证券期货市场监管的亮点是设立市场监管机构的上诉委员会（Penal）。上诉委员会的职责是受理有关人士对监察委员会的不公行为或决定提出的上诉，并进行裁决。上诉委员会的设立及工作，适应了香港证监会不隶属政府架构范围并享有自主权的特殊性，对证监会起到监督和制约作用，防止了权力滥用。香港设立上诉委员会的做法可供金融期货后发国家借鉴。

2. 交易所的自律监管。2001 年 2 月 20 日，证监会与香港交易及结算所公司就多层次监管事宜签订谅解备忘录：政府主要承担市场参与者准入、持续符合资格审查的主要职责；交易所对运营中存在的市场风险进行管理，继续保持对期货经营机构、市场投资者、市场交易行为在交易、清算和风险控制方面的监管。

期货交易所管理机构为董事会和管理委员会。董事会是交易所的权力机构，管理委员会是交易所的行政机构。期货交易所下设股票指数市场委员会负责组织股票指数期货活动。香港期货交易所董事局中由 2 位政府官员、1 位银行代表、4 位经纪行代表组成，行政总裁由政府委任。香港的交易所、结算所和保证公司等都依据香港政府的立法制定了组织大纲、章程和业务规则，主要包括《香港期货交易所有限公司组织大纲及章程》及业务规则、《国际商品结算所香港有限公司组织大纲及章程》及业务规则、《期货保证有限公司组织大纲及章程》及业务规则等。这些规则制度构成了香港期货市场自律监管的基础。

2001 年 6 月，原香港证券交易所、期货交易所及中央登记结算公司整合而成的香港交易及结算所股份有限公司正式上市。交易所的自律监管职责主要包括：（1）交易所在证监会批准的基础上，有权决定市场参与者的准入资格；（2）金融期货仍然在原期货交易所进行，隔离证券现货交易；（3）日常监管方面，由交易所董事会下设的纪律检查委员会负责处理；（4）对违法行为，交易所协助证监会查处，证监会作出最终处理决定，必要时交易所予以协助执行；（5）由于涉及商业机密，交易所高管负责市场交易的实时监控；（6）交易所内部运营部门与监管部门各司其职，内部监察与市场监察、交易部与法规执行部设有防火墙；（7）健全风险管理体系。风险准备金不得低于 10 亿港元，可以随时调动；采用芝加哥期权结算公司推出的风险管理系统，进行实时监控；长期聘请世界级风险管理专家在交易所任职，听取咨询建议；积极开展对较高风险管理能力的交易所同行、银行的合作等。

香港金融期货市场的起步虽晚，但一开始就借鉴发达国家几十年积累起来的立法经验和成果，将期货市场的建立、发展和管理活动纳入法制轨道，在立法上享受后发性利益。香港自律监管的创新在于将行业自律监管与商业利益有机结合。譬如，有关保证公司和赔偿公司的制度安排方面，保证公司由伦敦国际商人结算所、香港汇丰银行、伦敦渣打银行、美国大通银行、英国巴莱克银行、法国里昂信贷银行和香港永安银行组成。赔偿公司则由汇丰银行、渣打银行、大通银行、里昂信贷银行和巴莱克银行组成，主要负责处理金融期货交易中一方因对手违约而遭受损失的索赔。

（四）英国模式

1. 政府法定监管。英国长期奉行自由经济和不干预理念，对证券期货交易所及会员采取自由放任的态度，不设专门管理机构，而是通过法律手段监管市场。20 世纪 70 年代以后，英国国际金融中心地位被美国所取代。80 年代保守党执政后积极促进竞争和推进市场经济的政策使英国经济有所发展。1985 年，英国成立证券投资委员会（SIB），专门负责证券和期货市场的行政管理。SIB 为以有限公司形式自负盈亏的机构，宗旨是在英国金融服务行业建立并保证严格标准，以维护投资者的利益。根据规定，授予财政部长全权监督权力，财政部长又将法定权力和监管责任授予 SIB，SIB 的管理则是通过制定自律管理规则并由不同的自律管理组织来执行。SIB 的主席由财政部和英格兰银行联合任命，其资金来源于对投资业的征费，政府不给予任何资助。

随着金融市场的迅速发展，各种违规操作和金融风险也大大增加，实践证明 SIB 是勉为其难的低能者。90 年代以来，包括巴林银行倒闭案在内的一系列丑闻使得改革势在必行。1997 年，英国政府对现行的金融市场监管结构进行全面评估，认为对金融市场分行业多头监管的模式，远远不能满足市场快速发展及结构调整的要求，于是开始了新一轮的金融改革，建立单一的金融市场法律体系及与之相对应的统一的监管机构，原有的九个监管实体并入新成立的金融服务局（FSA）。1998 年 7 月，政府推出了《金融服务及市场法案》（Financial Services and Markets Act，FSA），于 2000 年 6 月得到了皇室批准，最终于 2001 年 11 月执行。该法共分 30 个部分，433 条，主要内容是确立了新的金融监管体系和监管机构——金融服务局。法案的主要目的是给金融服务局提供一个单一的法律框架，以代替不同法规制定者的不同法律框架。因此，法案的大部分条款合并了原有法律或者自律规则的内容。

该法案赋予金融服务局前所未有的权力和责任。金融服务局依法具有审查结算公司、交易所、行业自律组织以及企业和个人从事金融期货资格审查的监管权力。同时，吸收了许多原有行业自律组织和其他监管组织的监管职能，包括住房协会、互助协会、投资管理监管机构、个人投资局、互助协会注册局和证券期货局。另外，合并了英格兰银行的银行监管职能、保险监管职能、证券交易所的上市审查职能等。现有的组织机构包括五个下属的监管部门——主要金融集团部、存款机构部、保险公司部、投资公司部、市场及交易部。

金融服务局监管期货市场的职责范围包括：（1）制定包括期货业在内的投资行业规则，监督法律、规章、规则的实施，这是金融服务局最基本的职能。譬如，期货市场最高层次的"十大原则"就是原证券投资委员会于 1990 年制定的。（2）注册管理。金融服务局依法具有审查结算公司、交易所、行业自律组织以及企业和个人从事金融期货资格审查的监管权力。公司、自律性组织都必须经过金融服务局的注册登记。一旦登记，委员会就依法行使资格管理权力，这是保护投资者合法权益的重要途径。（3）处理诉讼。根据《金融服务法》的规定，金融服务局应建立诉讼处理程序，对受到不测损害之投资者进行赔偿。（4）对投资者的损害组织赔偿。金融服务局有义务对投资者因不法原因造成的损失负责组织赔偿。（5）对期货市场进行日常监督，防止操纵和垄断市场不法行为的发生。

英国金融服务局监管的一大亮点是新设立金融服务及市场特别上诉庭，旨在建立单一监督官和赔偿机制、起诉和处罚违规行为、监管劳合社保险市场，对投资基金的审批更具灵活性。上诉庭直接隶属于内阁大法官，具有高度独立性。政府任命一批兼有法律及金融专长的职业人士组成陪审团，陪审团有权推翻金融服务局的原有规定。但是，由于在《金融服务及市场法》颁布前，金融法规体系颇为零散，被形容为所谓"补丁被"（Patchwork Quilt），在统一的监管机构出现后，不少人质疑：如果没有适当的权力制约机制，FSA无疑会享有过大的权力。对于习惯于自律管理的期货业来说，过多的政府干预恐怕具有不小的影响。

总之，《金融服务及市场法》的出台以及金融服务局的成立，标志着英国金融监管体制的重大变革，结束了英国资本市场松散的自律状态，转为更加统一与更多政府干预的证券期货业管理的新模式。

2. 交易所的自我管理。伦敦国际金融期货期权交易所是伦敦最著名的股票和指数衍生产品交易所，主要性质是遵守有关法律和金融管理局原则、规章和政策，严格执行相关标准和条件，努力完善、健全交易所内部的会员结算、价格公开、审计、违约等规章制度和管理体制，约束从业者，保护广大投资者的利益。虽然交易所的监管总体隶属于FSA市场及交易部，但日常运作和监督通过市场参与者组成的委员会来实现，各委员会必须轮流向理事会报告，这些委员会包括：（1）会员资格和规则委员会，负责设定、审议会员资格条件和规则；（2）场内委员会，负责对交易大厅的实物布置以及与交易有关的设施提出建议，审议场内交易程序；（3）自动交易委员会，就交易所的自动交易池（Automated Pit Trading）交易提供支持和建议；（4）股票市场委员会，专注于股票和指数市场；（5）违约委员会，负责在会员公司违背其金融合约时应采取的行动。

除委员会外，交易所专门成立市场监督部（MSD）监督会员公司在场内的交易行为，通过监督和与会员公司协商来防止事故的发生。因此市场监督部必须与交易所的其他部门以及FSA的市场及交易部、伦敦清算所密切合作。市场监督部由三个小组组成：（1）财务监理和审计小组，负责督促会员按照季度提交财务报告，并对会员进行现场检查，确保其财务状况的真实性和合规性。

（2）市场监视小组，根据交易所会员每天早上提供的他们前一日及目前选择头寸的报告，对实际交付与结算进行监督和检查。（3）交易监视小组，主要通过审查会员交易时是否遵守交易所的各项规章制度，为会员公司和个人交易者解释市场规则和法规，并调查客户申诉案件及赔偿。

3. 证券和期货协会自律管理。自律管理是英国金融期货市场管理的主要特点，证券期货协会作为自律组织，既要保持政策的连续性，又要减少期货、证券规章中不必要的分歧和重复。证券和期货协会承担金融期货自律监管的主要职责是：（1）对申请进入金融期货市场进行投资活动的公司进行考察，审查是否有充足资本、长远业务规划、管理者和职员是否有适当从业经验并能胜任工作等信息，从而决定申请公司是否可获得相应的从业资格。（2）监督参与金融期货投资的公司。所有公司有义务遵守证券期货管理局规则，所有公司必须按常规提供内容广泛的财务信息和其他有关信息。如果发现公司没有遵守规则，证券期货管理局会迅速采取措施，以确保投资者利益受到保护。（3）如果调查认定公司或者个人严重违反规则，或有其他确凿理由存在，则将开展更集中的调查，以获取相关事实。如果认定公司违反规则，将视违章的性质予以处罚。处罚包括警告、罚款、暂时停止交易、取消从业资格。证券期货协会不能直接向法院提起刑事诉讼。如果该起诉是必要的，应该将调查结果转交贸易和产业部（Department of Trade and Industry）或者警察局等相关机构。（4）客户可以对会员公司的服务提出申诉。在公司和客户不能达成协议时，客户可以把争议提交证券期货管理局的申诉部门，申诉部门将考虑此申诉并力图消除争议。若公司客户对申诉部门的结论不满，则可以提交仲裁。

（五）不同监管模式的评价与思考

1. 美国期货市场三级监管体系秩序井然又不失活力。美国期货市场三级市场管理体系被实践认为是成功的监管模式，较好地兼顾了效率与公平。美国信奉自由经济，很少对金融市场进行干预。经过20世纪30年代经济危机的冲击，美国全社会充分认识到：依靠市场自发力量形成稳定的市场规则费用高、耗时长，最有效的办法是由社会公认的组织制定普遍遵守的交易规范。因此，政府开始主动、积极地介入金融市场，经过数十年的发展，建立了包括期货市场在内的统一、完备的金融市场监管体系。这种单一结构可以从更高的高度来监控整个金融市场。

但是，美国市场监管体系的弊病表现在：（1）CFTC 管制过多，干预过度，整个期货市场置于政府的宏观控制之下，挤压了交易所的监管空间，影响了外国投资者的参与热情。（2）NFA 作为行业协会，半民半官，从交易所成交的期货合约中收取手续费的做法必然影响独立性。另外，政府强制所有经纪商加入协会的合法性值得探讨。（3）证券监管部门与期货监管部门利益冲突对行业的发展造成损害。尽管 1982 年国会明晰了 SEC 和 CFTC 各自管辖权，但两部门经常争论不休，SEC 曾经申请国会撤销 CFTC 并试图取代其职能，未被批准后多次否决股指期货上市申请，而 CFTC 前主席菲尔·约翰逊责怪 SEC 手伸得太长，埋怨两个市场分别监管简直就是历史性的误会，持久的权力争斗迄今没有解决。

2008 年美国金融监管体系值得注意的新动向是：源于 2007 年的美国次贷危机，暴露出美国金融监管体系四分五裂的状态，促使财政部长保尔森于 2008 年 3 月 31 日抛出自 20 世纪 30 年代大萧条以来最大规模的金融监管体系改革计划——《现代化金融监管结构蓝图》，拟重新整合、建立三大新的监管机构。

计划拟分三步走：第一，奠定美联储的负责金融稳定的核心地位，授予检查经纪公司、对冲基金、商品交易所和可能给金融体系造成风险的机构商业行为及内部账目的权力。银行业方面，监管权力由审慎金融管理局（Prudential Financial Regulator）统一领导。第二，建立统一的保险监管机构，以消除五十个州各行其是的状况。第三，削减证券交易委员会的监管权力，赋予交易所更大的权限进行自我监管，建议证监会与期货交易委员会合并。

《现代化金融监管结构蓝图》因为损害某些机构和团体的利益而容易遭到反对，即便支持改革的人也认为有许多细节值得商榷和推敲。譬如反对者表示，证监会与商品交易委员会是两个完全不同的机构，证券、期货等金融行业在美国发展已经很成熟，没有必要再将两个监管机构合并起来。尽管存在这些反对声音，但这是 20 世纪 30 年代大萧条以来美国最大规模的金融监管体系的改革计划。随着这些措施正在逐渐发挥效应，美国经济呈现出明显的企稳迹象。

2. 日本三省归口的监管制度具有明显特点。日本监管制度职能明确，监管的内部关系比较容易协调，容易制定出切实可行的法规制度和配套措施，可以避免制定法规时只适合某类期货市场管理的泛泛管理法令现象，加强了政策和措施的针对性，更有利于法规颁布之后的实施。但是，这种监管模式的缺点是缺乏权威部门协调政府监管机构之间的关系。因此，对金融期货市场的监管在宏观上缺乏统一性，产生各部门各自为政的局面，每个品种的上市要受到不同部门管辖的限制。专业性与长远规划的缺乏，影响了交易所的活力，降低了市场效率，阻碍了市场的创新发展。各金融期货交易所受各省的管理也束缚了自我管理机制，削弱了自我管理体制。另外，日本期市管制比美国、中国香港更加严厉，日本期货业自律组织和交易所在金融期货市场管理中的地位和作用非常有限，自律机制发挥不充分，制约了市场规模的扩大。随着金融期货市场的发展和完善，政府的行政管理有所放松，行业自律管理和交易所自我管理职能也在不断加强。

3. 香港政府适度干预的监管模式是对金融自由化的合理修正。香港政府介入期货市场监管为市场初期的发展和繁荣奠定了良好的市场基础。针对香港投机资本充裕的特点，香港大力发展金融期货，走"金融化"之路，把香港期货市场提升为具有国际水平的衍生品市场，享受了"后发性利益"。香港信奉"金融自由化"，一直强调"自我监管"，只有出现非正常情况时，才间接调控市场。就股指期货市场而言，香港市场40%以上为个人投资者，远高于其他成熟市场，而且套利交易比例偏低，这决定了香港政府监管必然从宏观和微观双管齐下，侧重于防止垄断及虚假交易，增强公平、有序的竞争机制，显示出香港监管机构成熟的监管艺术。当然，香港期货市场弱化政府管理职能的动态值得警惕，譬如，香港政府1987年的"股灾"充分暴露出批准会员、经纪人资格的审慎不足问题，其过于"怀柔"的监管尺度受到金融风险的考验。

4. 英国期货市场体现高度自律的特色。英国以自律为主的市场监管体系的形成，有其重要的历史渊源。作为市场经济起源国家，亚当·斯密和大卫·李嘉图等古典经济学家极力倡导的自由竞争、自由放任的市场理念，使得自律自治、减少政府干预的管理思想深入人心，为自律制度的成长和完善提供了土壤。在这种环境下，英国金融市场监管沿袭自我约束、自我管理和自我发展的自律机制和以自律管理为主的管理体制。

英国期货市场虽然起步较早，但发展较晚，远落后于美国。与其他国家通过强化立法加强监管相比，英国基本采取自律管理为主，尽量弱化国家干预色彩，行业协会和交易所的自我管理运行良好，政府监管不以直接干预为目的，但是对期货市场进行适当扶持、调控和引导。只有出现市场不正常状况时，才启动政府干预手段。

与美日等国相比，英国期货监管体制呈现出以下高度自律性的特征：

（1）英国强调行业的自我监管为主。金融服务局的主要职能不是对期货市场实施直接的监管，而是帮助自律组织的指定专业机构健全和完善自律管理体制，通过强化自律管理组织的自律机制实现监管期货市场的目的。同时，允许包括证券期货协会在内的自律组织的规章与自己颁布的某些重要的规章不完全一致。这种监管体制的优点是对市场的监管更贴近于市场本身，这一点是美国专职型监管体制所无法比拟的。由于缺乏全国性统一的期货法律规范，且由于没有国家强制力作后盾，显得有些软弱。因此继《金融服务与市场法》之后，英国开始对市场采取严厉监管措施。

（2）同时监管证券和期货市场。即由同一机构对期货市场和证券市场实施统一的监管。美日两国都将期货市场和证券市场的监管分开进行，由不同的管理机构进行监管，而英国则无论是政府监管还是行业监管，都将证券市场和期货市场的监管合二为一，这种监管体制有利于证券和期货两个市场的统一管理，避免了美国那种证券主管机构和期货主管机构在管辖权上无休止的争斗，特别是对与证券相关的金融期货市场的管理，效果较好。由于证券与期货两种投资方式差异较大，将两个市场统一监管，有时监管效果并不十分理想。

（3）英国是自律监管模式的典型代表。行业协会有很大自主权，由于缺乏政府强制力保障，监管效力受到影响。自律组织往往将监管的重点放在市场的有效运作和保护会员利益上，对投资者的保护不够充分。作为监管者，自律组织并不是处于超脱的地位，各种利益关系使得自律监管的公正性受到了怀疑。期货市场存在对新法律、新体制的抵触厌烦情绪，这些因素客观上影响了监管的效力。

三、我国金融期货监管的现状及问题

鉴于"327"事件的深刻教训，监管部门加快了制度建设的进度。自1999年以来，已相继出台了《期货交易管理条例》《期货交易所管理办法》《期货公

司管理办法》《期货公司董事、监事和高级管理人员任职资格管理办法》《期货从业人员管理办法》等一系列配套制度，我国期货市场的监管法规体系已日臻健全，初步形成了中国证监会政府监管、期货业协会自律管理、金融期货交易所一线监管三个层次的市场监管体系。

对于市场的监管能力和技术也在逐步提高，目前我国的期货市场已经建立了集中统一的监管模式，在合约条款的设计以及业务规则的制定上更加严格，"逐笔盯市"制度、投资者适当性制度、持仓限额制度、结算保证金制度、大户报告制度和会员分级结算制度等监管手段的形成有效提高了交易风险的防范能力。

在国债期货多层次的监管体系中，中国证监会占绝对主导地位，但监管方式的市场化依然任重道远。

（一）证监会作为期货监管机构的法律地位日趋模糊

中国期货市场从诞生之日起，就归口国务院证券委及常设机构——中国证监会监管。1998年的《证券法》强调中国证监会对期货市场集中统一的监督和管理，结束了按品种或按行业监管的分而治之的做法。中国期货市场清理整顿的过程，就是以证监会为中心的集中监管模式形成的过程。这种监管模式与清理整顿的历史阶段相适应，把中国期货市场由盲目、无序发展导向了理性、有序发展的轨道。

证券期货市场合一监管的机制存在严重不足，首先，影响期货监管的独立性、权威性和专业性。其次，使许多人误认为期货交易等同于股票交易，忽略了"保证金制度"的本质特点，一旦造成巨额亏损经常指责交易所、监管部门监管不力，最终影响买者自负的监管文化。

（二）金融期货市场监管理念亟待革新

金融期货监管归根结底是监管理念问题。期货监管机构应当是金融期货市场重大政策的制定者、金融期货运作的监督者、利益冲突与矛盾的协调者、市场纠纷的仲裁者和破坏市场秩序行为的制裁者，但不能直接代替行为者决策。监管机构应超脱于市场，对具体业务不加干涉。一旦期货市场出现问题，则应立即采取措施，以体现监管机构的权威。

期货市场长期实行证监会为中心的监管模式，监管理念上以稳定市场为要务，担心、害怕风险，偏好采用限制性条款（譬如历史上停止股指期货、国债期货、境外交易、关闭交易所等治理措施，都是用行政命令完成的）。在市场化监管的今天，恐惧风险、稳定压倒一切的传统思维方式，实际上是不惜以牺牲市场发展换取市场太平的局面。表现在监管法规上是以限制为主，严重阻碍期货市场的良性发展。清理整顿时期制定的《期货交易管理条例》和《期货从业人员管理办法》，主要考虑的是如何管住市场，而没有考虑如何发展市场。比如限制金融机构和国有企业从事期货交易，对期货公司经营范围规定过窄等，极大地限制了期货市场的发展空间，造成了严重的负面影响。即使 2007 年《期货交易管理条例》，也存有许多限制性条款的烙印：譬如不允许设立期货基金；禁止期货公司自营；银行信贷资金、国有企业入市模棱两可的规定，都表现出政府想发展市场、但又担心无力控制风险的矛盾心态。

（三）政府过度监管，具有移植股票市场监管措施的倾向性

我国期货市场自一开始就是由政府发起、控制和管理的，经常发生"政府监管失灵"现象。"政府监管失灵"主要表现在监管效率低下、过度监管。从目前我国实施的期货市场相关法规看，外国法律禁止或限制的行为，中国都禁止或者限制了；甚至一些外国法律没有禁止或者限制的行为，中国法律也禁止或者限制了。对中国监管层的过度监管行为，我们可以从中国证监会的权限方面加以理解。

在某些领域，中国证监会的权力大大超过了美国的 SEC 和 CFTC。比如：（1）证监会拥有强大的监管权。期货交易所实际上是证监会的下属机构，交易所的总经理、副总经理由证监会直接任免，理事会理事长出证监会提名，交易规则和规则必须报经证监会审批生效，然后以交易所名义发布，交易所没有独立的制定游戏规则的权力，等于政府监管吸收了自律监管。（2）证监会在事实上拥有阻止一切违法行为而无须申请法院禁令的权力，可以没收一切欺诈所得并处以相当于欺诈所得五倍以下的罚款。（3）证监会拥有强大的规章制定权。中国证监会在管理期货市场的过程中，制定了不少的部门规章或内部规定，内容涉及期货经营机构的资格取得、注册登记、期货从业人员的资格取得、对违规者的处罚、境外期货业务的开展等。这些内容部分已经超过了应有的权限，各种行政处罚缺乏完善的调查程序，没有建立一套机制给予被处罚者陈述、辩

解和申诉、上诉的充分机会，证监会处于无权和权力膨胀的尴尬局面中。因此，在期货交易法的制定中，应当对期货管理部门的权力行使及职权范围也作出明确的规定。（4）证监会拥有高度集中的金融期货行业准入许可权。包括金融期货交易所特别会员、结算会员资格，金融期货经纪业务资格核准；期货经纪公司的合同文本；证监会规章不受司法审查，当事人无权质疑规章的合理性。

管理者在"稳定压倒一切"和"保护投资者的利益"的压力下，难免动用监管措施影响市场价格，这对金融期货市场的市场化进程必然带来消极影响。改变过度干预市场的最有效途径是转变政府监管职能，加强行业宏观监管。证监会的主要精力应放在规划行业发展、调整行业内部关系、维护市场"三公"原则和保持市场的可持续发展上。

（四）公司制金融期货交易所监管地位存在缺陷

中国金融期货交易所，顺应国际金融期货市场的发展趋势，学习与借鉴新加坡交易所（SGX）的先进经验，初步形成了一个高起点的有竞争力的公司制交易所。然而中金所成立伊始就面临合法性的追问：2006年9月，中金所成立，当时的《期货交易管理暂行条例》第17条规定：期货交易所不得从事信托投资、股票交易、非自用不动产投资等与其职能无关的业务。《期货交易所管理办法》只允许设立会员制交易所，挂牌的交易所却实行公司制。为了应对新加坡"富时100指数"仓促成立的交易所，面临着合法性的质疑。

根据《期货交易管理条例》第7条规定，中国金融期货交易所成为国际上少数实行公司制但又不以营利为目的交易所。一方面，五大交易所成为金融交易所的出资人，但没有股东的资产受益权、重大决策权。另一方面，总经理、副总经理任免和董事长提名都由证监会运作，选择管理者权亦让位于期货监管机构。可见，即使是公司制的交易所，"自律管理"的法律术语也被实质性地改变，表现为行政任命体制导致负责人在市场运作过程中没有足够的权力，而有权力的证监会却不对市场运作中出现的问题负责。对于金融期货交易所而言，交易所是公司，本应追求营利。会员是市场交易者，希望放松监管；交易所又是一线监管者，必须防范市场风险。交易所在营利的压力下面临着如何化解市场发展与市场监管的矛盾。因此，公司制交易所治理结构存在不足。

《期货交易所管理办法》历经三次修改，交易所经历了不以营利为目的→默认可以营利为目的→不以营利为目的的反复，不管立法对营利与否的定位如何变化，改变不了实质性营利的现状和驱动力。交易所的治理结构无法真正按照《公司法》运作。尤其是交易所的经营班子，都要由证监会行政任免，等于证监会管住了交易所的一切事务，把交易所变成了证监会的行政附属机构，交易所很难兼顾市场和会员的现实利益。

（五）期货业协会独立性有待加强，自律管理职能期待完善

中国行业协会自治不足的主要原因是国家对行业协会的定位不准确、对社会重要资源的严格控制、太厚重的历史文化沉淀、制度上的缺陷以及经济结构的不合理等，使得协会大都是一种"授权型协会"。

以会员为本是协会的生命线，也是最高的组织道德标准。美国有59%的行业协会将改变政策作为自己协会的重要功能，其中30%将影响政策作为自己的首要目标。然而，中国期货业协会扮演的角色是执行而非决策，与中国证监会的合作中多以执行性参与为主，无法代表期货行业与政府进行平等的协调和沟通。这使得协会对证监会存在很大的依赖性，某种程度上构成了一个下设机构。最有说服力的是：第一届协会会长均为期货公司主要负责人，具有很强的民间色彩。而2007年选举产生的第二届会长、常务副会长均为证监会调任的正局级干部，带有浓厚的政府色彩和政府背景，这种人事安排必然使协会的工作听命于监管当局，影响协会的独立性和超脱性。

对照中国期货业协会的章程，协会自律监管的作用有待发挥。例如：对于采取何种手段监督行业行为准则的执行、有效保护客户的合法利益，以及发生违反自律公约的情形时的处分原则与办法，章程中没有具体规定。

另外，期货交易所和期货业协会之间自律管理职能分工与合作不够。期货交易所更多的是从市场管理的角度，而不是从交易所会员的自律角度来进行工作，很难自发主动地协调、参与乃至于支持协会的工作。

（六）期货公司的法律地位亟须提升

长期以来，期货法律法规对期货公司限制过严，赋权性条款少，禁止性条款多。相比证券公司，期货公司金融权力过小，《期货交易管理条例》仍然审慎限制期货公司的业务范围，明文否决了期货公司自营、资产管理和设立基金的权力。期货公司仍无贷款权也无权为他人提供担保，无权享受"国民待遇"。

四、加强我国国债期货监管的政策建议

（一）完善期货立法，增加期货市场法律地位的表述

1997 年以来，期货市场经历了从试点、整顿市场→稳步发展→稳步推进→稳步发展、严格控制风险→积极稳妥的变化，经常受国内外市场风险事件的干扰和左右，缺乏从经济安全、经济主权的战略高度认识金融期货的功能。

正是因为国家对期货业的政策未上升到法律和法规的层面，从而导致行业地位的法律缺失。因此建议完善期货立法，今后在制定《期货法》中增加一条：期货市场是为国民经济提供价格发现和风险规避机制的市场，是金融市场的重要组成部分。在控制风险的前提下，稳步推进期货市场的改革和发展。

（二）成立中国期货监督管理委员会，统一规范管理期货交易活动

原《期货交易管理暂行条例》明确证监会为期货行业监管部门，《期货交易管理条例》第 5 条规定国务院期货监督管理机构对期货市场实行统一监督管理。新表述具有重要意义：第一，以股指期货为契机，今后有望成立独立的金融期货监管机构。第二，借鉴美国期货监管经验，为组建期货监督管理委员会留有回旋余地。第三，顺应金融混业经营的趋势，为"一行三会"加大对金融期货资金、交易、运作、参与主体、结算制度、风险控制等跨市场监管的协调和配合，预留一定的法律空间。

当前，世界成熟的期货市场都对期货市场的监管组织体系进行了改革，总体趋势是建立统一的监管体制。本文认为，中国证券监管机构同时监管证券市场和期货市场是不科学的。原因在于：首先，虽然证券和期货在许多方面相类似，但是从市场功能、市场结构、交易方式、资金运用、风险管理等各方面，期货业与证券业存在着明显的差异，期货市场的监管要比证券市场的监管复杂得多，依靠证监会同时监管两个市场，很难达到理想的效果。其次，证券市场经过多年发展，虽然制度较为完善、基础比较扎实、功能发挥理想，但多层次市场有待健全、交易品种有待丰富、交易规则有待完善、上市公司治理水平有待提升，这些会牵扯证监会太多的精力，面对与证券市场有较大差异的期货市场，证监会分身乏术。再次，商品期货的行业属性非常强，加上股指期货的推出，进一步加剧证监会捉襟见肘的窘境。由证监会同时监管证券市场和期货市

场，不但分散精力，也难以胜任。最后，从国外的期货市场实践来看，实行这种监管体制的，一般是地域不够辽阔、证券期货市场比较单一的国家和地区，对中国来说不太现实。

因此，中国应仿效美国 CFTC，成立中国期货监督管理委员会，统一规范管理期货交易活动，增强期货监管的专业性。理由是：（1）分散管理（如日本）容易导致地方、部门各自为政，各行其是，集中管理可避免这一弊端。（2）由证券监管部门兼管理期货事务，一是不利于监管部门集中精力管理证券市场；二是证券市场和期货市场是两个完全不相同的市场，不宜由同一个机构管理；三是证券监管部门兼管期货事务，容易导致监管重心向证券倾斜，不利于期货市场的长远发展。（3）类似于美国那样完全超脱于国务院的期货管理机构在我国不可行。（4）建立一个由国务院直接领导的中国期货监督管理委员会，有利于政府的集中管理，有利于促进全国统一期货市场的形成和健康发展。

建议在《期货法》中明确期货委的法律地位和职责，将中国证监会以及国务院各部委协调管理期货市场的职能逐步收归期货委，中央各部委和地方政府逐步退出期货市场监管体系，以保证期货委独立行使监管权。

（三）明确期货交易所的法人地位和非营利性，加强监管力度

各国法律普遍赋予金融期货交易所以独立法人地位，我国亦不例外。《期货交易管理条例》第7条规定：期货交易所不以营利为目的，按照其章程的规定实行自律管理。期货交易所以其全部财产承担民事责任。虽然没有直接规定期货交易所的法人地位，但是反映出期货交易所独立的责任承担能力。因此，金融期货交易所的法人地位也是无须讨论的问题。但是，在未来《期货交易法》或金融期货交易专门法规中，应对期货交易所的法律地位予以明确规定。

《期货交易管理条例》和《期货交易所管理办法》适应金融期货市场的要求，恢复对交易所非营利性的法律表述。本书认为：我国金融期货试点阶段坚持非营利性是必要的。首先，非营利性是初级市场的必然选择，我国期货交易所比发达国家晚了一个半世纪，不应急于求成。其次，国外期货交易所公司制改造的时间，正值我国期货市场整顿初见成效、各项法律法规正在理顺的时期，不应赋予期货交易所营利性的权利能力和行为能力。最后，我国期货市场的成熟度与发达国家相比仍旧有很大的差距，禁止期货交易所的营利在市场不成熟、

市场经济法律法规很不完备的情况下是一种最简洁的选择，否则容易引起期货市场混乱。

期货交易所作为期货交易市场的组织者，负有担保期货合约的履行、控制期货市场风险，尤其是注意是否有大户投机者操纵市场或者垄断价格等职责。如果允许期货交易所营利，期货交易所在利益驱动下很难保证期货交易在公开、公平、公正的条件下进行。因此保证期货交易所的非营利性是必要的，也是当前我们在市场经济法律法规不很完备下的必然选择。

（四）构建公司制交易所市场监管与商业利益冲突的化解机制

由于公司制容易导致利益冲突和影响交易所的公益问题，引发交易所对市场监管不力的指责。为此建议：

（1）把公司制金融交易所办成真正意义的股份制交易所，让交易所自律管理真正成为期货市场监管的基础和核心力量。金融交易所应该严格按照《公司法》运作，让股东真正成为交易所的主人，股东大会应该成为交易所的权力机构，董事会应该由股东大会自主选举产生，交易所部分高层人员的任免应该由董事会聘任。只有如此，交易所领导班子才能切实关心股东及会员利益，使交易所具有创新发展的动力和源泉。

（2）自我管理方面，由交易所制定各种管理规章，负责对会员和市场交易行为进行一线监管。

（3）委派或聘任外部董事，要求外部董事构成不低于董事总人数的二分之一，以增加董事会认真履行监管职责的可能性，既维护股东利益，又确保公众利益。为保证外部董事的独立，赋予证监会主席随时以书面形式委任外部董事职权。交易所股份公司董事长由证监会提名，董事会选举产生。证监会主席可以侵害公众利益、投资者利益或加强监管等原因罢免董事长。

（4）变成上市公司后的交易所，信息披露的标准应当全面、真实、准确、及时、完整。只有如此，市场、公众的监督对利益冲突的化解才更透明和更具说服力。

（5）交易所的商业活动和监管职能相互独立，分离风险控制、市场推介、交易、结算等设施和职能，具体通过设置相对独立的监管机构，评估、监督或承担市场监管职能。监管委员会负责监管日常可能出现的利益冲突，并向董事会提出改正建议，情况严重的由中国证监会直接追究责任。当交易所的公司利益与公众利益发生冲突时，优先保证公共利益的实现。

（6）董事会下设风险监控委员会、调解与赔偿委员会、薪酬委员会、提名委员会和监管委员会五个委员会。董事长亲任风险控制委员会主席，其他委员会主席全部由证监会委派的外部董事担任，确保社会公众利益。

（7）设监事会，监事分别由股东代表、公司职工代表及中国证监会委派人员组成。股东监事由股东大会选举或更换，不超过总人数的二分之一。职工监事由公司职工民主选举产生或更换。外部监事由证监会任免，监事长由证监会委派，证监会在咨询董事长及其他市场中立人士意见后，可以公众利益、投资者利益或市场监管为由随时罢免监事长。

（五）强化期货业协会对会员日常监管的职权

1. 赋予中国期货业协会自律与发展两方面的职能。中国期货业协会应将现阶段工作重点放到为会员服务、努力推动全行业发展上。对外向社会公众宣传、出版发行行业性刊物，促进大众对期货行业的理解；对内建立行业自律公约，重点研究自律体系中从业机构、从业人员的诚信评价制度，探讨建立适当的信息披露平台，对自律主体的市场活动进行监督与信息披露，形成全行业的诚信建设体系，提出健康的期货行业文化模式，在期货行业的快速、健康发展中争取自己的话语权。对于期货交易所，要充分发挥其一线监管的优势，将监管重点放在会员的交易席位和市场表现上，着重监控会员的代理、清算、交割等业务，监察会员有无内幕交易、操纵价格等市场违规行为。这样的制度安排，对期货市场的自律监管更具层次性，能够更好地协调与处理期货市场中的各种矛盾与冲突。

2. 中国期货业协会与期货交易所应就自律监管建立协调关系。协会可以与金融期货交易所明确自律监管运作规范与规则，建立联席会议制度以加强监管信息的沟通和交流，合作开展会员培训和市场调研工作。推动期货公司内部风险控制、培育市场中介机构、行业自律文化等建设。在协会会费收取方面，期货交易所应该大力支持协会工作，按照协会章程缴纳特别会员会费。交易所支持协会的工作能够拓展自律监管职能更大的空间。

3. 中国期货业协会应被授予相应的违规违纪惩处权。期货业协会还未建立可行的行业自律规则，行业道德层次上的管理没有相配套的有效惩戒措施，建议政府授予协会较大的违规违纪惩处权，维护行业整体利益。一言以蔽之：以法律形式确认协会的法律地位，赋予其制定运作规范与规则、监管市场、执行市场规则的权力。

（六）全面打造适应金融企业要求的期货公司

1. 把期货公司真正办成现代金融企业，期货公司享受金融企业的税收，具有金融期货的贷款权和担保权。

2. 改变期货公司单一、股东集中于现货企业的股权结构。目前，我国期货公司中，绝大多数第一大股东持股在50%以上，而90%公司的管理层由大股东直接委派，30%公司的总经理由董事长兼任，这种现象是目前我国期货业最为严重的风险。因此，有必要允许保险公司、证券公司等金融机构参股、控股期货公司，加快期货公司股东金融化、多元化的转变，增设独立董事制度，以适应金融期货品种上市、对抗国外期货经纪业的竞争。

3. 实行分类管理，拓展期货公司经营业务，逐步允许大型综合类公司开展结算、自营、设立基金、资产管理、境外代理、期权发售等业务。

4. 放宽资金入市渠道、扩大市场规模，分步骤、有条件地允许国有企业、信托投资企业、证券公司、保险公司根据自身发展和资金投向的需要，参与金融期货交易，根本上解决期货市场资金入市渠道问题。

总之，与欧美金融期货市场自发演进中渗入政府干预因素相比，中国金融期货市场从建立时起就伴随着政府的强力推进。从金融期货的试点、金融期货的整顿、关闭到专门设立金融期货交易所；从金融期货规则的设计到股份制期货交易所的治理结构；从自律管理到跨市场监管，无处不体现政府干预的"身影"。源自期货监管部门的权力部分让渡的自律管理权，具有政府监管无法取代的道德性、高效性、灵活性、专业性和低成本的优点。金融期货监管体系成功的关键在于实现政府监管与市场自律的动态平衡。理想的金融期货监管制度应当是遵循自律监管第一、政府发挥补充功能、避免重复监管以及政府监管力量与市场自律资源结合的体系。

国债期货的规范发展

一、应用国债期货管理利率风险存在的问题和障碍

（一）投资主体亟须丰富

自国债期货 2013 年 9 月 6 日重返中国资本市场，到 11 月 6 日为止，上市已满两个月，虽然运行平稳，但交易量逐渐萎缩，目前成交量只有上市初的二十分之一。目前期货市场的主要参与者是券商、基金、私募及合格的散户，投资初期也以投机者为主。国债期货市场缺乏活跃性，主要原因之一是受制于投资主体不丰富。

一是银行和保险机构介入受限。2012 年，我国国债余额约 7.42 万亿元，其中，商业银行所持有的国债数量占到全部可流通国债的 66.73%。保险资金投资国债的比重超过 50%。目前银监会和保监会暂未出台银行和保险公司参与国债期货的指导意见，银行和保险公司尚未被允许入市投资。作为国债现货最大持有者的银行和国债配置比例较高的保险公司具有较高的套期保值需求，其缺席国债期货市场交易必将严重影响国债期货的持仓量和成交量，从而影响国债期货市场的活跃度。

二是公募基金持观望态度。基金介入国债期货，或者需要成立新产品，或修改老产品合同。同时，基金公司在国债期货参与上欠缺经验，缺乏国债期货方面的专业人才。策略调整和人才储备影响了基金公司参与国债期货的积极性。

三是理财产品暂不允许投资国债期货。究其原因，一方面是理财产品涉及的国债投资交易相当复杂，由于国债真正持有人无法确定，相关理财产品暂时不适合参与国债期货投资；另一方面是防止银行将理财产品与自营部门的国债期货头寸，进行风险对冲式的对赌交易。

四是个人投资者准入门槛过高。其一，个人投资者参与前必须通过相关专业测试和交易经历要求。其二，个人投资者开户时保证金账户不得低于50万元，而交易一手白银仅需4000元左右，白银期货上市一年多的成交量仅次于股指期货，低门槛、方便投资者是其火热的重要原因之一。其三，个人投资者需要有足够时间盯盘，以避免保证金不足而被强制平仓。其四，实物交割的方式对现券持有量少的个人投资者形成一定约束。

五是国外机构投资者参与较少。从现货市场来看，由于人民币尚未确立国际化地位，相比美国45%以上的外国投资者持有美国国债，我国国债的国外持有比例仅为美国的十分之一，国债现货市场的国外持有者参与度较低。从期货市场来看，外国投资者能否通过合格境外机构投资者（QFII）或人民币合格境外机构投资者（R－QFII）机制投资国债期货目前尚无明确规定。其他市场的经验表明期货市场的外国持有量有时候可能会远远超过现券市场的外国持有量。例如，外国投资者持有日本国债期货合约占未偿总额的三分之一，而他们持有的日本国债现券比重仅占5%。

（二）国债期货的期限品种有待扩大

由于我国国债期货推出时间较晚，目前仅有5年期国债期货产品。在国债期货发展成熟的欧美市场，随着现货市场和期货市场的发展，国债期货一般有3~4个品种，覆盖短期、中期、长期的期货产品序列，可以满足不同期限的套期保值需求。统计数据显示，美国、德国等国家都是中长期的国债期货产品交易最为活跃，这也是和现货市场的产品期限、结构相对应的。2012年，在实物交割的国家中，德国的长期德国国债期货占比47.47%，英国的长期金边债券占比在90%以上，日本的10年期国债期货是最活跃的国债期货品种。在国债期货产品成熟的进程中，需要提高国债期货品种的多样化，满足对不同利率风险规避的需求。

表 10 – 1　　　　　　　　　主要国家和地区的国债期货合约

交易所	合约名称	可交割期限
欧洲期货交易所	长期德国国债期货	距到期日 8.5 年至 10.5 年
	中期德国国债期货	距到期日 4.5 年至 5.5 年
	短期德国国债期货	距到期日 1.75 年至 2.25 年
美国芝加哥商业交易所	10 年期国债期货	剩余期限距离交割月到期日 8.5 年至 10.5 年
	5 年期国债期货	原期限不长于 5 年零 3 个月，剩余期限距离交割月首日不少于 4 年 2 个月
	3 年期国债期货	原期限不长于 5 年零 3 个月，剩余期限距离交割月首日不少于 2 年 9 个月，但剩余期限交割月最后一天不多于 3 年
	2 年期国债期货	原期限不长于 5 年零 3 个月，剩余期限距离交割月首日不少于 1 年 9 个月，但剩余期限交割月最后一天不多于 2 年
东京证券交易所	20 年期政府债券期货	距到期日 15 年至 21 年的政府附息债券
	10 年期政府债券期货	距到期日 7 年至 11 年的政府附息债券
	5 年期政府债券期货	距到期日 4 年至 5.25 年的政府附息债券
	小型 10 年期政府债券期货	现金交割
澳大利亚证券交易所	3 年期、10 年期澳洲政府债券期货	现金交割
韩国交易所	3 年期、5 年期、10 年期国债期货	现金交割

资料来源：中国金融期货交易所国债期货开发小组：《国债期货产品制度设计及应用策略》，北京，中国财政经济出版社，2013。

中金所推出的 5 年期期货合约，充分吸取了国债"327"事件的经验教训，针对"327"事件的合约漏洞，结合国际先进的风险管控手段，设计了较为严格的期货合约。但是，如果国债期货合约条款过于严格，将投机和套利需求避之门外，无利可图，那么将导致期货市场的流动性变差，套期保值者的风险较难转移。因此，仅有套保者的市场并不能运作起来，还要有大量投机者提供市场流动性，以满足套保者转移风险的需求。

国债期货作为一种利率避险和利率定价工具，长期利率风险较高的国债产品利率对冲机制不完善，单一品种会影响收益率曲线的完整性，大大影响国债期货的可执行策略，影响市场参与的活跃度。

（三）现货市场流动性相对较低

2012 年，我国国债存量 7.6 万亿元人民币，已跻身世界前五位，约占 GDP 的 14%，为国债期货的重新推出奠定了一定的基础，但与全球发达经济体比较相对偏低，而且国债现货市场流动性较差仍然是制约国债期货市场发展的一大问题。

一是我国国债二级市场换手率较低。我国国债年换手率约为 1.3 倍，远低于美国国债约 30 倍的换手率，也低于国内债券市场整体 3 倍左右的换手率。截至 2013 年 4 月，国内商业银行持有国债约 4.91 万亿元，占比为 68%，而工农中建交五大银行持有量又占比 40% 以上。更关键的是，多数国债是被银行放到持有到期（HTM）及可供出售（AFS）项目下，放在交易类的比例则比较小。且三类账户转化存在一定的困难，如果出售还要承担所得税，因此，市场上流通的可交割国债数量其实有限，从而对 CTD 的可获得性构成威胁。

二是我国国债二级市场做市商作用发挥有限。由于制度设计的差异及市场成熟度不同，我国国债做市商数量少于承销商，目前银行间市场由主管部门确定了 23 家做市商。我国拥有做市商资格的机构缺少实质利益，履行做市义务时还会承受市场风险。这种风险收益的不对等使得现有机构对做市业务不积极，做市商制度的作用发挥有限。而美国政府债券做市商数量一直保持在 40 家左右，其中 21 家拥有承销商资格，此外，美国国债市场上还有 2000 多家经纪商和交易商可以参与国债的拍卖和交易，一级交易商同时负有与客户（非一级交易商、其他金融机构、非金融机构及个人投资者）交易以维持国债二级市场流动性的责任。

三是我国国债现货市场流动性管理有待加强。我国国债现货市场流动性管理手段比较少，目前国债预发行、续发行制度刚刚建立，其他配套措施如定期滚动发行机制、发行支持机制、回购交易制度、融券交易制度、有价证券充抵保证金制度尚需完善。

（四）利率市场化水平低影响避险需求

国际上已有若干国家成功推出了国债期货，对比这些国家的利率市场化的完成时间和国债期货的推出时间可以发现，大部分国家是在实现利率市场化之后才开始国债期货交易的（见表10-2）。

表10-2　　　　　部分国家国债期货推出时的利率市场化进程

国家	时间跨度	推出年份	利率市场化阶段
美国	1970—1986 年	1976	利率市场化进程中
英国	1971—1981 年	1982	已实现利率市场化
澳大利亚	1980—1984 年	1984	已实现利率市场化
日本	1977—1994 年	1985	利率市场化进程中
德国	1962—1967 年	1990	已实现利率市场化
韩国	1981—1997 年	1999	已实现利率市场化

资料来源：中国金融期货交易所国债期货开发小组：《国债期货产品制度设计及应用策略》，北京，中国财政经济出版社，2013。

国债期货和利率市场化是相辅相成的关系。一方面利率市场化可以推动国债期货市场的发展，另一方面也对国债期货市场的发展形成制约。如果国债发行和交易的利率没有实现市场化，债券市场参与者就会缺乏避险需求，则国债现货价格无法与国债期货价格产生互动，从而会延缓国债期货的发展。

倒逼利率市场化是国债期货推出所背负的重要历史使命。目前国内利率市场化程度不高，但是随着利率市场化改革和金融创新，利率风险敞口将不断上升。面对不断上升的利率风险敞口，机构交易者尚未对套期保值形成常态化理念，更多的是希望通过国债期货这个产品进行套利和投机。在我国利率市场化程度较低的背景下，利率波动较为平缓，国债期货市场的利润空间十分有限，因此不利于国债期货市场的快速发展。

（五）国债市场的分割性影响国债期货市场发展

我国国债市场是由银行间市场、交易所市场和商业银行柜台市场三个基本子市场组成的分层市场体系。

首先，国债市场的分割性使得跨市场监管存在障碍。在国债市场的监管主体方面，涉及不同的监管部门，国债市场的跨市场监管面临两方面的挑战。一方面，监管部门各司其职，政策出台可能顾此失彼，从而削弱国债市场管理的统一性、协调性。另一方面，各个子市场的参与者包括银行、券商、基金、保险、QFII 等各个领域的投资者，而金融业的混业经营的时代已经来临，传统的分业监管方式已不能适应金融市场的快速发展。

其次，国债市场的分割性不利于国债的托管和结算。2012 年，我国记账式国债在银行间市场、交易所市场和商业银行柜台市场的发行量分别为 89.70%、0.78%、9.52%，托管量分别为 97.43%、2.52%、0.05%。可见，绝大部分的交易和托管都是在银行间市场进行的。但是，国债期货合约结算要求在中国证券登记结算有限责任公司托管的国债实物交割。国债期货的结算需求可能逐步使得更多国债由银行间债券市场转托管到交易所市场。目前跨市场转托管需要 1 天时间，而且从银行间市场转托管到交易所市场还需人工操作，进一步降低了效率，导致实际转托管的时间长达两到三天。大量的转托管一方面对投资者来说是不便利的，一定程度上影响了投资者的积极性，另一方面，我国跨市场转托管费用按照国债面值的 0.005% 收取，跨市场转托管使得买方结算费用增加。

（六）法律法规相对滞后

我国自 1981 年恢复发行国债以来，国债发行规模不断增加，国债市场持续发展。但同时，我国国债法律制度建设相对滞后。当前我国规范国债管理的主要依据是 1992 年国务院公布的《中华人民共和国国库券条例》，该条例仅对国债发行做了原则性规定，已难以适应我国国债日益复杂的管理需求。目前，国债市场管理的主要法律依据是法律层级较低的部门规章、联合规章和规范性文件，尚未制定明确针对国债现货、期货、国债回购交易等全局性、系统性的法律法规。国债期货市场的边发展、边规范的立法模式和法律滞后，使得国债期货市场需要规范市场发展时，由于缺乏法律规定，往往过多地借助于行政协整协调手段，这将严重影响市场效率，难以形成良好的价格发现机制。

国债市场法律法规的不完善，对国债期货犯罪的惩处无法可依，使法律难以发挥对于国债期货领域内违法犯罪行为的预防警戒和威慑作用。市场操纵是对国债市场的危害行为，法院的被动执法和事后立法对于市场操纵的威慑作用非常有限。对于市场操纵行为的确定往往很困难，法庭要保持中立，只有受害者提出诉讼法院才能够介入，但定罪的不确定性和受害者众多产生的集体行动问题，受害者可能不会提起诉讼，导致法律的供给不足。法院只有在事后才能介入，这时损害已经造成，如前所述市场操纵造成的损害是广泛的、多方面的和严重的，即使通过法院得到补偿，也会是有限的。

（七）风险管理水平有待提高

一是投资机构内控管理需加强。从巴林银行倒闭、"327"国债事件及近期的"8·16"光大乌龙指事件，我们可以看出，对于任何机构投资者，对参与国债期货的风险防范都不可以掉以轻心。无论从保值套利还是投机来看，在实际操作中，完美的套期保值、套利或投资都是不存在的，由于宏观经济环境、利率变化、投资者预期等各方面因素影响，国债期货市场总是存在不确定性。我国国债期货市场起步较晚，机构投资者的经验不足，因此，内控管理及风险预警、应急水平的尽快提高显得尤为重要。

二是信息处理能力有待提高。由于国债在银行间市场是通过报价方式进行的，除盘中五大经纪行外，其他投资者很难在第一时间得到国债现货市场的交易信息，因此，无法准确及时统计其现券收益率，也就难以测算基差。信息获得不通畅，将严重影响套期保值策略的制定和套期保值者的积极性。

三是内幕交易的监管能力有待提高。长期以来，部分银行借助资金池，将自营部门与理财产品的国债头寸进行风险对冲。银行资金池的国债头寸一旦进入国债期货市场，难以认定它是属于理财产品，还是银行自营部门。一旦银行将上述风险对冲手法"转移"到国债期货市场，中金所与银监会将面临内幕交易监管压力。

二、发展国债期货市场的政策建议

国债期货作为我国首个利率期货，上市两个月来已基本实现了"稳起步"的目标，为未来功能发挥打下了良好基础。但过去两个月，国债期货市场交易总体呈现下降趋势，也为国债期货市场的发展蒙上阴影。9月6日上市当天成交相对活跃，交易量达到3.66万手，此后一路下滑，目前每天交易量仅能维持在2000手左右。提供利率风险管理工具，完善国债利率期限结构是国债期货的基本功能，在此基础上，如果国债期货的影响力进一步扩大，参与主体进一步多元化，功能进一步发挥则对促进国债发行，推进利率市场化进程也将起到重要作用。为此，提出如下政策建议：

（一）注重国债现货市场的培育完善

比较国际上许多国家的国债期货市场，缺乏流动性都是国债期货产品最终失败的重要因素。一方面，缺乏流动性将使买卖挂单的价差扩大，导致市场价格发现功能显著降低。另一方面，缺乏流动性将增加市场下单的冲击成本，降低对机构投资者的吸引力，最终客户流失殆尽。

当前，国债期货市场与国债现货市场不能有效匹配。国债期货与现货在交易机制上存在较大差别，由于 97% 的国债现货均在场外市场进行交易，流动性低，缺乏卖空机制，且在交易机制上使用的是报价和询价交易，与期货市场连续竞价交易机制不能有效匹配，跨市场套利、套保交易的成本较高。另外，从发达国家国债期货的发展历史来看，拥有一定规模和流动性的国债现货市场是发展国债期货市场的有力保证。因此，应注重国债现货市场的培育与完善，进一步发展交易所国债市场，促进银行间与交易所市场互联互通，切实优化现货市场交易组织模式，提高现货市场的流动性，形成与国债期货市场的良性互动。

（二）健全国债期货法律法规体系

由于我国国债法律制度建设相对滞后，尚未制定明确针对国债现货、期货、国债回购交易等全局性、系统性的法律法规，使得国债期货市场发展面临法律上的困难和障碍。因此，建议相关部门制定出针对国债现货、期货、国债回购交易等全局性、系统性的法律法规，促使国债市场有法可依，以保障国债市场的健康持续发展。

（三）长期应力争做大交易所债券市场

银行间交易市场与交易所市场割裂是发展国债期货不可忽视的问题。由于交易机制不同、登记托管等后台部门不统一导致国债期货的发展受到阻碍。从业务性质来看，国债期货作为场内交易产品与交易所债券市场的交易机制和后台运行较为匹配。因此，长期来看，应有效利用资产证券化、中小企业私募债等产品做大、做强交易所债券市场，为国债期货提供更加适合的基础现货市场。

（四）丰富国债期货产品结构，推出多期限国债期货合约

推出国债期货，最重要的意义在于，有利于推进利率市场化改革步伐，构建基准收益率曲线。国债期货产品标准、报价连续、集中交易、公开透明，具有价格发现功能，能够准确反映市场预期，形成全国性、市场化的利率参考定价，为企业债券市场和各类金融资产提供有效的定价基准，进而完善我国基准利率曲线，进一步推动我国利率的市场化进程。

　　基准利率曲线是各类金融资产的定价基础，以基础利率为基准，考虑不同类别金融资产的风险溢价，便可得到最适宜的资产价格。可以看出，有效的基准利率收益率曲线是一个发达资本市场的基石，也是利率市场化的核心。

　　近年来，我国国债现货市场发展迅速，如今已初具规模，但规模化的国债市场只是形成有效基准利率收益率曲线的必要条件，单一的国债市场难以承受构建利率市场化基石之重任。国债所形成的利率更多反映了当前时点不同期限国债的收益率情况，对未来不同时点收益率的指导效应相对较弱；同时我国国债市场虽在量上已有长足的发展，但仍存在交易成本过高所导致的市场对利率变动相对迟缓、国债市场人为分割扭曲价格形成过程等问题，这些问题成为构建国债市场基准利率收益率曲线的瓶颈。基准利率收益率曲线的长期缺失，扭曲了作为"货币价格"的利率所应有的资源配置功能。通过期货市场的价格发现功能，可以为基准利率体系寻找合理远期利率参照标准。但目前我国期货合约设计仅针对最后交割日剩余期限 4~7 年（不含 7 年）的固定利息国债，构建基准收益率曲线的功能明显不足。目前，世界上推出国债期货的国家主要包括美国、英国、澳大利亚、日本、德国和韩国，国债期货的年限主要包括 3 年期、5 年期和 10 年期。其中，美国的 10 年期美元期货合约和德国的 10 年期欧元国债合约成交量大，是世界范围内管理美元和欧元利率风险的主要工具。建议进一步丰富国债期货产品结构，推出多期限国债期货合约，尤其注重对短、长期国债期货合约的开发。

　　（五）优化最小变动价位设计

　　国债期货上市以来，现货、期货波动率低，投机力量有限。国债期货平均每日波动率仅为 0.12%，而保证金水平为 3%（杠杆 33 倍），即每日平均持仓波动率约为 4%，大大低于股指期货 8%~10% 的水平，对短线投机客户吸引力有限。如果加上期货公司收取的额外保证金，则收益更低。究其原因，这与我国国债期货合约的设计密切相关。中金所国债期货合约规定，每日最小变动价位为 0.002 元。这一限制反而造成了实际的国债期货每日波动率过低的结果，建议优化最小波动价位设计，吸引投机者参与，提高市场流动性，为机构投资者参与国债期货市场的套期保值交易奠定基础。

（六）优化交割制度，改双边举手为单边举手

期货市场一个核心的理念是给卖方一个选择是否在期货市场卖出现货的权利。结合我国国债现货市场的特点，应该尤其注意对空方的保护，防止逼空行为的发生。对于这个问题，美国的思路是增加空头交割的灵活性，而我国目前采取的是限制过分投机行为。中金所合约抑制过度投机采用的是交割月提高保证金和限仓制度等。但这些制度没有考虑到可交割债券的可得性，也即现券市场的流动性。从国债持有者结构上看，依据中债登国债托管量数据，8 月份 70% 国债被商业银行持有，其中全国性商业银行占 43%，理论上，国债期货交割存在逼空风险。因此，仅有交割月提高保证金、限仓等抑制投机的规定是不够的。根据中金所规定，滚动交割按照会员交割意向申报时间优先的原则确定进入交割的买方和卖方持仓，这实际是一种双边举手式的交割，容易造成多头逼空。为防止"逼空"等操纵市场、恶意炒作行为，建议借鉴美国的做法，增加空头交割的灵活性，改双边举手为单边举手机制。

（七）加强部际协调，加快相关机构的市场准入

从国外国债期货市场的发展和我国国债现货市场的现状来看，国债期货应定位于以机构为主的市场，这与股指期货有本质的区别。一是因为当前国债现货的交易者和持有者基本上均为机构投资者，交易换手率大大低于股票市场。二是因为国债期货本身的专业性较强，可转换因子、最便宜可交割券等制度很难被中小投资者接受。三是现货市场信息不透明，中小投资者信息收集成本较高，难以把握国债现货的基本面信息。因此，国债期货应大力发展机构投资者，定位于服务现券持有者，即服务于银行、保险、证券等金融机构。

应利用人民银行牵头的金融监管部际联席会议制度，推进银监会、保监会尽快出台银行、保险公司参与国债期货市场的相关管理办法。破除政策藩篱，促进有利于投资者进入市场的政策尽快推出。可以从以下两个方面逐步开展，一方面要深入研究和挖掘银行和保险机构对利率风险管理及投资组合管理的需求；另一方面需要加强相关监管部门之间的沟通与协调，尽快推出指导性文件和相关市场准入许可。在资本市场内部，应尽快落实基金和证券资管理财产品参与国债期货的相关规则。

（八）夯实投资者基础，加大投资者培育力度

国债不同于股票，普通投资者对其较为陌生。对于个人投资者，目前存在的问题是对国债现货和期货市场了解均不充分。由于信息服务商主要面向机构投资者，且信息不透明导致个人投资者面临很大劣势，需要交易所和期货公司提供必要的现货行情信息的便利服务，消除信息资源不对等。

对于机构投资者，目前在系统和制度建设、人员配备和投资策略等方面均未准备到位，需要一定程度的指导和培育，让其了解自身风险管理的需求，适时可让中介机构、协会等提供业务指导。中金所也应多组织套期保值交易的业务培训会，邀请国际同行传授国债期货市场套期保值经验。

（九）助推人民币国际化，在上海自贸区进行国际期货业务试点

上海自贸区的正式获批标志着中国改革开放又上了一个新台阶，通过带动金融、税收、贸易、政府管理等一系列政策变革，上海自贸区正在变成一场新的制度改革的起点。上海自由贸易区将试行人民币资本项目的自由兑换、扩大服务业开放、税收更加优惠等政策，探索对国际人流、资金和货物的全面开放制度。未来自贸区将会逐步放开对海外资金投资国内资本市场的额度限制和参与者准入，海外资金可以更大程度地投资到中国的资本市场，包括债市、股市、期货市场。同时，对这些资本的撤出也将取消限制。

国债期货市场的建立，将逐渐成为人民币实现汇率市场化，人民币走向世界的基础。目前，一些国家已经开始持有我国国债，推出国债期货可以为外国投资者提供套期保值工具，从而有利于推进人民币国际化进程。更为重要的是，对我国而言，以国债期货为依托，加快建立完善的人民币收益率曲线，可以帮助我国积极掌握金融主导权。我们认为，未来一段时间内，国外投资者参与人民币国债期货的最佳载体就是独具金融改革政策优势的上海自贸区。因此，建议中金所、上交所及监管部门应尽快在上海自贸区设立分支机构，为国外投资者进入中国国债、期货市场，助推人民币国际化进程提供平台和条件。

（十）严格防控风险，建立统一监管平台

监管是期货交易的"安全阀"，合约和规则设计固然重要，监管上的缺陷更直接导致风险事件的爆发。"327"事件由于缺乏集中统一的监管模式，三年中先后有 14 家之多的交易所推出了国债期货交易，这些交易所在合约设计和交易

规则的设计上各自为政，导致不同交易所之间同类品种合约存在巨大价差，加深了市场的投机套利倾向。此外，出于尽可能扩大自身交易规模的目的，各交易所为了吸引投资者而展开恶性竞争，造成对监管的忽视。目前我国的期货市场在合约条款的设计以及业务规则的制定上更加严格，"逐笔盯市"制度、投资者适当性制度、持仓限额制度、结算保证金制度、大户报告制度和会员分级结算制度等监管手段的形成有效提高了对于交易风险的防范能力。但根据金融工程原理，国债、股票、国债期货与股指期货之间存在复制关系，机构投资者可利用策略申请额外的套期保值额度，增加监管的复杂性。建议应建立股票、股指期货、国债及国债期货统一的监管平台，严格防控国债期货的风险。

（十一）引入做市商机制

目前债市处于偏弱的运行态势中，现券持有机构为转移价格风险，在期货市场卖空进行套期保值的占多数，这时如果没有对手方，市场形成连续性交易的难度就会加大。而从初期主要参与机构券商、私募及基金专户来看，其交易策略仍多集中在期现套利交易上，但根据市场的有效性原理，除了上市首日盘初曾出现短暂的套利空间外，期现价格紧密跟随，套利机会难觅。

对于国债期货来讲，在初期主要现货持有者银行、保险等缺席的情况下，起步平稳固然重要，但维持一定的活跃度也属必要。如果开始时不能保持一定热度，或会阻碍未来国债期货的发展空间。由于当前的债券市场以银行间市场为主，很多的投资者被挡在了大门外。即使那些能进入银行间市场的交易者，由于银行间以询价交易为主，交易效率低，就给套利带来了很多风险。引入做市商机制，特别是完善基差交易市场，就能吸引更多的套利者进入，提高整个市场的流动性。

参 考 文 献

［1］中国金融期货交易所国债期货开发小组．国债期货产品制度设计及应用策略［M］．北京：中国财政经济出版社，2013．

［2］中国期货业协会．国债期货［M］．北京：中国财政经济出版社，2013．

［3］谭显荣．国债期货［M］．北京：中国财政经济出版社，2013．

［4］檀江来．国债、利率与风险管理［M］．上海：文汇出版社，2013．

［5］中国国债协会．2011 中国国债市场年报［M］．北京：中国财政经济出版社，2012．

［6］中国国债协会．2012 中国国债市场年报［M］．北京：中国财政经济出版社，2013．

［7］赵锡军．论证券监管［M］．北京：中国人民大学出版社，2000．

［8］于鸿君，郑金国，焦健．论国债市场两市场分割问题及其解决方案［J］．特区经济，2009（8）．

［9］周冰．国债期货核心功能研究及实证检验——基于我国国债期货仿真交易观察［J］．财政研究，2013（4）．

［10］胡俞越，孙超，曹颖．国债期货推出与我国期货市场发展的新契机［J］．上海金融，2013（2）．

［11］黄纪亮，姜超．327 之殇——国债期货比较研究二［R］．国泰君安证券，2012．

［12］覃川桃，杨靖凤．国债期货合约详解——国债期货系列报告之二［R］．长江证券．2013．

［13］谢瑶．国债期货套期保值策略—— 2013 年夏季金融工程研究之二［R］．申万研究，2013．

［14］王潇．2013 年国债期货研究年报［R］．中投天琪期货有限公

司，2013.

　　［15］赵旭．国债期货交易清淡，需要机构投资者参与——国债期货交易专题［R］．东北证券，2013.

　　［16］谢蒙捷．国债期货仿真跨期套利策略报告［R］．南华期货研究所研发中心，2013.

　　［17］张晓菊．中国国债期货的运行制度研究［D］．上海：同济大学博士论文，2007.

　　［18］帅之凰．境外国债期货市场成败之借鉴［N］．期货日报，2013：8-5.

　　［19］夏欣．国债期货候场　跨行业监管或成障碍[N]．中国经营报，2012：4-7.

　　［20］Cohen, B. J. *The Future of Sterling as an International Currency*. London：Macmillan, 1971.

　　［21］Hartmann, P. and Issing, O. "The International Role of the Euro," *Journal of Policy Modeling*, 22. 4（2002）：315-345.

　　［22］Gourinchas, P. O. *From World Bank to World Venture Capitalist*：U. S. External Adjustment and the Exorbitant Privilege. Chicago：University of Chicago Press, 2007.

　　［23］Hayek. F. A. *The Denationalization of Money*. 2d ed. London：Institute of Economic Affairs, 1970.

　　［24］Cooper, R. N. "Dealing with the Trade Deficit in a Floating Rate System," *Brookings Papers on Economic Activity*, 1986（1）：195 -207.

　　［25］Labuszewski, J. W., Kamradt, M., and Gibbs, D. *Understanding Treasury Futures*. CME Group, 2013.

　　［26］Pennings, J. M. E. and Meulenberg, M. T. G. "Hedging Efficiency：A Futures Exchange Management Approach," *Journal of Futures Markets*, 17. 5（1997）：599 -615.

　　［27］Tavlas, G. S., Christou, C., and Swamy, P. A. V. B. "A General Framework for Predicting Returns From Multiple Currency Investments," *Journal of Economic Dynamics & Control*, 22. 7（1998）：977 -1000.